TEPS BY STEP

LISTENING
+
VOCABULARY

BASIC

써니박
현) EaT 영어발전소 대표
토마토 TEPS 〈청해〉_능률교육
How To TEPS 1000제 〈문법〉_넥서스
http://cafe.naver.com/jumboteps 운영자

장보금
현) 이익훈 어학원(강남본원) TEPS 강사
토마토 TEPS 〈청해〉_능률교육
It's TEPS Basic 〈문법/독해〉_에듀조선
http://cafe.daum.net/tepswinners 운영자

김정훈
현) 테스트와이즈 시사영어학원 텝스킹 종합반 강의 중
현) 쎄듀어학원 대치캠퍼스 TEPS 강의 중
EBS(한국교육방송공사) 매출 1위 대표강사
www.tepsking.com 운영자

TEPS BY STEP
LISTENING + VOCABULARY BASIC

지은이	써니박, 장보금, 김정훈
선임연구원	김동숙
연구원	김진경, 곽혜선, 박현진
영문 교열	Patrick Ferraro
표지·내지 디자인	윤혜정, 김지연
맥 편집	김종희
영업	이강석, 윤태철, 조훈희, 노승근
마케팅	박수언, 원선경
제작	류제양, 김민중

본 교재의 독창적인 내용에 대한 일체의 무단 전재·모방은 법률로 금지되어 있습니다.
파본은 교환해 드립니다.

Copyright © 2010 by Neungyule Education, Inc.
All rights reserved. No part of this publication may be reproduced, stored in a retrieval system, or transmitted in any form or by any means, electronic, mechanical, photocopying, recording, or otherwise, without the prior permission of the publisher.

Preface

TEPS 수험생 여러분께

순(純) 토종 실용영어 검정 시험인 TEPS는 1999년 처음 실시된 이래, 한국인들의 살아 있는 영어 실력을 효과적이고 정확하게 측정하는 영어능력 평가 시험으로 인정받고 있습니다. TEPS의 용도가 점차 다양해지면서 많은 수험생들이 고득점을 목표로 시험을 준비하고 있는 실정입니다.

TEPS는 청해, 문법, 어휘, 독해 영역별로 고유한 유형과 문제 패턴을 가지고 있습니다. TEPS에서 고득점을 받기 위해서는 단계별로 체계적인 학습이 선행되어야 합니다. 또한 최근 시험 경향을 잘 반영한 유형과 패턴을 잘 익혀두어 실전에 완벽하게 대비해야 합니다.

하지만 시중에 출간되어 있는 대부분의 교재들은 TEPS 각 영역의 유기적인 학습과 연속성이 보장되지 않아 고득점을 목표로 하는 학습자들이 기본에서 실전까지 단계별로 사용하기에 적합한 난이도와 구성을 갖추지 못하고 있는 경우가 많습니다. TEPS BY STEP은 수험생의 사용 편의에 적합한 영역별 및 단계별 시리즈 구성으로 학습자들이 TEPS의 기본기를 쌓을 수 있도록 하였습니다. 또한 최신 시험 경향을 반영한 문제들을 수록하여 실제 시험에서 고득점을 받을 수 있도록 구성하였습니다.

수험생 여러분들이 이 책을 통해 TEPS의 기본기를 다지고 실전에서 고득점을 받을 수 있기를 바랍니다. TEPS BY STEP이 제시하는 영역별 학습방법, 고득점 비결, 그리고 최신 기출 응용 문제들이 여러분이 원하시는 목표점수에 닿을 수 있도록 도와줄 것입니다. TEPS 성적이 단기간에 향상되지 않는다고 해서 조급해하거나 포기하지 않고 TEPS BY STEP과 함께 순차적으로 꾸준히 학습해 나간다면 분명 좋은 결과가 있을 것이라고 확신합니다.

이 책을 출간하는 데 큰 힘이 되어준 김동숙 팀장님 이하 편집부 모든 분들께 감사의 마음을 전합니다. 또한, 우리 EaT 영어발전소 식구들, 특히 윤혜영 팀장님과 이경아 씨 수고 많으셨습니다. 마지막으로 함께한 날보다 함께할 날들이 훨씬 많은 우리 서로에게 다시 한번 고맙다고 말하고 싶습니다. 모두 수고하셨습니다.

그럼 수험생 여러분, 건투를 빕니다!

저자 일동

Contents

LISTENING Comprehension

Section 1 — TEPS 기본 다지기

Part 1 & 2

Unit 01	대화 내용별 탐구 _ 인사 & 안부	18
Unit 02	대화 내용별 탐구 _ 칭찬·축하 & 감사	26
Unit 03	대화 내용별 탐구 _ 부탁·권유 & 허락·거절	34
Unit 04	대화 내용별 탐구 _ 의견 제시 & 동의·반대	42
Unit 05	대화 상황별 탐구 _ 전화 & 길 안내 상황	50
Unit 06	대화 상황별 탐구 _ 교통 & 여행 상황	58
Unit 07	대화 상황별 탐구 _ 상점 & 식당 상황	66
Unit 08	대화 상황별 탐구 _ 학교, 직장 & 가정 상황	74
Unit 09	문장 형태별 탐구	82

Part 3 & 4

Unit 10	주제 찾기	90
Unit 11	세부 정보 찾기	100
Unit 12	진위 확인하기	110
Unit 13	추론하기	120

Section 2 — 실전 Mini TEST

Mini Test 1회	132
Mini Test 2회	134
Mini Test 3회	136
Mini Test 4회	138

 책 속의 책 / 실전 Mini Test Dictation Book

VOCABULARY

Section1 — TEPS 기본 다지기

I. Collocation
Unit 01	동사 + 명사 Collocation	142
Unit 02	형용사 + 명사 / 기타 Collocation	148

II. 관용적 표현
Unit 03	이디엄(Idioms)	154
Unit 04	일상 대화 표현	160
Unit 05	2어동사(Two-word verbs)	166

III. 일반 어휘
Unit 06	동사(Verbs)	172
Unit 07	명사(Nouns)	178
Unit 08	형용사와 부사(Adjectives and Adverbs)	184

IV. 기타
Unit 09	복수 의미 어휘(Multiple meaning words)	190
Unit 10	혼동 어휘(Confusable words)	196

Section2 — 실전 Mini TEST

Mini Test 1회	204
Mini Test 2회	207
Mini Test 3회	210

이 책의 구성과 특징

LISTENING Comprehension

기출 탐구
해당 유형에 대한 설명과 출제 경향을 점검하고 기출 응용 문제를 직접 풀어봄으로써 적용 능력을 배양할 수 있습니다.

TEPS 표현 탐구
해당 유형에서 빈번하게 출제되는 표현들을 학습함으로써 실전에서 보다 빠른 시간 내에 정확한 문제 해결이 가능하도록 합니다.

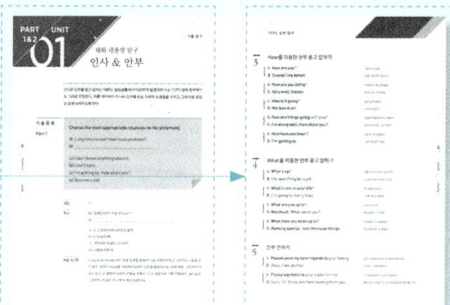

Basic Drill
앞서 학습한 TEPS 표현을 간단한 연습 문제를 풀어봄으로써 이해도를 바로 확인할 수 있습니다.

Practice TEST
실제 시험과 같은 형식의 연습문제를 풀어봄으로써 보다 확실히 실전 적용 능력을 배양할 수 있습니다.

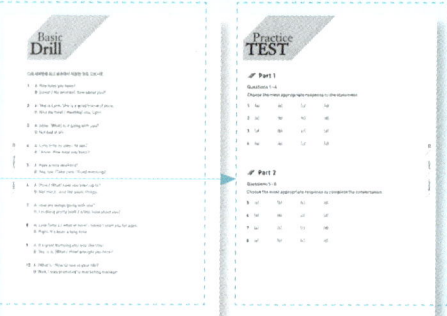

Practice Test Dictation
어려운 발음 및 연음, 중요 표현을 중심으로 빈칸을 제시한 받아쓰기를 통해 정확한 듣기 훈련을 할 수 있습니다.

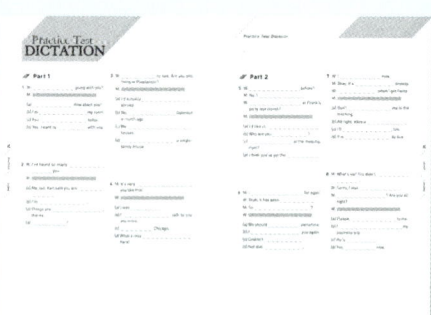

Mini TEST
다양한 유형의 문제들이 골고루 출제된 미니 테스트를 통해 앞에서 학습한 내용을 확인하는 것은 물론 실전에 효과적으로 대비할 수 있습니다.

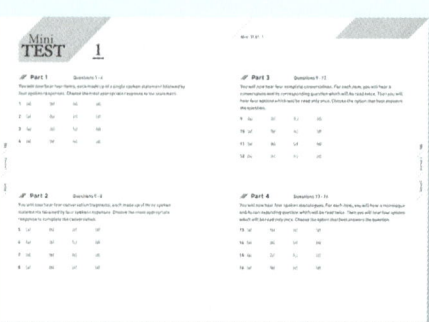

VOCABULARY

기출 탐구
해당 유형에 대한 설명과 출제 경향을 점검하고 기출 응용 문제를 직접 풀어봄으로써 적용 능력을 배양할 수 있습니다.

TEPS 어휘 탐구
해당 유형에서 빈번하게 출제되는 표현들을 예문과 함께 학습함으로써 정확한 의미를 이해할 수 있을 뿐 아니라 활용 능력도 향상시킬 수 있습니다.

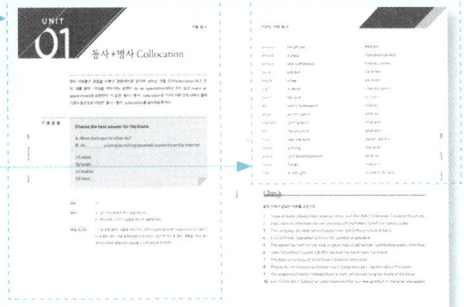

Check up
간단한 연습 문제를 통해 앞서 학습한 표현들에 대한 이해도를 확인할 수 있습니다.

Practice TEST
실제 시험과 같은 형식의 연습문제를 풀어봄으로써 보다 확실히 실전 적용 능력을 배양할 수 있습니다.

Mini TEST
다양한 유형의 문제들이 골고루 출제된 미니 테스트를 통해 앞에서 학습한 내용을 확인하는 것은 물론 실전에 효과적으로 대비할 수 있습니다.

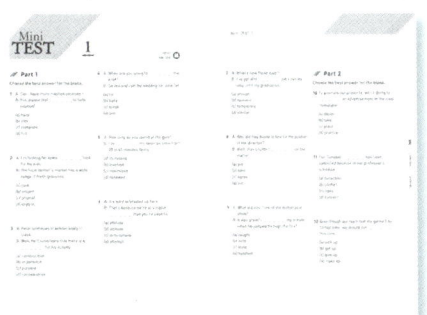

TEPS란?

TEPS(Test of English Proficiency developed by Seoul National University)는 서울대학교 언어교육원에서 개발되어 1999년에 처음으로 시행된 국가공인 영어시험이다. 언어 테스팅 분야의 세계적인 권위자인 Bachman 교수(미국 UCLA)와 Oller 교수(미국 뉴멕시코대)의 검증을 받아 그 신뢰도와 타당성이 입증된 TEPS는 국내외의 영어 관련 전문 인력 100여명에 의해 출제된다.

TEPS는 청해, 문법, 어휘, 독해의 4개 영역으로 이루어져 있으며 각 영역은 문제 유형에 따라 총 13개의 파트로 구성되어 있다. 문항 수는 총 200개이며 140분간 진행된다. 문항별 난이도와 변별도를 근거로 성적을 산출하는 문항반응이론(IRT: Item Response Theory)에 따라 채점이 이루어져 회차 별로 만점의 최종 점수가 달라질 수 있다.

TEPS는 다음과 같은 특징이 있다.

- TEPS는 TOEFL이나 TOEIC과 같이 비즈니스 또는 학문 등 특정 분야의 영어능력에 초점을 맞추기보다 생활 영어와 학문적 영어에 대한 활용 능력을 골고루 측정하는 종합적인 시험이다.
- TEPS는 각 영역의 영어 실력을 정확하게 변별할 수 있는 시험으로서 이러한 점이 성적표에도 반영되어 영역별 실력을 세분화하여 분석해주므로 각 수험자가 보완해야 할 취약점을 정확히 제시한다.
- TEPS는 한국인 영어사용자들이 흔히 범하는 오류를 개선하기 위해 시험에서도 이를 반영한다.
- TEPS는 짧은 시간 내에 많은 지문이 주어지므로 암기 위주의 영어가 아닌 완전히 체화된 영어능력을 측정한다.
- TEPS는 맞은 개수를 기계적으로 합산하여 총점을 내는 방식이 아닌 각 문항의 난이도와 변별도에 대한 수험자의 반응 패턴을 근거로 하여 채점하는 최첨단 어학능력 검증기법인 문항반응이론을 도입한 시험이다.
- TEPS는 1지문당 1문항을 출제함으로써 한 문제의 답을 알게 되면 연결된 문제의 답도 유추가 가능하게 되는 편법이 통하지 않는 시험이다.

TEPS 영역별 구성

영역	파트별 내용	문항수	시간/ 배점
청해 Listening Comprehension	Part I : 문장 하나를 듣고 이어질 대화 고르기 Part II : 3문장의 대화를 듣고 이어질 대화 고르기 Part III : 6-8문장의 대화를 듣고 질문에 해당하는 답 고르기 Part IV : 담화문의 내용을 듣고 질문에 해당하는 답 고르기	15 15 15 15	55분/400점
문법 Grammar	Part I : 대화문의 빈칸에 적절한 표현 고르기 Part II : 문장의 빈칸에 적절한 표현 고르기 Part III : 대화에서 어법상 틀리거나 어색한 부분 고르기 Part IV : 문단에서 문법상 틀리거나 어색한 부분 고르기	20 20 5 5	25분/100점
어휘 Vocabulary	Part I : 대화문의 빈칸에 적절한 단어 고르기 Part II : 단문의 빈칸에 적절한 단어 고르기	25 25	15분/100점
독해 Reading Comprehension	Part I : 지문의 빈칸에 들어갈 내용 고르기 Part II : 지문을 읽고 질문에 가장 적절한 내용 고르기 Part III : 지문을 읽고 문맥상 어색한 내용 고르기	16 21 3	45분/400점
총계	13개 파트	200	140분/990점

• 문항반응이론(IRT: Item Response Theory)에 의해 최고점이 990점, 최저점이 10점으로 조정됨

TEPS 등급표

등급	점수	영역	능력검정기준
1⁺급 Level 1⁺	901-990	전반 Holistic	외국인으로서 최상급 수준의 의사소통능력: 교양있는 원어민에 버금가는 정도로 의사소통이 가능하고 전문분야 업무에 대처할 수 있음 (Native Level of Communicative Competence)
	361-400	청해 독해	교양있는 원어민에 버금가는 수준의 청해력 교양있는 원어민에 버금가는 수준의 독해력
	91-100	문법 어휘	교양있는 원어민에 버금가는 수준으로 내재화된 문법능력 교양있는 원어민에 버금가는 수준으로 내재화된 어휘력
1급 Level 1	801-900	전반 Holistic	외국인으로서 거의 최상급 수준의 의사소통능력: 단기간 집중 교육을 받으면 대부분의 의사소통이 가능하고 전문분야 업무에 별 무리 없이 대처할 수 있음 (Near-Native Level of Communicative Competence)
	321-360	청해 독해	다양한 상황의 수준 높은 내용을 별 무리 없이 이해할 수 있는 정도의 청해력 다양한 소재의 수준 높은 내용을 별 무리 없이 이해할 수 있는 정도의 독해력
	81-90	문법 어휘	다양한 구문을 별 무리 없이 신속하게 이해할 수 있을 정도로 내재화된 문법능력 다양한 표현을 별 무리 없이 신속하게 이해할 수 있을 정도로 내재화된 어휘력

등급	점수	영역	능력검정기준
2⁺급 Level 2⁺	701-800	전반 Holistic	외국인으로서 상급 수준의 의사소통능력: 단기간 집중 교육을 받으면 일반분야 업무를 큰 어려움 없이 수행할 수 있음 (Advanced Level of Communicative Competence)
	281-320	청해 독해	일반적 상황에 보통수준의 내용을 별 무리 없이 이해하는 정도의 청해력 일반적 소재에 보통수준의 내용을 별 무리 없이 이해하는 정도의 독해력
	71-80	문법 어휘	일반적인 구문을 별 무리 없이 이해하는 정도의 문법능력 일반적인 표현을 별 무리 없이 이해하는 정도의 어휘력
2급 Level 2	601-700	전반 Holistic	외국인으로서 중상급 수준의 의사소통능력: 중장기간 집중 교육을 받으면 일반분야 업무를 큰 어려움 없이 수행할 수 있음 (High Intermediate Level of Communicative Competence)
	241-280	청해 독해	일반적 상황에 보통수준의 내용을 대체로 이해하는 정도의 청해력 일반적 소재에 보통수준의 내용을 대체로 이해하는 정도의 독해력
	61-70	문법 어휘	일반적인 구문을 대체로 이해하는 정도의 문법능력 일반적인 구문을 대체로 이해하는 정도의 어휘력
3⁺급 Level 3⁺	501-600	전반 Holistic	외국인으로서 중급 수준의 의사소통능력: 중장기간 집중 교육을 받으면 한정된 분야의 업무를 큰 어려움 없이 수행할 수 있음 (Mid Intermediate Level of Communicative Competence)
	201-240	청해 독해	일반적 상황에 보통수준의 내용을 다소 이해하는 정도의 청해력 일반적 소재에 보통수준의 내용을 다소 이해하는 정도의 독해력
	51-60	문법 어휘	일반적인 구문에 대한 의미파악이 어느 정도 가능한 문법능력 일반적인 표현에 대한 의미파악이 어느 정도 가능한 어휘력
3급 Level 3	401-500	전반 Holistic	외국인으로서 중하급 수준의 의사소통능력: 중장기간 집중 교육을 받으면 한정된 분야의 업무를 다소 미흡하지만 큰 지장 없이 수행할 수 있음 (Low Intermediate Level of Communicative Competence)
	161-200	청해 독해	일반적 상황에 보통수준의 내용을 이해하기 다소 어려운 정도의 청해력 일반적 소재에 보통수준의 내용을 이해하기 다소 어려운 정도의 독해력
	41-50	문법 어휘	일반적 구문에 대한 신속한 의미 파악이 다소 어려운 정도의 문법능력 일반적인 표현에 대한 신속한 의미 파악이 다소 어려운 정도의 어휘력
4⁺급 4급	301-400 201-300	전반 Holistic	외국인으로서 하급수준의 의사소통능력: 장기간의 집중 교육을 받으면 한정된 분야의 업무를 대체로 어렵게 수행할 수 있음 (Novice Level of Communicative Competence)
5⁺급 5급	101-200 10-100	전반 Holistic	외국인으로서 최하급 수준의 의사소통능력: 단편적인 지식만을 갖추고 있어 의사소통이 거의 불가능함 (Near-Zero Level of Communicative Competence)

TEPS 활용처

전국 30여개의 주요 특목고에서 정기적으로 TEPS에 단체 응시하고 있으며 일부 특목고에서는 입시 및 졸업 요건으로 TEPS 성적을 요구하고 있다. 또한 80여개의 주요 대학교에서 입학 전형 시 TEPS 성적을 반영하고 있다. (2009학년도 입시 기준)
* 아래 사항은 변경될 수 있으므로 반드시 해당 학교의 입시요강을 확인하시기 바랍니다.

특목고

경남외고, 광양제철고, 김해외고, 대원외고, 명덕외고, 민족사관고, 부산 부일외고, 부산국제고, 서울외고, 안양외고, 울산과학고, 인천과학고, 전남외고, 전주상산고, 충남외고, 해운대고

대학

가톨릭대학교, 건국대학교(서울), 경북대학교, 경상대학교, 경성대학교, 경인교육대학교, 계명대학교, 고려대학교, 국민대학교, 군산대학교, 단국대학교(죽전, 천안), 대구대학교, 대진대학교, 덕성여자대학교, 동덕여자대학교, 동아대학교, 동의대학교, 목포대학교, 목포해양대학교, 부경대학교, 부산외국어대학교, 삼육대학교, 상명대학교(서울, 천안), 서경대학교, 서울기독대학교, 서울대학교, 서울시립대학교, 서울신학대학교, 서울여자대학교, 선문대학교, 성결대학교, 성공회대학교, 성균관대학교, 성신여자대학교, 세종대학교, 순천대학교, 신라대학교, 아세아연합신학대학교, 아주대학교, 안양대학교, 연세대학교, 영산대학교, 우송대학교, 울산대학교, 을지대학교(대전, 성남), 이화여자대학교, 장로회신학대학교, 전북대학교, 전주대학교, 제주대학교, 중앙대학교(서울, 안성), 청원대학교, 청주대학교, 총신대학교, 충남대학교, 충주대학교, 카이스트, 한경대학교, 한국해양대학교, 한동대학교, 한림대학교, 한성대학교, 한신대학교, 한양대학교

청해 영역 유형소개

**청해
(Listening Comprehension)
영역의 유형과
학습 전략**

- 청해 영역은 총 60문항이며 4개의 파트로 구성되어 있다. 각 파트에서는 15문항이 출제되며 시험 시간은 55분이다.

- 질문과 선택지가 문제지에 인쇄되어 주어지지 않기 때문에 순수하고 정확한 청해 능력을 측정할 수 있도록 하였다.

- 파트에 따라서 들려주는 횟수에 차이가 있으며 파트 1, 2는 한 번만 들려준다. 파트 3과 4는 대화문이나 담화문과 함께 질문을 2회 들려주기는 하지만, 선택지는 단 한 번만 들려주기 때문에 상당한 집중력을 발휘해야 한다.

- 들려주는 내용은 다양한 의사소통 기능의 대화와 다양한 상황(공고, 방송, 일상 업무, 대학 교양 수준의 강의 등)을 포함한다.

- TOEIC과 TOEFL에서는 영국식 및 호주식 등의 다양한 영어 발음이 나오지만 TEPS는 미국식 발음만이 나오므로, 미국 영어의 특징인 연음을 익혀두어야 한다.

Part I 질의 응답 (15문항)

Part I은 질의 응답 형식의 대화이며 한 번만 들려 준다. 짧은 문장이지만 빠른 시간 안에 순발력을 발휘하여 상황을 파악하는 능력을 요구한다. 주로 생활 영어에서 사용되는 기본 어휘로 구성되어 있지만, 기본 어휘로 이루어진 관용적 표현들이 출제되기 때문에 이에 대한 학습은 충분히 해 두어야 한다.

Choose the most appropriate response to the statement.

M: I haven't seen you for ages!
W: _____

(a) You need to buy anti-aging cosmetics.
(b) Yeah. I've been swamped with work.
(c) I didn't mean to hurt you.
(d) I'd like you to come to my party.

정답 (b)

Part II 짧은 대화 (15문항)

Part II는 짧은 대화의 형식으로 두 사람이 A-B-A-B 순으로 대화를 나누며 한 번만 들려준다. Part I과 같이 다양한 상황의 생활 영어로 구성된다.

Choose the most appropriate response to complete the conversation.

M: Nice meeting you, Georgia.
W: Same here! It was a great pleasure meeting you.
M: I have to go now, but we should keep in touch.
W: _____

(a) The pleasure is all mine.
(b) It remains to be seen.
(c) Why don't we get together again sometime next week?
(d) I'm awfully sorry that I couldn't remember your name.

정답 (c)

Part III 긴 대화 (15문항)

PartIII는 Part I, II보다 대화문의 길이가 긴 내용을 들려주지만, 대화문과 질문을 2회 들려주므로 난이도가 높지는 않다. 그러나 선택지는 한 번만 들려주기 때문에 신중히 듣고 답을 골라야 한다. 주제, 세부 내용, 추론 등 다양한 이해력을 측정하는 문제가 출제된다.

Choose the option that best answers the question.

M: What's the matter this time, Kelly?
W: Sorry, Mr. Harrison, I left home a little late.
M: Did you oversleep or something?
W: No, my boyfriend called me at the last minute.
M: You should tell him not to call you in the morning.
W: I will, Mr. Harrison. I'm really sorry for being late.
M: I'm tired of your excuses. If you are late again, I can't give you credit for this class, okay?

Q What can be inferred from the conversation?
(a) Kelly's boyfriend usually calls her in the morning.
(b) Mr. Harrison doesn't like his students very much.
(c) Kelly has been late for the class several times.
(d) The class begins very early in the morning.

정답 (c)

Part Ⅳ 담화문 (15문항)

Part Ⅳ는 대화문이 아닌 담화문을 들려주며 Part Ⅲ와 같이 담화문과 질문은 2회, 선택지는 1회 들려준다. 다루는 내용은 다소 난이도가 높은 수준의 어휘가 사용되는 공지사항, 날씨, 뉴스, 대학 강의, 광고문 등 다양하며 이에 대한 주제나 세부 내용 등에 관한 질문이 출제된다.

Choose the option that best answers the question.

Now I'd like to continue today's lecture with a discussion about the functioning of nerves in involuntary actions. For example, if you accidentally touch a hot stove, you pull your hand away quickly before you're badly burned. However, if you had to think before acting, you might be severely hurt. This ability to act quickly without conscious thought is called a reflex. Because the reflex occurs unconsciously, you are not able to control this particular behavior. Reflexes actually help guide most of the body's work. Let's talk about more examples of reflexes.

Q What is the topic of the lecture?
(a) Accidents caused by electric heaters
(b) The function of nerves in involuntary actions
(c) The process of human learning
(d) The systematic workings of the human body

정답 (b)

어휘 영역 유형소개

어휘 (Vocabulary) 영역의 유형과 학습 전략	· 어휘 영역은 총 50문항이며 2개의 파트로 구성되어 있다. 각 파트는 25문항이 출제되며 시험 시간은 25분이다. · 단어의 단편적인 의미보다는 문맥 속에서 다양하게 활용되는 상대적인 의미에 초점을 두며 문어체와 구어체로 나누어 균형 있게 어휘 능력을 평가한다. · 기본 어휘의 다양한 의미와 관용적 표현, 의미상이나 형태상의 혼동을 주는 어휘, 학술적 고난도 어휘 등을 다루는 다양한 유형이 출제된다. · 짧은 시간 내에 많은 수의 문항을 풀어야 하기 때문에 평소 학습 시 각 유형별 출제 포인트를 정확히 숙지하여 푸는 연습을 해야 한다.

Part I 구어체 (25문항)

Part I은 A, B의 대화의 형식이며 대화의 빈칸에 가장 적절한 단어를 고르는 유형이다. 구어체에서 활용되는 기본 어휘와 관용적 표현을 다룬다.

Choose the best answer for the blank.

A: I couldn't even tell that was Jack. He looked very different from the last time I saw him.
B: Yes, it looks like he really _____ some weight in the last few months.

(a) obtained
(b) got
(c) gained
(d) added

정답 (c)

Part II 문어체 (25문항)

Part II는 한 두 문장으로 구성된 짧은 글의 빈칸에 들어갈 적절한 단어를 고르는 유형이다. 단어의 단편적인 의미보다는 문맥 속에서 실제 활용되는 다양한 의미를 익히고 함께 어울려 쓰이는 단어들의 의미구 단위로 학습해야 단시간 내에 정확한 답을 고를 수 있다.

Choose the best answer for the blank.

There will be full _____ of the space shuttle launch in Florida tonight on Channel 14.

(a) protection
(b) coverage
(c) activity
(d) maintenance

정답 (b)

LISTENING Comprehension

TEPS BY STEP

Section 1

Unit 01	대화 내용별 탐구 _ 인사 & 안부
Unit 02	대화 내용별 탐구 _ 칭찬 · 축하 & 감사
Unit 03	대화 내용별 탐구 _ 부탁 · 권유 & 허락 · 거절
Unit 04	대화 내용별 탐구 _ 의견 제시 & 동의 · 반대
Unit 05	대화 상황별 탐구 _ 전화 & 길 안내 상황
Unit 06	대화 상황별 탐구 _ 교통 & 여행 상황
Unit 07	대화 상황별 탐구 _ 상점 & 식당 상황
Unit 08	대화 상황별 탐구 _ 학교, 직장 & 가정 상황
Unit 09	문장 형태별 탐구
Unit 10	주제 찾기
Unit 11	세부 정보 찾기
Unit 12	진위 확인하기
Unit 13	추론하기

PART 1&2 UNIT 01

기출 탐구

대화 내용별 탐구
인사 & 안부

인사와 안부를 묻고 답하는 대화는 일상생활에서 다양하게 발생하며 이는 TEPS 청해 영역에서도 그대로 반영된다. 이를 대비하여 인사와 안부를 묻는 다양한 표현들을 익히고 그에 따른 응답도 함께 익혀두도록 한다.

기출 응용

Part 1

Choose the most appropriate response to the statement.

W: Long time no see! How have you been?
M: _____

(a) I don't know anything about it.
(b) I don't care.
(c) I'm getting by. How about you?
(d) Give me a call.

정답 (c)

해석
W: 오랜만이야! 어떻게 지냈니?
M: _____

(a) 난 그것에 관해 아무것도 몰라.
(b) 난 상관 안해.
(c) 그럭저럭 지냈어. 넌 어때?
(d) 나한테 전화 줘.

해결 포인트 Long time no see.라는 관용 표현을 통해서 서로 오랜만에 만난 사이라는 사실을 알 수 있다. 여자가 How를 사용하여 남자의 안부를 물었으므로, 이에 대해 '그럭저럭 지내고 있다'고 말하며 여자의 근황을 되묻는 (c)가 응답으로 가장 적절하다. get by는 '그럭저럭 지내다'라는 뜻의 숙어 표현이다.

기출 탐구

기출응용 Part 2

Choose the most appropriate response to complete the conversation.

M: I'm going to watch a movie. Would you like to go with me?
W: I'm sorry. I have a lot to do.
M: Then maybe next time. Good-bye!
W: _____

(a) Okay, take care!
(b) Nice to meet you.
(c) Not much.
(d) I don't have to go.

정답 (a)

해석

M: 난 영화 보러 갈 거야. 너도 같이 갈래?
W: 미안해. 난 할 일이 많아.
M: 그렇다면 다음에 가지 뭐. 잘 가!
W: _____

(a) 그래, 잘 지내(안녕)!
(b) 만나서 반가워.
(c) 별일 없어.
(d) 내가 꼭 가야 할 필요는 없어.

해결 포인트

영화를 보러 가자고 제안하는 내용이지만 실제 핵심은 남자의 마지막 말인 Good-bye!이다. 헤어질 때 하는 인사말에 대한 가장 적절한 응답은 '잘 지내'라고 말하는 (a)이다. (b) Nice to meet you.는 처음 만난 사이의 인사말이므로 헤어지는 인사말로 적절하지 않다. '만나서 반가웠다'는 헤어질 때의 인사말은 Nice meeting you.이다.

TEPS 표현 탐구

1 만났을 때 인사하기

A: **Hello**! I'm Criss Ronwell.
B: **Nice to meet you**, Mr. Ronwell.

안녕하세요! 저는 크리스 론웰입니다.
만나뵙게 되어 반갑습니다, 론웰 씨.

A: **I'm honored to see you**.
B: **It's my pleasure to meet you**.

만나뵙게 되어 영광입니다.
저도 당신을 만나게 되어 기쁘네요.

A: **This is** my sister, Anne.
B: **Hi**, Anne. **I've heard so many good things about you**!

이쪽은 내 여동생 앤이야.
안녕, 앤. 너에 대한 좋은 얘기를 아주 많이 들었어.

A: **It's nice bumping into you** like this!
B: It really is! **What brought you here**?

이렇게 우연히 당신을 만나다니 기쁘네요!
정말 그래요! 여기는 어쩐 일이세요?

A: **Long time no see**!
B: That's right! **How have you been**?

정말 오랜만이야!
맞아! 어떻게 지냈니?

A: **Look who's here! I haven't seen you for ages**.
B: **It's been quite a while**.

이게 누구야! 정말 오랜만이다.
정말 오랜만이구나.

A: **Haven't we met before**?
B: **Do I know you**?

우리가 전에 만난 적이 있지 않나요?
제가 아는 분이시던가요?

2 헤어질 때 인사하기

A: **See you around**.
B: **Bye**.

또 뵙죠.
안녕히 가세요.

A: **Nice meeting you**.
B: **Great meeting you, too**.

만나서 반가웠습니다.
저도 반가웠습니다.

A: **I have to go. See you later**!
B: **Have a safe trip home**.

가야겠어요. 다음에 봐요!
집에 조심히 가세요!

A: **Have a wonderful trip**.
B: **Thanks. Take care**!

멋진 여행 되세요.
고마워요. 잘 지내세요!

TEPS 표현 탐구

3 How를 이용한 안부 묻고 답하기

A: **How are you**? — 어떻게 지내요?
B: **Couldn't be better**. — 더할 나위 없이 좋아요.

A: **How are you doing**? — 어떻게 지내고 계세요?
B: **Very well, thanks**. — 잘 지내요, 고마워요.

A: **How is it going**? — 일은 잘 되세요?
B: **Not bad at all**. — 나쁘진 않아요.

A: **How are things going** with you? — 일들은 어떻게 되어 가세요?
B: **I'm doing well. How about you**? — 잘 하고 있어요. 당신은요?

A: **How have you been**? — 어떻게 지내셨어요?
B: **I'm getting by**. — 그럭저럭 잘 지내요.

4 What을 이용한 안부 묻고 답하기

A: **What's up**? — 어떻게 지내 [무슨 일이야]?
B: **I'm searching for a job**. — 난 일자리를 알아보고 있어.

A: **What's new in your life**? — 뭐 새로운 일 있니?
B: **I'm going to marry Kate**. — 나 케이트랑 결혼해.

A: **What are you up to**? — 뭐 하고 지내?
B: **Not much**. What about you? — 별 일 없어. 넌 어때?

A: **What have you been up to**? — 뭐 하면서 지내셨어요?
B: **Nothing special. Just the usual things**. — 별 일 없어요. 늘 똑같죠.

5 안부 전하기

A: **Please send my best regards to** your family. — 당신 가족들에게 제 안부를 전해주세요.
B: Okay, I will do that. — 그래요, 그렇게 할게요.

A: **Please say hello to** your sister for me. — 네 여동생에게 내 안부 좀 전해줘.
B: Sure, I'll. Emily will love hearing from you. — 물론이지. 에밀리도 네 안부를 들으면 좋아할 거야.

Basic Drill

다음 대화문을 읽고 괄호에서 적절한 것을 고르시오.

1. A: How have you been?
   B: (Great / No worries), how about you?

2. A: This is Lynn. She is a good friend of mine.
   B: Nice (to meet / meeting) you, Lynn.

3. A: (How / What) is it going with you?
   B: Not bad at all.

4. A: Long time no (see / to see)!
   B: I know. How have you been?

5. A: Have a nice weekend!
   B: You, too. (Take care / Good morning)!

6. A: (How / What) have you been up to?
   B: Not much. Just the usual things.

7. A: How are things going with you?
   B: I'm doing pretty (well / a lot). How about you?

8. A: Look (who's / what's) here! I haven't seen you for ages.
   B: Right. It's been a long time.

9. A: It's great bumping into you like this!
   B: Yes, it is. (What / How) brought you here?

10. A: (What's / How's) new in your life?
    B: Well, I was promoted to marketing manager.

Practice TEST

Part 1

Questions 1 - 4
Choose the most appropriate response to the statement.

1. (a) (b) (c) (d)
2. (a) (b) (c) (d)
3. (a) (b) (c) (d)
4. (a) (b) (c) (d)

Part 2

Questions 5 - 8
Choose the most appropriate response to complete the conversation.

5. (a) (b) (c) (d)
6. (a) (b) (c) (d)
7. (a) (b) (c) (d)
8. (a) (b) (c) (d)

Practice Test
DICTATION

Part 1

1 W: _____ going with you?

M: ▓▓▓▓▓▓▓▓▓▓▓▓▓▓

(a) _____. How about you?

(b) I'm _____ my room.

(c) You _____ today.

(d) Yes, I want to _____ with you.

2 M: I've heard so many _____ _____ you.

W: ▓▓▓▓▓▓▓▓▓▓▓▓▓▓

(a) Me, too. Ken said you are _____ _____.

(b) I'm _____.

(c) Things are _____, thanks.

(d) _____!

3 W: _____ no see. Are you still living in Pleasanton?

M: ▓▓▓▓▓▓▓▓▓▓▓▓▓▓

(a) I'd actually _____ abroad.

(b) No, _____ Oakwood a month ago.

(c) We _____ houses.

(d) _____ a single-family house.

4 M: It's very _____ you like this!

W: ▓▓▓▓▓▓▓▓▓▓▓▓▓▓

(a) I was _____.

(b) I _____ talk to you any more.

(c) _____ Chicago.

(d) What a nice _____ here!

Practice Test Dictation

Part 2

5 W: _____ before?
　M: No, I _____.
　W: _____ at Frank's party last month?
　M: ▓▓▓▓▓▓▓▓▓▓▓▓▓▓▓▓
　(a) I'd like to _____.
　(b) Who are you _____?
　(c) _____ at the meeting, right?
　(d) I think you've got the _____.

6 M: I _____ for ages!
　W: Yeah, it has been _____.
　M: So _____?
　W: ▓▓▓▓▓▓▓▓▓▓▓▓▓▓▓▓
　(a) We should _____ sometime.
　(b) I _____ you again.
　(c) Couldn't _____.
　(d) Not that _____.

7 W: I _____ now.
　M: Okay. It's _____ anyway.
　W: _____ when I get home.
　M: ▓▓▓▓▓▓▓▓▓▓▓▓▓▓▓▓
　(a) Don't _____ me in the morning.
　(b) All right. Have a _____.
　(c) I'll _____, too.
　(d) It is _____ by bus.

8 M: What's up? You didn't _____ _____.
　W: Sorry, I was _____.
　M: _____? Are you all right?
　W: ▓▓▓▓▓▓▓▓▓▓▓▓▓▓▓▓
　(a) Please, _____ to me.
　(b) I _____ my business trip.
　(c) He is _____.
　(d) Yes, _____ now.

PART 1&2 UNIT 02

대화 내용별 탐구

칭찬·축하 & 감사

기출 탐구

외모, 의상, 업무 등에 대한 칭찬이나 좋은 소식에 대한 축하 그에 대한 응답으로 주로 감사 표현이 온다. 따라서 다양한 칭찬, 축하 표현에 이어지는 감사의 응답을 함께 익혀 두면 보다 쉽게 문제를 해결할 수 있다.

기출응용 Part 1

Choose the most appropriate response to the statement.

W: You look wonderful today.
M: _____

(a) Thank you. You look great, too.
(b) I'm looking forward to seeing you.
(c) I don't mind.
(d) Sorry to hear that.

정답   (a)

해석
W: 너 오늘 멋져 보인다.
M: _____

(a) 고마워. 너도 멋져 보여.
(b) 너를 만나기를 고대하고 있어.
(c) 난 상관 없어.
(d) 그렇다니 유감이야.

해결 포인트   '멋져 보인다'는 여자의 칭찬에 대해 감사의 답변이 오는 것이 자연스러우므로 (a)가 정답이다. 이처럼 '~해 보이다'라는 의미의 동사 look을 사용하여 상대방의 외모나 의상 등을 칭찬할 수 있다. 이때 look과 함께 쓰여 '멋지다'는 의미를 만드는 다양한 형용사(wonderful, great, fancy, handsome, gorgeous 등)들을 함께 학습해 두면 유용하다.

기출 응용
Part 2

Choose the most appropriate response to complete the conversation.

M: Why are you jumping around?
W: Guess what! I got accepted into law school.
M: Wow! That's very good news. Congratulations!
W: _____

(a) Be careful! You might fall over.
(b) Thanks a lot! I'm really happy.
(c) It has been raining for five days.
(d) Don't mention it.

정답 (b)

해석

M: 왜 그렇게 뛰어다니는 거니?
W: 있잖아! 나 법학 대학원에 합격했어.
M: 와! 정말 좋은 소식이구나. 축하해!
W: _____

(a) 조심하렴! 그러다 넘어지겠다.
(b) 정말 고마워! 난 정말 행복해.
(c) 5일째 비가 오고 있어.
(d) 별말을 다 하는 구나.

해결 포인트

법학 대학원에 합격한 여자에게 남자가 축하의 인사를 전하고 있다. 축하에 대한 가장 적절한 응답은 감사의 표현이므로 정답은 (b)이다. (a)의 fall over는 '넘어지다'라는 의미로, 대화 속의 jumping around와 연관시켜 정답으로 고르지 않도록 한다.

TEPS 표현 탐구

1 칭찬하고 답하기 (외모 및 의상)

A: **You look beautiful** today.
B: Really? **Thank you very much**.
오늘 아름다워 보이네요.
정말이요? 고마워요.

A: **I like your** sunglasses. They **suit you very well**.
B: I like them myself. **Thanks**.
당신 선글라스가 마음에 들어요. 당신에게 아주 잘 어울리네요.
저도 마음에 들어요. 고마워요.

A: That red dress **looks good on you**.
B: **I'm so flattered**.
그 빨간색 드레스가 당신에게 잘 어울리는군요.
과찬이세요.

A: **What a nice hat**!
B: **Does it look good on me**?
모자가 정말 멋지네요!
저에게 잘 어울리나요?

2 칭찬하고 답하기 (능력 및 성과)

A: **You are** very **good at** math. I wish I were you.
B: I just like math. It's really interesting.
넌 수학을 참 잘하는구나. 내가 너라면 좋겠다.
난 그냥 수학을 좋아하는 것 뿐이야. 굉장히 재미있거든.

A: I didn't know **you play** the guitar **that well**.
B: **Thank you**, but I'm still a beginner.
당신이 기타를 그렇게 잘 치는지 몰랐어요.
고마워요, 하지만 아직 초보에요.

A: **You gave** your presentation **very well**.
B: I don't feel that way, but **thanks**.
발표를 아주 잘 했어.
난 그렇게 생각하지 않지만, 고마워.

A: **I was very impressed** with your work.
B: **Thank you**. I worked hard.
당신이 한 일이 정말 인상 깊었어요.
고맙습니다. 제가 열심히 했거든요.

A: **You did a great job** on that project.
B: **I owe everything to you**.
그 프로젝트를 정말 잘하셨어요.
모든 것이 당신 덕분이에요.

A: I think **you are the best** cook in town.
B: **It's very sweet of you to say that**.
제 생각엔 당신이 우리 동네 최고의 요리사예요.
그렇게 말씀해 주시니 감사해요.

A: Your party was **very entertaining**.
B: **I'm glad you liked it**.
파티가 아주 재미있었어요.
즐거우셨다니 제가 기쁘네요.

TEPS 표현 탐구

3 축하고 답하기

A: **Congratulations**! I heard you're getting married. 축하해요! 결혼하신다면서요.
B: Yes, I am. **Thank you**. 네, 그래요. 감사합니다.

A: You're pregnant. **Congratulations**! 임신하셨습니다. 축하드립니다!
B: Oh, my God! Are you sure? 어머나! 확실한가요?

A: **I'm really happy about** your promotion. Good for you! 네가 승진했다니 정말 기뻐. 잘했어!
B: **Without your help, I couldn't have done it.** 네 도움이 없었다면, 해내지 못했을 거야.

A: You won the competition! **I'm so happy for** you. 당신이 그 대회에서 이겼군요! 정말 기뻐요.
B: **It's all thanks to you.** 이게 모두 당신 덕분이에요.

4 감사의 관용표현

A: **Thanks for what you've done.** 해 주신 일에 감사드립니다.
B: **It was my pleasure to work with you.** 함께 일할 수 있어서 즐거웠습니다.

A: **I really appreciate your help.** 당신의 도움에 정말 감사드립니다.
B: **Don't mention it.** 별말씀을요.

A: **I cannot thank you enough for** your effort. 당신의 노고에 뭐라 감사를 드려야 할지 모르겠네요.
B: **The pleasure is all mine.** 제가 좋아서 한 일인걸요.

A: **How can I ever thank you**? 어떻게 감사를 드려야 하죠?
B: **Not at all.** 천만에요.

A: **I am very grateful for your help.** 도와주셔서 정말 감사드립니다.
B: **No problem.** 별 말씀을요.

A: **You've been a great help.** 정말 큰 도움이 되었습니다.
B: **I was happy to be able to help you.** 당신을 도울 수 있어서 좋았습니다.

Basic Drill

다음 대화문을 읽고 괄호에서 적절한 것을 고르시오.

1. A: Your shoes look very fashionable.
   B: (Thanks to / Thank) you.

2. A: I had a good time. It was a great party.
   B: I'm (disappointed / glad) that you liked it.

3. A: (Congratulations / Celebration) on your graduation!
   B: Thanks, Mom.

4. A: I am very grateful for your help.
   B: You're very (welcome / pleasure).

5. A: You did a great (job / occupation).
   B: It's all thanks to you.

6. A: You look much younger than you are.
   B: It's very (sweet / fine) of you to say that.

7. A: Wow, you are so (cool / good) at singing.
   B: Thank you very much.

8. A: Thanks for (what / which) you've done for us.
   B: It was very nice working with you.

9. A: I (appreciate / appreciate for) your help.
   B: Don't mention it.

10. A: Thank you for joining us tonight.
    B: The (problem / pleasure) is all mine.

Practice TEST

Part 1

Questions 1 - 4
Choose the most appropriate response to the statement.

1 (a)   (b)   (c)   (d)

2 (a)   (b)   (c)   (d)

3 (a)   (b)   (c)   (d)

4 (a)   (b)   (c)   (d)

Part 2

Questions 5 - 8
Choose the most appropriate response to complete the conversation.

5 (a)   (b)   (c)   (d)

6 (a)   (b)   (c)   (d)

7 (a)   (b)   (c)   (d)

8 (a)   (b)   (c)   (d)

Practice Test
DICTATION

Part 1

1 W: _____ for helping me out.
   M: ▓▓▓▓▓▓▓▓▓▓▓▓▓▓▓▓▓▓▓
   (a) _____ is all mine.
   (b) I can _____.
   (c) Welcome _____.
   (d) I _____.

2 M: I heard you _____ _____. I'm so happy for you!
   W: ▓▓▓▓▓▓▓▓▓▓▓▓▓▓▓▓▓▓▓
   (a) I was _____.
   (b) You can _____.
   (c) Thank you for _____.
   (d) Are you _____?

3 W: I really _____.
   Your choice was perfect.
   M: ▓▓▓▓▓▓▓▓▓▓▓▓▓▓▓▓▓▓▓
   (a) You're _____.
   (b) _____ you feel that way.
   (c) I wasn't _____.
   (d) No, I don't _____.

4 M: Did you _____ yesterday? How was it?
   W: ▓▓▓▓▓▓▓▓▓▓▓▓▓▓▓▓▓▓▓
   (a) He will _____ prepare for it.
   (b) I was _____ my presentation.
   (c) You'd better _____.
   (d) He _____.

Part 2

5 W: I have _____ you.
   M: What is it? I'm _____.
   W: I'm _____!
   M: ▓▓▓▓▓▓▓▓▓▓▓▓▓▓▓▓▓▓▓
   (a) That's great! I am really _____ _____.
   (b) I know _____.
   (c) It's been _____.
   (d) I think there's _____ with your ears.

Practice Test Dictation

6 M: I heard you were _____.
   W: Yes, I was _____ for a week.
   M: How is _____ now?
   W: ▨▨▨▨▨▨▨▨▨▨

   (a) I have _____.
   (b) There is _____ near here.
   (c) It's _____. _____ asking.
   (d) I'm _____ of writing this report.

7 W: Honey, _____ concert tickets?
   M: Yes. _____ for our wedding anniversary.
   W: Oh, you're _____. _____ so much.
   M: ▨▨▨▨▨▨▨▨▨▨

   (a) I'm going to _____.
   (b) You're _____!
   (c) _____.
   (d) I like _____.

8 M: Wow! _____! I didn't expect a present.
   W: I bought it _____ to India.
   M: Thanks, this soap _____ _____.
   W: ▨▨▨▨▨▨▨▨▨▨

   (a) India is a great _____ around.
   (b) _____ be able to help you.
   (c) _____ you like it.
   (d) _____.

PART 1&2 UNIT 03

기출 탐구

대화 내용별 탐구
부탁·권유 & 허락·거절

상대방에게 도움을 요청하거나 어떤 일을 부탁하는 표현들은 실생활에서 자주 쓰이는 만큼 TEPS 청해 영역에 출제되는 빈도도 높다. 자주 사용하는 부탁·권유 표현들과 그에 대한 허락·거절 표현들도 함께 익혀두도록 하자.

기출 응용 Part 1

Choose the most appropriate response to the statement.

W: Would you mind lending me $10?
M: _____

(a) Keep the change.
(b) I'm sorry, but we only take cash.
(c) I never carry any cash.
(d) I don't have a credit card.

정답 (c)

해석
W: 10달러만 빌려 주실 수 없을까요?
M: _____

(a) 잔돈은 가지세요.
(b) 죄송합니다만, 저희는 현금만 받습니다.
(c) 저는 절대로 현금을 가지고 다니지 않아요.
(d) 전 신용카드가 없습니다.

해결 포인트 정중한 부탁에 자주 쓰이는 Would you mind ~? 의문문이다. 10달러만 빌려 달라는 여자의 부탁에 대해 허락, 거절 혹은 대답 미루기 등의 응답이 올 수 있는데 현금이 없다며 간접적으로 거절하는 (c)가 가장 적절한 응답이다. (b)는 상점의 점원이 계산할 때 할 수 있는 말임을 알아두자.

기출응용
Part 2

Choose the most appropriate response to complete the conversation.

M: I think it is too heavy for me.
W: Would you like me to help you?
M: Sure, that would be great. Can you?
W: _____

(a) Of course. Let's move it together.
(b) That would be very helpful.
(c) If I were you, I wouldn't.
(d) I'd like you to come to my office.

정답 (a)

해석
M: 이건 저에게 너무 무거운 것 같아요.
W: 제가 도와드릴까요?
M: 물론, 그럼 좋죠. 그래 주시겠어요?
W: _____

(a) 당연하죠. 함께 옮겨 보죠.
(b) 정말 도움이 될 거에요.
(c) 제가 당신이라면, 전 안 할겁니다.
(d) 당신이 제 사무실로 와 주시면 좋겠어요.

해결 포인트
남자가 물건이 너무 무겁다고 하자 여자가 도움을 제안하고 있다. 남자는 그 제안을 반가워하면서 정말 그래 주겠냐고 되묻고 있으므로, 이에 대해 강한 긍정의 의사를 다시 한번 밝히는 (a)가 정답이다.

TEPS 표현 탐구

1 부탁 & 허락·거절

A: **Would you please** speak up? 좀 크게 말씀해 주시겠어요?
B: **No problem.** 물론이죠.

A: **It would be great if** you could turn off the radio. 라디오를 꺼 주시면 좋겠어요.
B: **Sure,** I can do that. 물론이죠, 그렇게 할게요.

A: **Can I** interrupt you for a second? 잠시 시간을 내 주실 수 있나요?
B: **Go ahead.** 그럼요(말씀하세요).

A: **I'd like you to** finish your homework before dinner. 네가 저녁식사 전까지 숙제를 끝내면 좋겠구나.
B: **Don't worry. I'll do it** right now. 걱정 마세요. 지금 바로 할게요.

A: **I was wondering if** I could use your laptop computer. 당신 노트북을 좀 사용해도 괜찮을까요?
B: **I'm afraid not.** It is out of order. 유감스럽게도 안되겠어요. 고장이 났거든요.

A: **I'm asking you to** work on this project. 당신이 이 프로젝트를 수행해 주기를 부탁할게요.
B: **I'm sorry. I'm not available** right now. 죄송합니다. 지금 당장은 할 수가 없어요.

2 권유 & 허락·거절

A: **Let's** go on a picnic! 소풍 가자!
B: **That's a great idea!** 그거 좋은 생각이다!

A: **Why don't you** come with me? 저와 함께 가는 게 어떠세요?
B: **I'd love to, but I can't.** 그러고 싶지만, 안 되겠네요.

A: **How about** buying this wine for dinner? 저녁 식사용으로 이 와인을 사는 게 어때요?
B: **It's up to you.** I don't know much about wine. 당신이 알아서 하세요. 저는 와인에 대해 잘 모르거든요.

A: **Do you want to** go for a walk with me? 저랑 같이 산책 하실래요?
B: **Sorry, but** I'm tired. 미안하지만 제가 피곤해서요.

A: **Would you like to** have some more? 좀 더 드시겠어요?
B: **No thanks.** I'm really full. 아뇨, 괜찮아요. 정말 배가 부르네요.

TEPS 표현 탐구

3 도움 요청하기

A: **Can I ask you a favor**? 부탁을 하나 드려도 될까요?
B: **Oh, sure. That isn't a problem.** 오, 물론이죠. 문제 없어요.

A: **May I ask a favor of you**? 부탁을 하나 드려도 될까요?
B: **I'm awfully sorry but** I'm tied up at the moment. 정말 죄송하지만 제가 지금 바빠서요.

A: **Please do me a favor.** 제발 제 부탁 좀 들어주세요.
B: **Okay**. What do you need? 좋아요. 무슨 일이세요?

A: **Could you give me a hand with** this? 이것 좀 도와 주시겠어요?
B: **Of course**. Just a second. 물론이죠. 잠시만요.

4 도움 제안하기

A: **Can I help you with** that? 제가 그걸 도와 드릴까요?
B: I can handle it. Thanks. 제가 할 수 있어요. 고마워요.

A: **I'd like to help you with** that. 제가 그걸 도와드리고 싶네요.
B: Don't worry about me. I can do it by myself. 제 걱정은 마세요. 혼자 할 수 있어요.

A: **If you need any help, please let me know.** 도움이 필요하시면, 제게 알려 주세요.
B: **That's very sweet of you.** 정말 친절하시군요.

A: **Do you want me to help you out**? 제가 도와 드릴까요?
B: **That would be of great help**. Thanks. 그러면 정말 도움이 될 거에요. 고마워요.

5 대답 미루기

A: Would you like to join us this weekend on a hiking trip? 이번 주말 저희와 함께 하이킹을 하시겠어요?
B: **I'll give it some thought.** 생각 좀 해볼게요.

A: Why don't you come to my party? 파티에 오시는 게 어때요?
B: **Let me think about** that. 생각해볼게요.

Basic Drill

다음 대화문을 읽고 괄호에서 적절한 것을 고르시오.

1. A: I'd like you to (help / favor) me out.
   B: I'd love to.

2. A: (Why don't / Why didn't) you call me tomorrow?
   B: Sure. That would be fine.

3. A: If you need any help, please let (me / you) know.
   B: Thank you.

4. A: May I (ask / need) a favor of you?
   B: Yes, what is it?

5. A: Let's go on a picnic!
   B: (Sorry / Sure), I'm very busy right now.

6. A: Can I bother you for a second?
   B: (Of course / Of course not). Come in.

7. A: Would you like to join us for dinner?
   B: I'm awfully (happy / sorry), but I can't.

8. A: How about taking a cooking class?
   B: I'll give it some (think / thought).

9. A: Can I help you with that?
   B: That would be great. (I'm so sorry / Thanks a lot).

10. A: I was (wondering / asking) if you could take me home.
    B: Sure, I can.

Practice TEST

 Part 1

Questions 1 - 4

Choose the most appropriate response to the statement.

1   (a)   (b)   (c)   (d)

2   (a)   (b)   (c)   (d)

3   (a)   (b)   (c)   (d)

4   (a)   (b)   (c)   (d)

 Part 2

Questions 5 - 8

Choose the most appropriate response to complete the conversation.

5   (a)   (b)   (c)   (d)

6   (a)   (b)   (c)   (d)

7   (a)   (b)   (c)   (d)

8   (a)   (b)   (c)   (d)

Practice Test DICTATION

Part 1

1 W: _____ your laptop?
   M: ▓▓▓▓▓▓▓▓▓▓▓▓▓▓▓▓
   (a) _____. I'll buy one.
   (b) No, we _____.
   (c) I'd love to, but _____.
   (d) I _____ to install this program.

2 M: Can you _____?
   W: ▓▓▓▓▓▓▓▓▓▓▓▓▓▓▓▓
   (a) _____. I'll meet you there.
   (b) _____ at this point.
   (c) I am _____.
   (d) _____ you this.

3 W: _____ with you?
   M: ▓▓▓▓▓▓▓▓▓▓▓▓▓▓▓▓
   (a) _____. What is it?
   (b) _____.
   (c) I'll try _____ to her.
   (d) She just _____.

4 M: _____ to my party?
   W: ▓▓▓▓▓▓▓▓▓▓▓▓▓▓▓▓
   (a) Yes, you are _____.
   (b) _____ you can.
   (c) Tell me _____.
   (d) Sure, _____?

Part 2

5 W: Please _____.
   M: _____ what you want.
   W: I _____ to the grocery store.
   M: ▓▓▓▓▓▓▓▓▓▓▓▓▓▓▓▓
   (a) Oh, sure. That _____.
   (b) Do you want to _____?
   (c) Don't be shy! _____ today.
   (d) I _____ dairy products.

Practice Test Dictation

6 M: _____ putting this toy together.
   W: I think you just need to _____ _____ to the right.
   M: Sorry, but I don't _____.
       Can you be _____?
   W:
   (a) _____ this way.
   (b) I'll _____ get there.
   (c) I'm _____.
   (d) Okay, I'll _____ do it myself.

7 W: Jesse is _____.
   M: I told you! _____.
   W: Please tell me _____ _____ about it.
   M:
   (a) My grandfather _____ _____.
   (b) Sorry, but _____.
   (c) _____ for me?
   (d) I'm _____ a job.

8 M: Mom, _____ the table?
   W: You _____ your dinner.
   M: I know, _____ a TV show at 7.
   W:
   (a) I _____ around here.
   (b) _____ and then go.
   (c) Can you _____?
   (d) _____ a table for four.

PART 1&2 UNIT 04

기출 탐구

대화 내용별 탐구
의견 제시 & 동의·반대

의견 제시 문제는 어떤 것에 관한 상대의 의견을 묻고 이에 대해 자신의 의견을 제시하는 내용과, 의견을 먼저 제시하고 이에 대해 동의 혹은 반대를 하는 내용으로 크게 나누어진다. 특히, 제시된 의견에 대해 동의 혹은 반대하는 유형은 자주 출제되고 있으므로 잘 익혀두도록 한다.

기출응용 Part 1

Choose the most appropriate response to the statement.

W: Do you agree with my opinion?
M: _____

(a) No, I didn't want to agree.
(b) In my opinion, it is a serious problem.
(c) You have my word.
(d) Yes, I do agree with it.

정답 (d)

해석
W: 제 의견에 동의하시나요?
M: _____

(a) 아니요, 전 동의를 하고 싶지 않았습니다.
(b) 제 생각에 그것은 심각한 문제입니다.
(c) 약속 드리겠습니다.
(d) 네, 전적으로 동의합니다.

해결 포인트 자신의 의견에 동의하냐는 질문에 그 의견에 동의한다, 반대한다, 혹은 잘 모르겠다는 응답이 가능하다. 조동사 do를 사용하여 상대의 의견에 전적으로 동의한다고 강조하여 말하는 (d)가 가장 적절한 응답이다. (c)의 You have my word.는 '약속하겠다.'라는 관용 표현이므로 잘 알아두자.

기출 탐구

기출응용 Part 2

Choose the most appropriate response to complete the conversation.

M: Have you read the notice on the bulletin board?
W: Yes, I have.
M: So what do you think of the company's decision?
W: _____

(a) The board meeting was delayed.
(b) I think it is very reasonable.
(c) I don't like your idea.
(d) You didn't notice the change.

정답 (b)

해석

M: 게시판에서 그 공지를 읽어 보셨나요?
W: 네, 읽었습니다.
M: 그러면 회사의 그 결정에 대해 어떻게 생각하시나요?
W: _____

(a) 이사회의가 연기되었습니다.
(b) 매우 타당하다고 생각합니다.
(c) 전 당신의 생각이 마음에 들지 않아요.
(d) 당신은 그 변화를 눈치채지 못했군요.

해결 포인트

게시판의 공지에 대해 어떻게 생각하는지 의견을 묻고 있으므로 매우 타당하다며 자신의 의견을 말하는 (b)가 답변으로 가장 적절하다. (a)의 board는 '위원회'의 의미로, 대화에서의 '게시판'의 의미와는 다르므로 board만을 듣고 답으로 고르지 않도록 주의한다. 마찬가지로 (d)의 notice는 '공지'가 아닌 '알아차리다'라는 의미의 동사로 쓰였으므로 notice만을 듣고 (d)를 답으로 고르지 않도록 한다.

TEPS 표현 탐구

1　의견 물어보기

A: **How was** your business trip?　　　　출장은 어땠나요?
B: It was fine. Thank you for asking.　　괜찮았어요. 물어봐 줘서 고마워요.

A: **How do you like** your new job?　　새 직장은 어때요?
B: I feel like it is just right for me.　　제게 잘 맞는 것 같아요.

A: **Can I have your opinion of** the new CEO?　　새로운 최고 경영자에 대한 당신의 의견을 알려주시겠어요?
B: It's too early to tell.　　뭐라고 말하기에는 너무 이른 것 같군요.

A: **Could you tell us what you think of** it?　　그것에 대한 당신의 생각은 어떤지 말씀해 주시겠어요?
B: I think it is worse than I expected.　　제가 예상했던 것보다 더 나쁜 것 같아요.

A: **What do you think of** the yoga class?　　그 요가 수업에 대해 어떻게 생각하세요?
B: It seems good for my health.　　건강에 좋은 것 같아요.

A: **Tell me about** your marriage. Is it great?　　네 결혼 생활에 대해 말해봐. 좋아?
B: Yes, it's awesome!　　응, 최고야!

2　의견 제시하기

A: **I'd like to** review the decision.　　그 결정을 다시 검토하고 싶어요.
B: Take as much time as you need.　　필요한 만큼 충분히 시간을 두고 하세요.

A: **I think** the meeting was useless.　　전 그 회의가 쓸모 없었다고 생각해요.
B: I totally agree with you.　　전적으로 동의해요.

A: **I suggest** we should take some time off.　　난 우리가 좀 쉬어야 한다고 생각해.
B: Then let's do it.　　그러면 그렇게 하자.

A: **I don't think** Nancy likes me.　　낸시가 나를 좋아하는 것 같지 않아.
B: Don't worry about it.　　그 점에 대해서는 걱정하지마.

A: **Let me tell you that** your painting is fantastic.　　당신의 그림은 환상적이라고 생각해요.
B: You mean it? Thank you.　　정말이세요? 고마워요.

A: **People say** stress is bad for your health.　　스트레스가 건강에 해롭다고들 하지.
B: I know that for a fact.　　나도 그건 사실로 알고 있어.

TEPS 표현 탐구

A: **She said that** she wasn't in favor of it. 그녀는 그 점에 찬성하지 않는다고 했어.
B: I guess she lied to you. 그녀가 너에게 거짓말을 한 것 같구나.

3 동의하기

I think so. 저도 그렇게 생각합니다.
I agree with you. 당신 생각에 동의합니다.
I couldn't agree more. 대찬성입니다.
I'm in favor of your opinion. 네 의견에 찬성이야.
That's a great idea! 그거 좋은 생각이다!
You can say that again. 맞는 말씀입니다.
I'm fine with that. 그거 괜찮아(그거 좋아).

4 반대하기

I don't think so. 저는 그렇게 생각하지 않습니다.
I don't agree with you. 전 당신 생각과 달라요.
I disagree with that. 전 그 점에 동의하지 않습니다.
I'm against it. 저는 그것에 대해 반대합니다.

5 답변 미루기

I haven't decided yet. 아직 결정하지 못했어요.
I haven't thought about it. 그것에 관해 생각해본 적이 없어요.
I have no idea. 잘 모르겠어요.
Let me think about it. 그것에 관해 생각 좀 해볼게요.
I need some time to think about it. 그것에 대해 생각해볼 시간이 좀 필요해요.
It depends. 상황에 따라 다르죠.
I can't say for sure. 확실히 말할 수는 없어요.

Basic Drill

다음 대화문을 읽고 괄호에서 적절한 것을 고르시오.

1. A: Could you tell me what you think of it?
   B: I haven't (thought / told) about it yet.

2. A: (How / What) was your holiday?
   B: It was just like a dream.

3. A: Do you have any idea what we should do first?
   B: I have no (thought / idea).

4. A: I (promise / suggest) you wear that dress to the party.
   B: I like that, too.

5. A: Can I have your opinion of the layoffs?
   B: I'm (opposite / against) them.

6. A: (How / What) do you think of bullying at school?
   B: I say it should not be allowed under any circumstances.

7. A: She said that the lecture was very helpful.
   B: I (disagree / agree) with her. It was useless.

8. A: Are you going to attend the meeting?
   B: I haven't (decided / made) yet.

9. A: I think it is wrong!
   B: I couldn't (agree / allow) more.

10. A: People (say / tell) smoking should be banned in public places.
    B: I think so.

Practice TEST

Part 1

Questions 1 - 4

Choose the most appropriate response to the statement.

1 (a)   (b)   (c)   (d)

2 (a)   (b)   (c)   (d)

3 (a)   (b)   (c)   (d)

4 (a)   (b)   (c)   (d)

Part 2

Questions 5 - 8

Choose the most appropriate response to complete the conversation.

5 (a)   (b)   (c)   (d)

6 (a)   (b)   (c)   (d)

7 (a)   (b)   (c)   (d)

8 (a)   (b)   (c)   (d)

Practice Test
DICTATION

Part 1

1 W: How was _____ _____?

  M: ▓▓▓▓▓▓▓▓▓▓▓▓▓▓▓▓

  (a) Not bad. _____?
  (b) Those _____ were very kind.
  (c) I _____ myself.
  (d) I'm going to _____.

2 M: _____ the new chair?

  W: ▓▓▓▓▓▓▓▓▓▓▓▓▓▓▓▓

  (a) It is _____.
  (b) I _____ a press conference.
  (c) _____.
  (d) _____!

3 W: _____ buying a house?

  M: ▓▓▓▓▓▓▓▓▓▓▓▓▓▓▓▓

  (a) _____ Home Alone.
  (b) I _____ yet.
  (c) We are _____ a difficult time.
  (d) I'm _____ meeting him right now.

4 M: _____ the decision we made.

  W: ▓▓▓▓▓▓▓▓▓▓▓▓▓▓▓▓

  (a) Let's _____.
  (b) Sure, _____.
  (c) It is very difficult _____.
  (d) _____ detailed information.

Practice Test Dictation

Part 2

5 W: _____ almost everything about it.

M: _____ ?

W: Well, there's one more thing. _____ the deadline?

M:

(a) I _____ all night.

(b) You _____ today.

(c) Yes, I _____ .

(d) _____ to talk about.

6 M: I heard you _____ _____ .

W: I did, but _____ .

M: How did you _____ it?

W:

(a) I'm sorry _____ .

(b) I'll _____ possible.

(c) You should _____ .

(d) _____ time heals all wounds.

7 W: _____ your spare time?

M: _____ . What about you?

W: Me, too. _____ the new book by John Grisham?

M:

(a) _____ it.

(b) _____ the concert last weekend?

(c) Please, _____ .

(d) I think _____ .

8 M: Can I _____ ?

W: Of course. _____ ?

M: I need to know _____ Cathy as manager.

W:

(a) Well, I haven't _____ .

(b) _____ word processing?

(c) That restaurant is now _____ _____ .

(d) You can _____ .

PART 1&2 UNIT 05

기출 탐구

대화 상황별 탐구
전화 & 길 안내 상황

전화와 길 안내 상황은 TEPS 청해 영역에서 자주 출제되고 있다. 전화 대화에서는 특정인과 전화 통화를 요청하는 경우, 부재중인 경우 등 다양한 상황에 맞는 표현들을 학습해두어야 한다. 길 안내 대화에서는 길 물어보기뿐만 아니라 사물의 위치를 물어보는 유형도 출제되고 있으므로 잘 익혀두도록 한다.

기출응용 Part 1

Choose the most appropriate response to the statement.

W: I'm calling to speak to Mr. Swanson.
M: _____

(a) This speaker makes strange noise.
(b) I already called you a couple of times.
(c) Let's call it a day.
(d) He's not in at the moment.

정답 (d)

해석
W: 스완슨 씨와 통화하고 싶습니다.
M: _____

(a) 이 스피커는 이상한 잡음이 나요.
(b) 당신에게 이미 몇 번 전화했었습니다.
(c) 오늘은 이만 하죠.
(d) 그는 지금 자리에 안 계세요.

해결 포인트 I'm calling to ~를 통해 특정인과 전화 통화를 원하는 상황임을 알 수 있다. 이때, 전화를 연결시켜 주거나, 기다리라고 하거나, 통화가 가능하지 않음을 알리는 응답이 가능한데, 자리에 없어서 현재 통화할 수 없음을 알리는 (d)가 가장 적절하다. (c)의 call it a day는 통화 상황과 무관하게 '하루의 일을 마무리하다'라는 의미의 관용적인 표현으로 알아두도록 하자.

기출 탐구

기출응용 Part 2

Choose the most appropriate response to complete the conversation.

M: Do you know where the post office is?
W: Yes, but it is quite far from here.
M: That's okay. Can you tell me which way I should go?
W: _____

(a) I'm going to send this letter.
(b) If I were you, I wouldn't go there.
(c) Walk straight for about six blocks.
(d) You didn't tell me where to go.

정답 (c)

해석
M: 우체국이 어디에 있는지 아세요?
W: 네, 하지만 여기서 꽤 멀어요.
M: 괜찮아요. 제가 어느 쪽으로 가면 되는지 말씀해 주시겠어요?
W: _____

(a) 이 편지를 보낼 거에요.
(b) 제가 당신이라면, 거기에 가지 않을 겁니다.
(c) 약 여섯 블록쯤 직진해서 걸어가세요.
(d) 어디로 갈지 제게 말하지 않았어요.

해결 포인트 남자가 우체국으로 가는 길을 묻고 있으므로 우체국이 어디에 있는지 알려주는 답변을 찾으면 된다. 정답은 '직진해서 여섯 블록쯤 가라'며 길을 알려 주는 (c)이다. 여자가 우체국이 멀다고 했음에도 남자가 괜찮다며 길을 알려달라고 했으므로 나라면 가지 않겠다는 (b)는 대화의 흐름상 어색하다.

TEPS 표현 탐구

1. 통화 요청 & 전화 연결

A: **May I speak to** Ms. Carry? 캐리 씨와 통화할 수 있을까요?
B: Sure, **I'll put you through to** her. **Stay on the line**. 물론이죠, 연결해 드리겠습니다. 끊지 말고 기다리세요.

A: **Can I speak to** the marketing manager? 마케팅팀 부장과 통화할 수 있을까요?
B: Okay. **Hold on, please**. 알겠습니다. 잠시만 기다려 주세요.

A: This is Alison Coleman. **I'd like to talk to** Marie. 전 앨리슨 콜맨이라고 합니다. 마리와 통화하고 싶어서요.
B: **I'll connect you with** her. 그녀에게 연결해 드리겠습니다.

A: **I'm calling to speak to** Dr. Gibbson. 깁슨 선생님과 통화하려고 전화했습니다.
B: **I'll transfer you to** him. 그분께 연결해 드리겠습니다.

2. 전화 응답 1 – 다른 용무 중입니다.

A: Can I speak to Mr. Brown, please? 브라운 씨와 통화할 수 있을까요?
B: He **is in a meeting** with a client. 그는 고객과 회의 중입니다.

A: I'd like to speak to Ms. Blair Finn. 블레어 핀 씨와 통화하고 싶습니다.
B: She **is not available** right now. 그녀는 지금 전화를 받을 수가 없습니다.
　　Do you want to leave a message? 메모를 남기시겠어요?

A: At the moment, Matt **is on another line**. 지금 매트는 다른 전화를 받고 있습니다.
　　May I ask who is calling? 전화거신 분이 누구신지 여쭤봐도 될까요?
B: This is Joy Clarkson. 저는 조이 클락슨입니다.
　　Can I leave a message for him? 그에게 메모를 남겨도 될까요?

3. 전화 응답 2 – 부재 중입니다.

A: I'm calling to speak to Ben. 벤과 통화하고 싶습니다.
B: He **just stepped out**. Can I take a message? 방금 나가셨는데요. 남기실 말씀이 있으신가요?

A: May I speak to Ms. Helen? 헬렌 씨와 통화할 수 있을까요?
B: She **already left the office**. 그녀는 이미 퇴근했어요.

A: **I'm afraid that you just missed** him. 유감입니다만 그는 방금 나갔어요.
　　Would you like to leave a message? 메모를 남기시겠어요?
B: No thanks. I'll call back. 괜찮습니다. 제가 다시 걸죠.

TEPS 표현 탐구

A: She **is out of the office** now.
   You should try to call her on her cell phone.
B: Thanks a lot, but I don't know her cell phone number.

그녀는 지금 외근 중입니다.
휴대전화로 연락해 보세요.
정말 고맙습니다만, 전 그녀의 휴대전화 번호를 몰라요.

4 전화 관련 기타 표현

A: **We have a bad connection**.
B: Then I'll call again.

전화 연결 상태가 좋지 않네요.
그럼 제가 다시 걸게요.

A: Can I speak to Dr. Maison?
B: **There is no one here by that name**.

메이슨 선생님과 통화할 수 있을까요?
그런 이름을 가지신 분은 여기 안계십니다.

A: I think **you've dialed the wrong number**.
B: Oh, I'm sorry.

전화를 잘못 거신 것 같습니다.
오, 죄송합니다.

5 길 안내

A: **How do I get to** City Hall?
B: **Take subway** line number one.

시청까지 어떻게 가면 되나요?
지하철 1호선을 타세요.

A: **What is the best way to get to** the airport?
B: There is a free shuttle bus you can take.

공항에 가는 가장 좋은 방법이 뭐예요?
이용할 수 있는 무료 셔틀 버스가 있어요.

A: **Could you show me the way to** the department store?
B: **Walk along this street** for two blocks and you'll see it.

백화점으로 가는 길을 알려주시겠어요?
이 길을 따라 두 블록을 걸어가시면 보일 거에요.

A: **Is there** a convenience store around here?
B: **It's just around the corner. You can't miss it**.

이 근처에 편의점이 있나요?
모퉁이를 돌면 바로 있어요. 쉽게 찾으실 수 있어요.

A: **I'm looking for** a nearby gym.
B: I don't think there are any gyms around here.

전 가까운 체육관을 찾고 있어요.
이 근방에는 체육관이 없는 것 같아요.

Basic Drill

다음 대화문을 읽고 괄호에서 적절한 것을 고르시오.

1. A: I'm calling to speak to David.
   B: Sorry, he just (stepped out / ran out).

2. A: May I speak to Mr. McKen?
   B: I'll put you (out / through) to him.

3. A: Hello, I'd like to speak to Sarah.
   B: I think you've dialed the (different / wrong) number.

4. A: Where is the nearest Thai restaurant?
   B: It's just around the (corner / way).

5. A: Would you like to (leave / take) a message?
   B: No thanks. I'll call back.

6. A: Is Tom there? I need to speak to him.
   B: I'm afraid you just (touched / missed) him.

7. A: Amy is on another line at the moment. May I ask (who / what) is calling?
   B: This is Dan Humphrey from the New York branch.

8. A: I can't hear you well. We have a bad (connection / call).
   B: Okay, I'll call again.

9. A: Can I speak to Ellen?
   B: There is no one here (for / by) that name.

10. A: (Where / How) do I get to your office?
    B: You'd better take a taxi.

Practice TEST

 Part 1

Questions 1 - 4

Choose the most appropriate response to the statement.

1 (a)   (b)   (c)   (d)

2 (a)   (b)   (c)   (d)

3 (a)   (b)   (c)   (d)

4 (a)   (b)   (c)   (d)

 Part 2

Questions 5 - 8

Choose the most appropriate response to complete the conversation.

5 (a)   (b)   (c)   (d)

6 (a)   (b)   (c)   (d)

7 (a)   (b)   (c)   (d)

8 (a)   (b)   (c)   (d)

Practice Test
DICTATION

Part 1

1 W: _____ Rachel?
M: ▓▓▓▓▓▓▓▓▓▓▓▓▓▓▓▓▓▓▓▓
(a) You _____ anytime.
(b) I'll _____ her.
(c) Sure, _____.
(d) Jamie _____.

2 M: _____ your place?
W: ▓▓▓▓▓▓▓▓▓▓▓▓▓▓▓▓▓▓▓▓
(a) _____ two from the bus stop.
(b) It's _____.
(c) Let's _____ your place.
(d) _____ a cup of coffee, please.

3 W: I'm _____ Jake. Is he there?
M: ▓▓▓▓▓▓▓▓▓▓▓▓▓▓▓▓▓▓▓▓
(a) I have to _____.
(b) He is _____.
(c) There are _____.
(d) He is _____.

4 M: Hello, this is Chris. _____ _____ Jerry?
W: ▓▓▓▓▓▓▓▓▓▓▓▓▓▓▓▓▓▓▓▓
(a) Yes, _____.
(b) _____.
(c) _____, please.
(d) No, I can't _____.

Part 2

5 W: Can you _____?
M: No, I can't. I think we _____ _____.
W: Then I'll _____.
M: ▓▓▓▓▓▓▓▓▓▓▓▓▓▓▓▓▓▓▓▓
(a) Did you _____?
(b) Don't worry. I'll _____.
(c) Sorry, but _____ now. I'll _____.
(d) _____, please.

Practice Test Dictation

6 M: Is Hyde Park Station _____ _____?
W: It's _____.
M: _____ bus stop around here?
W: ▨▨▨▨▨▨▨▨▨▨▨▨▨▨▨▨
(a) _____ there if you want.
(b) I'm _____.
(c) I don't know _____.
(d) You _____.

7 W: I'm _____ Mr. Brown.
M: I'm afraid he already _____ _____.
W: Then _____ his assistant?
M: ▨▨▨▨▨▨▨▨▨▨▨▨▨▨▨▨
(a) He _____ very well.
(b) _____ brownies.
(c) You _____ there.
(d) Yes, I'll _____ him.

8 M: _____. Do you have any aspirins?
W: _____.
M: Then dan you tell me _____ _____ a drugstore?
W: ▨▨▨▨▨▨▨▨▨▨▨▨▨▨▨▨
(a) I went to _____ yesterday.
(b) Just _____.
(c) You need _____.
(d) I used to _____.

PART 1&2 UNIT 06

기출 탐구

대화 상황별 탐구
교통 & 여행 상황

TEPS 청해 Part 1, 2에서는 짧은 문장이나 대화를 듣고 답을 골라야 하기 때문에 대화가 이루어지고 있는 장소나 상황 파악이 문제 해결에서 중요한 역할을 한다. 특히, 교통이나 여행과 관련된 문제들의 경우, 상황별로 예상되는 표현들과 대화 패턴을 익혀두면 빠른 시간 안에 답을 고르는데 도움이 된다.

기출 응용 Part 1

Choose the most appropriate response to the statement.

W: How many bags are you checking in?
M: _____

(a) There are many tea bags in the kitchen.
(b) Two adults and three children, please.
(c) Let's meet at the check-in counter.
(d) I only have a carry-on bag.

정답 (d)

해석
W: 몇 개의 가방을 부치실 건가요?
M: _____

(a) 부엌에 티백이 많이 있어요.
(b) 성인 2명과 어린이 3명이요.
(c) 탑승 수속 카운터에서 만납시다.
(d) 기내용 짐 하나밖에 없어요.

해결 포인트
가방을 check in한다는 것은 공항의 탑승 수속 과정에서 그 짐을 화물칸에 부치는 것을 의미한다. 가방을 몇 개나 보낼 것인지를 묻고 있으므로 보낼 가방의 개수를 말하거나 (d)와 같이 기내에 들고 들어갈 가방만 있을 뿐 부칠 짐은 없다고 대답할 수 있다. carry-on bag은 승객이 기내에 들고 타는 짐을 의미한다.

기출 탐구

기출응용 Part 2

Choose the most appropriate response to complete the conversation.

M: My car won't start!
W: What should we do? We're already running late.
M: I suggest you take a taxi and go first.
W: _____

(a) Okay. But you should call a mechanic right away.
(b) At least we arrived on time.
(c) The road is packed.
(d) The traffic is getting worse and worse these days.

정답   (a)

해석
M: 차가 시동이 안 걸려요!
W: 어떻게 해야 하죠? 우리는 이미 늦었는데요.
M: 당신은 택시를 타고 먼저 가세요.
W: _____

(a) 알았어요. 하지만 당신은 정비사에게 당장 연락하셔야 해요.
(b) 최소한 우리는 제시간에 도착했잖아요.
(c) 길이 꽉 막혔어요.
(d) 요즘 교통이 갈수록 나빠지고 있어요.

해결 포인트
약속 시간에 늦은 상황에서 차에 문제가 생기자 남자가 여자에게 택시를 타고 먼저 갈 것을 제안하고 있다. 여자가 그 제안을 받아들이면서 정비사에게 연락해 자동차의 문제를 해결하라고 말하는 (a)가 적절하다.

TEPS 표현 탐구

1. 운전과 주차

A: **Can I give you a ride** home? 집까지 태워다 드릴까요?
B: That would be great. Thanks. 그래 주시면 좋죠. 고맙습니다.

A: **This is a one-way road**. 일방통행 길이에요.
B: I know. **I made a wrong turn**. 알아요. 길을 잘못 들어섰네요.

A: **Where can I park the car**? 어디에 주차하면 될까요?
B: There is a visitor's parking lot behind the building. 건물 뒤에 방문객 주차장이 있습니돠.

A: My car is gone! **It must have been towed away**. 내 차가 없어졌어! 견인되어 간 것이 틀림없어.
B: You shouldn't have parked here. 넌 여기에 주차하지 말았어야 했어.

2. 대중교통 이용하기

A: I don't think we can make it to the meeting on time if we **take a bus**. 버스를 타면 우리가 제시간에 회의에 도착하지 못할 것 같아요.
B: Then **let's take a taxi**. 그럼, 택시를 타죠.

A: **How do you commute**? 어떻게 통근하시나요?
B: **I usually come to work by bus**. 전 보통 버스로 출근해요.

A: **How many stops do I have to go more for** Gangnam station? 강남역까지는 몇 정거장이나 더 가야 하나요?
B: Let's have a look at the map. **Five more stops**. 지도에서 찾아보죠. 다섯 정거장을 더 가야 하네요.

3. 교통 관련 기타 표현

A: **This road is packed**. 이 길은 꽉 막혔어.
B: **It's rush hour**. 출퇴근 시간이잖아.

A: What happened? You're really late. 무슨 일이야? 너 진짜 늦었어.
B: **I got a flat tire** on the way. 오는 길에 타이어가 펑크났어.

A: Last night, my brother **got arrested for drunk driving**. 어젯밤에 내 남동생이 음주운전으로 체포되었어.
B: No one should **drive after drinking alcohol**. 누구라도 술 마시고 운전해서는 안돼.

TEPS 표현 탐구

4 공항 이용하기

A: **I'd like to check in. Here are my ticket and passport.**
탑승 수속을 하려고 합니다. 여기 제 비행기 표와 여권이 있어요.

B: Okay. **Do you have a seat preference**?
알겠습니다. 선호하는 좌석이 있으신가요?

A: **I'd like a window seat, please.**
창가 자리로 주세요.

B: **I'm afraid window seats are not available.**
죄송하지만 창가 자리는 빈자리가 없습니다.

A: **Here is your boarding pass. Enjoy your trip.**
여기 탑승권입니다. 즐거운 여행 되세요.

B: Great. Thanks a lot.
좋아요. 정말 고맙습니다.

A: **I need to check in my bag.**
제 짐을 부치려고 합니다.

B: **How many bags are you checking in**?
가방을 몇 개나 부치실 건가요?

A: **Do you have anything to declare**?
신고하실 물품이 있으십니까?

B: No, I don't.
아니요, 없습니다.

5 숙소 예약 및 이용하기

A: **I'd like to make a reservation for** tomorrow.
내일 방을 예약하고 싶습니다.

B: **What kind of room would you like**?
어떤 종류의 객실을 원하십니까?

A: **Front desk. How may I help you**?
안내 데스크입니다. 무엇을 도와드릴까요?

B: **I'd like to request a wake-up call.**
모닝콜을 요청하고 싶습니다.

A: **Can you please send a clean towel up here**?
깨끗한 수건을 올려 보내 주시겠어요?

B: No problem. I'll send one right away.
그렇게 하겠습니다. 바로 보내 드리겠습니다.

6 관광하기

A: **How much is the admission fee**?
입장료가 얼마입니까?

B: It's $10 for adults.
성인은 10 달러입니다.

A: The Empire State Building **is one of the most popular spots in** New York.
엠파이어 스테이트 빌딩은 뉴욕에서 가장 인기있는 장소들 중 하나입니다.

B: I'd love to visit there.
거기에 가보고 싶군요.

Basic Drill

다음 대화문을 읽고 괄호에서 적절한 것을 고르시오.

1. A: I'd like to (check in / check out).
   B: Sure. Can I see your ticket, please?

2. A: Do you have anything to (decorate / declare) to customs?
   B: No, I don't.

3. A: What should I do? I got a (thin / flat) tire!
   B: Don't panic. Calm down!

4. A: Can I request a (wake-up / morning) call?
   B: Of course. What time do you want us to call?

5. A: The Great Wall is one of the most popular (spots / species) in China.
   B: That's terrific! I should put it on my itinerary.

6. A: Do you have a single room available next Monday?
   B: Yes, we do. Would you like to (make / get) a reservation?

7. A: Can I give you a (ride / car) to school?
   B: Thanks, Mom. That would be great.

8. A: My car has been (broken / towed) away!
   B: You shouldn't have parked here.

9. A: How do you usually (commute / communicate)?
   B: I use a company shuttle bus.

10. A: A famous singer got (arrested / fired) for drunk driving.
    B: What a shame! I don't understand why people drink and drive.

Practice TEST

Part 1

Questions 1 - 4

Choose the most appropriate response to the statement.

1 (a)   (b)   (c)   (d)

2 (a)   (b)   (c)   (d)

3 (a)   (b)   (c)   (d)

4 (a)   (b)   (c)   (d)

Part 2

Questions 5 - 8

Choose the most appropriate response to complete the conversation.

5 (a)   (b)   (c)   (d)

6 (a)   (b)   (c)   (d)

7 (a)   (b)   (c)   (d)

8 (a)   (b)   (c)   (d)

Practice Test
DICTATION

Part 1

1 W: _____ a window seat or _____?

M: ▓▓▓▓▓▓▓▓▓▓▓▓▓▓▓▓

(a) _____ a window seat.
(b) We _____ the window.
(c) Please _____.
(d) This is a _____.

2 M: How much _____ to the gallery?

W: ▓▓▓▓▓▓▓▓▓▓▓▓▓▓▓▓

(a) It's _____ from here.
(b) It's $5 _____ and $3 for children.
(c) I want _____ of that cloth.
(d) Let's _____!

3 W: _____ to get to the opera house?

M: ▓▓▓▓▓▓▓▓▓▓▓▓▓▓▓▓

(a) It's hard to guess. You see _____.
(b) It's _____.
(c) Let's take _____.
(d) The concert will _____.

4 M: I'm wondering whether there is _____ _____ for tonight.

W: ▓▓▓▓▓▓▓▓▓▓▓▓▓▓▓▓

(a) There are _____ in this house.
(b) I don't want to _____.
(c) Yes, _____ would you like?
(d) _____ is 11 a.m.

Part 2

5 W: _____ again?

M: I'm sorry but I got _____.

W: You always _____.

M: ▓▓▓▓▓▓▓▓▓▓▓▓▓▓▓▓

(a) Excuse me. _____?
(b) But I did _____ this time.
(c) I'm _____ your excuses.
(d) I need to talk _____.

Practice Test Dictation

6 M: Excuse me. You shouldn't _____ _____ here.
W: I'm sorry, officer. But I didn't _____ _____.
M: Is there _____?
W: ▓▓▓▓▓▓▓▓▓▓▓▓▓▓▓▓
(a) My car _____.
(b) There is no park _____ _____.
(c) I didn't _____.
(d) I can _____ there.

7 W: _____ please?
M: Yes, _____.
W: Do you have _____ _____?
M: ▓▓▓▓▓▓▓▓▓▓▓▓▓▓▓▓
(a) Okay. _____.
(b) Go to _____.
(c) Yes, _____.
(d) No problem. I'll _____.

8 M: Good afternoon. _____?
W: Yes, _____, please.
M: Do you have _____?
W: ▓▓▓▓▓▓▓▓▓▓▓▓▓▓▓▓
(a) This table is _____.
(b) You should make a reservation _____ _____.
(c) Yes. It's _____ Karen Murphy.
(d) I'll _____ those books.

PART 1&2 UNIT 07

대화 상황별 탐구
상점 & 식당 상황

기출 탐구

상점이나 식당에서 점원과 고객 간의 대화 또는 방문한 고객들 간의 대화들은 TEPS 청해 영역에서 자주 다루어진다. 상점 상황에서는 제품의 구매나 교환, 식당 상황에서는 음식의 주문이나 서비스에 관한 불평 등이 자주 출제되므로 관련 표현들을 학습해 두어야 한다.

기출응용 Part 1

Choose the most appropriate response to the statement.

W: Can you give me a discount?
M: _____

(a) It's already 30 percent off the regular price.
(b) You can count on me.
(c) It is very expensive.
(d) Yes, you can.

정답 (a)

해석
W: 가격을 할인해 주시겠어요?
M: _____

(a) 이미 정상가에서 30퍼센트 할인된 거에요.
(b) 저를 믿으세요(저에게 의지하세요).
(c) 너무 비싸네요.
(d) 네, 그러세요.

해결 포인트 상점에서의 고객과 점원과의 대화이다. 할인을 해 줄수 있냐는 손님의 요청에 이미 정상가에서 할인된 가격이라고 대답하는 (a)가 정답이다. regular price는 '정상가'라는 뜻이며, 같은 의미로 list price(표시가격, 정가)도 함께 알아두자.

기출 탐구

기출응용
Part 2

Choose the most appropriate response to complete the conversation.

M: I'd like a cheeseburger.
W: Sure. Anything else?
M: Orange juice, please. I'd like it served with ice.
W: _____

(a) Do you need anything to drink?
(b) It's very hot in here.
(c) Sorry. We are out of ice this evening.
(d) Sure, I like it.

정답 (c)

해석

M: 치즈 버거 하나 주세요.
W: 네. 더 필요한 것이 있으신가요?
M: 오렌지 주스 주세요. 얼음을 넣어서 주세요.
W: _____

(a) 음료가 필요하신가요?
(b) 이 안이 굉장히 덥네요.
(c) 죄송합니다. 저희가 오늘 저녁에 얼음이 다 떨어졌어요.
(d) 물론이죠, 마음에 들어요.

해결 포인트 식당에서 음식을 주문하는 손님과 점원 사이의 전형적인 대화이다. 남자가 오렌지 주스에 얼음을 넣어 달라고 했으므로 직원인 여자로부터 얼음을 '주겠다', '없다', 또는 '확인해 보겠다'는 답변을 예상할 수 있다. 현재 얼음이 떨어져서 없다는 (c)가 가장 적절한 응답이다.

TEPS 표현 탐구

1 상점에서

A: **May I help you**? 도와드릴까요?
B: Yes, please. **I'm looking for** running shoes. 네, 저는 운동화를 찾고 있어요.

A: **Can I show you something**? 뭐 찾으시는 것이 있으세요(도와드릴까요)?
B: No thanks. **I'm just looking around.** 괜찮습니다. 그냥 둘러보는 중이에요.

A: **What size do you wear**? 사이즈 몇 입으세요?
B: **I wear a size** 6. 저는 6 사이즈를 입어요.

A: **I cannot find this in size** 4. 이걸로 4 사이즈를 못 찾겠어요.
B: **I'll go check our inventory.** 제가 가서 재고를 확인해 보겠습니다.

A: **Do you have** this shirt **in other colors**? 이 셔츠 다른 색도 있나요?
B: Of course. **It comes in** red, black and pink. 물론입니다. 빨강, 검정 그리고 분홍색이 있습니다.

A: **Do you have** the toy **advertised on** TV? 텔레비전에 광고가 된 그 장난감이 있나요?
B: **I'm sorry but it's sold out.** 죄송합니다만 품절입니다.

A: **Do you have** any waterproof cameras? 방수 카메라 있나요?
B: **They're out of stock at the moment.** 현재 일시 품절입니다.

A: **What is your price range**? 가격대는 어느 정도를 생각하시나요?
B: **Around 100 dollars.** 100달러 정도요.

2 상점 관련 기타 표현

A: **Can you give me a discount**? 가격을 할인해 주시겠어요?
B: **It's already half-priced.** 이미 반값으로 할인된 거예요.

A: **Can I get a refund** for this? 이걸 환불 받을 수 있을까요?
B: **Is there a problem with the product**? 제품에 문제라도 있습니까?

A: **I'd like to exchange this.** 이것을 교환하고 싶습니다.
B: **Do you have the receipt**? 영수증을 가지고 계시나요?

TEPS 표현 탐구

3. 식당 — 예약하기

A: **I'd like to reserve a table for** four.   4인석을 예약하고 싶습니다.
B: Sure. **What time would you like**?   네, 몇 시가 좋으신가요?

A: **How many will be in your group**?   일행은 몇 분이십니까?
B: Two couples.   4명입니다.

A: **Do you have any seating preference**?   선호하는 좌석이 있으세요?
B: Yes, **I prefer** a non-smoking area.   네, 금연석이 좋겠네요.

4. 식당 — 주문하기

A: **Are you ready to order**?   주문하시겠습니까?
B: Yes, **I'd like to have** the smoked salmon, please.   네, 훈제 연어를 주세요.

A: **May I take your order**?   주문하시겠습니까?
B: **I need some more time**.   시간이 좀 더 필요해요.

A: **How would you like your steak**?   스테이크는 어떻게 해드릴까요?
B: **Medium, please**.   중간 정도로 익혀 주세요.

A: **I'd like to have** a pancake.   팬케이크로 하겠어요.
B: Okay. **Anything to drink**?   알겠습니다. 음료는 하시겠습니까?

A: **Would you like some dessert**?   디저트를 드시겠습니까?
B: **No thanks. I'm full**.   아뇨, 괜찮아요. 배가 부르네요.

A: **What would you recommend**?   어떤 걸 추천하시겠어요?
B: **This restaurant is famous for** its lamb steak.   이 집은 양고기 스테이크로 유명해요.

5. 식당 관련 기타 표현

A: **My dish hasn't come yet**.   제 식사가 아직 안 나왔어요.
B: I'm sorry. **I'll check with the kitchen** right away.   죄송합니다. 제가 주방에 바로 알아보겠습니다.

A: I think **this soup is a little too salty**.   이 수프가 약간 짠 것 같아요.
B: Sorry. **I'll replace it**.   죄송합니다. 새로 가져다 드리겠습니다.

Basic Drill

다음 대화문을 읽고 괄호에서 적절한 것을 고르시오.

1. A: Would you like some dessert?
   B: (Thanks / No thanks). I'm full.

2. A: Can I (show / see) you something?
   B: Yes, let me see those pants.

3. A: This MP3 player is too expensive for me.
   B: Then (what / where) is your price range?

4. A: Do you have this shirt in size 6?
   B: I'm (fine / sorry). We are out of that size.

5. A: Can you give me a (discount / sale)?
   B: Well, if you buy three, you'll get one more for free.

6. A: This is not what I ordered.
   B: I'm so sorry. I'll (go to / check with) the kitchen right away.

7. A: I'd like to (reserve / serve) a table for three at 7 p.m.
   B: Sure. Do you have any seating preference?

8. A: I'm (getting for / looking for) women's coats.
   B: Do you have any specific design in mind?

9. A: This camera is not working well.
   B: If you have the receipt, I'll (buy / exchange) it for you.

10. A: May I take your order?
    B: I haven't decided yet. I need some more (time / menu).

Practice TEST

Part 1

Questions 1 - 4
Choose the most appropriate response to the statement.

1 (a)   (b)   (c)   (d)

2 (a)   (b)   (c)   (d)

3 (a)   (b)   (c)   (d)

4 (a)   (b)   (c)   (d)

Part 2

Questions 5 - 8
Choose the most appropriate response to complete the conversation.

5 (a)   (b)   (c)   (d)

6 (a)   (b)   (c)   (d)

7 (a)   (b)   (c)   (d)

8 (a)   (b)   (c)   (d)

Practice Test
DICTATION

Part 1

1 W: Can you _____?
   M: ▓▓▓▓▓▓▓▓▓▓▓▓▓▓▓▓▓▓▓▓
   (a) I'm sorry. They're _____.
   (b) It's not _____.
   (c) I'm afraid not. That's _____ _____.
   (d) Certainly _____.

2 M: _____ something to drink?
   W: ▓▓▓▓▓▓▓▓▓▓▓▓▓▓▓▓▓▓▓▓
   (a) Okay. _____?
   (b) You'd better _____ your pet.
   (c) _____.
   (d) _____ is a crime.

3 W: I haven't got _____.
   M: ▓▓▓▓▓▓▓▓▓▓▓▓▓▓▓▓▓▓▓▓
   (a) I'm terribly sorry. I'll _____ _____.
   (b) Arrange them _____ _____.
   (c) I _____ it yet.
   (d) Let's _____.

4 M: Can I _____?
   W: ▓▓▓▓▓▓▓▓▓▓▓▓▓▓▓▓▓▓▓▓
   (a) I'm fine. I'm _____.
   (b) _____ to the meeting room, please.
   (c) I'd like to _____.
   (d) Something _____!

 Part 2

5 W: Are you _____?
   M: Yes, _____ the T-bone steak.
   W: _____ your steak?
   M: ▓▓▓▓▓▓▓▓▓▓▓▓▓▓▓▓▓▓▓▓
   (a) It _____.
   (b) _____, please.
   (c) _____ very much.
   (d) It is _____.

Practice Test Dictation

6 M: I'd like to _____.
   W: _____ with that?
   M: It is _____.
   W: ▓▓▓▓▓▓▓▓▓▓▓

   (a) I need you _____.
   (b) Okay. I'll _____.
   (c) Yes, it's _____.
   (d) Where is _____?

7 W: _____, sir?
   M: Um ... it's _____,
      I think.
   W: I'm so sorry. I'll _____.
   M: ▓▓▓▓▓▓▓▓▓▓▓

   (a) _____ that.
   (b) The cook _____.
   (c) It's your turn to _____.
   (d) I _____.

8 M: I'm very sorry but _____
      French fries today.
   W: Then _____
      instead?
   M: We have great _____.
   W: ▓▓▓▓▓▓▓▓▓▓▓

   (a) _____ French fries?
   (b) I'll _____.
   (c) It is _____
      for French food.
   (d) Would you write me _____
      _____?

PART 1&2 UNIT 08

대화 상황별 탐구
학교, 직장 & 가정 상황

기출 탐구

학교, 직장, 또는 가정 내에서 주고 받는 대화와 관련된 문제에서 가장 중요한 것은 화자들의 관계를 파악하는 것이다. 같은 직장 내에서의 상황이어도 직장 동료와의 대화인지 고객과의 대화인지에 따라 응답하는 방식이 조금씩 달라지기 때문이다. 따라서 학교, 직장, 가정에서 일어날 수 있는 다양한 상황의 대화 내용을 학습해 두는 것이 중요하다.

기출응용 Part 1

Choose the most appropriate response to the statement.

W: I don't feel like cooking today.
M: _____

(a) Don't worry. We can eat out.
(b) I'm not feeling well, either.
(c) Why don't you buy some vegetables?
(d) Are you interested in taking a cooking class?

정답 (a)

해석
W: 오늘은 별로 요리를 하고 싶지 않아요.
M: _____

(a) 걱정하지 말아요. 외식을 하면 되죠.
(b) 저도 몸이 좋지 않아요.
(c) 채소를 좀 사는 게 어때요?
(d) 요리 강습을 받는 것에 관심이 있나요?

해결 포인트 가정 생활과 관련된 문제에서는 부부간에 주고 받는 대화가 큰 비중을 차지한다. 그 중, 외식을 하자는 제안이나 상대방에게 음식을 해달라는 요청이 자주 출제된다. 이 문제에서는 여자가 요리를 하고 싶지 않다고 말했으므로 나가서 먹자고 제안하는 (a)가 남자의 응답으로 가장 적절하다.

기출 탐구

기출응용 Part 2

Choose the most appropriate response to complete the conversation.

M: Amy, how is your report going?
W: Not too good.
M: You know it's due this Friday, don't you?
W: _____

(a) You don't need to report me.
(b) It's better than I expected.
(c) Due to the bad weather, it has been changed.
(d) I thought it was next Friday.

정답   (d)

해석

M: 에이미, 당신의 보고서는 어떻게 되어가고 있나요?
W: 그다지 잘 되고 있진 않아요.
M: 이번 주 금요일이 마감일인 건 알고 있죠, 그렇지 않나요?
W: _____

(a) 당신은 저에게 보고할 필요가 없어요.
(b) 제가 기대했던 것보다 훨씬 더 좋군요.
(c) 악천후로 인해 변경되었어요.
(d) 전 그게 다음 주 금요일인줄 알았어요.

해결 포인트

남자가 여자에게 보고서의 제출 기한을 상기시키고 있으므로 다른 날로 잘못 알고 있었다는 (d)가 여자의 답변으로 가장 적절하다. 학교와 직장 상황에서 보고서 작성 및 제출과 관련된 대화는 자주 출제되므로 관련 표현들을 잘 익혀두도록 한다.

TEPS 표현 탐구

1. 학교 생활

A: **I got an A in** math.
B: **I'm happy for you!**

난 수학에서 A 학점을 받았어.
잘 되었구나!

A: **Have you finished your final paper**?
B: Not yet. How about you?

기말 보고서는 끝냈니?
아직 끝내지 못했어. 넌?

A: **Are you prepared for the final**?
B: Not at all. **Why don't we study together**?

기말고사 준비는 다 했니?
전혀 못했어. 같이 공부하는 건 어때?

A: **I need to take a make-up test for** biology.
B: **I can help you study for it.**

난 생물학 재시험을 봐야 해.
네가 공부하는 걸 도와줄 수 있어.

A: **I didn't know the report was due yesterday.**
B: I'm sorry to hear that.

난 어제가 보고서 마감일인 줄 몰랐어.
그거 안됐다.

A: **Did you submit your term paper**?
B: Certainly. I **emailed it** yesterday.

학기말 보고서를 제출했니?
물론이지. 어제 이메일로 제출했어.

2. 직장 생활1 – 구인, 구직

A: **Are there any job openings** in your company?
B: Yes, **we are looking for** a talented web designer.

당신 회사에 빈자리가 있습니까?
네, 저희는 재능 있는 웹 디자이너를 찾고 있어요.

A: **I'd like to apply for the position that you advertised.**
B: **I'm afraid that position has been filled.**

광고를 내신 자리에 지원하고 싶습니다.
유감스럽게도 그 자리는 충원되었습니다.

A: **Your resume is very impressive. We'd like you to come in for an interview.**
B: Thank you very much. When do I have to be there?

당신의 이력이 정말 훌륭하군요. 면접을 보러 와 주시면 좋겠습니다.
정말 감사합니다. 제가 언제 그쪽으로 가면 될까요?

A: **What do you think your strengths are**?
B: I never give up on anything.

당신의 장점이 무엇이라고 생각하세요?
전 어떤 것이든 절대로 포기하지 않습니다.

A: **We'll let you know the interview results by email.**
B: Can you tell me when that will be?

면접 결과는 이메일로 알려 드리겠습니다.
언제쯤일지 말씀해 주실 수 있나요?

TEPS 표현 탐구

3 직장 생활2 – 승진 및 기타

A: **I got a promotion**.
B: Congratulations! You deserve it.

나 승진했어.
축하해! 넌 그럴 자격이 있어.

A: **Who do you think will take the place of** Mr. McGuire, the sales manager?
B: I have no idea.

영업부 부장인 맥과이어 씨 자리를 누가 맡게 될 것 같으세요?
모르겠는데요.

A: **Where will the board meeting be held**?
B: In the conference room on the third floor.

이사회가 어디에서 열리나요?
3층 회의실에서요.

A: We might not be able to **meet the deadline**.
B: We'll just have to try harder.

우린 마감 시간을 맞추지 못할지도 몰라요.
우리는 좀 더 열심히 해야겠어요.

A: Kelly **called in sick** this morning.
B: Is she okay?

켈리가 아파서 못 나온다고 아침에 전화했어요.
그녀는 괜찮대요?

4 가정 생활

A: **How about eating out**? I don't feel like cooking.
B: Then why don't we order some Chinese food?

외식을 하는 게 어때요? 요리할 기분이 아니에요.
그럼 중국 음식을 주문하는 게 어떨까요?

A: Honey, you look very tired today.
B: There were too many **household chores** to do.

여보, 오늘 굉장히 지쳐 보이네요.
해야 할 집안일이 너무 많았어요.

A: **Have you finished your homework**?
B: Not yet, but **I'll do it** after this TV show.

네 숙제는 끝냈니?
아직이요, 하지만 이 TV 쇼가 끝나면 할 거에요.

A: **Can I sleep over at Olivia's place** this weekend?
B: Let me talk to her parents first.

이번 주말에 올리비아네 집에서 자고 와도 될까요?
내가 먼저 그 아이의 부모님과 얘기를 해 보마.

A: **Turn your computer off! It's time to go to bed**!
B: But it's just after 10 o'clock.

컴퓨터를 끄거라! 잘 시간이야!
하지만 이제 겨우 10시가 조금 넘었는걸요.

Basic Drill

다음 대화문을 읽고 괄호에서 적절한 것을 고르시오.

1. A: Have you finished your homework?
   B: (Not yet / Sure). I'm going to do it now.

2. A: I got an F (from / in) chemistry.
   B: You should've studied harder.

3. A: I want you to clean your room.
   B: Dad, can I do it (for / after) playing soccer?

4. A: I caught a cold. I don't think I can cook dinner.
   B: That's fine. I'll (order / ask) some pizza.

5. A: Do you know when the staff meeting will be (held / hold)?
   B: It's at 3 p.m.

6. A: I heard that there is a job opening in your company.
   B: I'm afraid that position has been already (opened / filled).

7. A: Eddie didn't show up at the meeting.
   B: He (called / said) in sick.

8. A: Are you (prepared / preserved) for the make-up test?
   B: Yes, but I'm still nervous.

9. A: Guess what? I got a (promoted / promotion).
   B: Wow! Congratulations.

10. A: What do you think your (weaknesses / strengths) are?
    B: I am a positive person.

Practice TEST

 Part 1

Questions 1 - 4
Choose the most appropriate response to the statement.

1 (a)   (b)   (c)   (d)

2 (a)   (b)   (c)   (d)

3 (a)   (b)   (c)   (d)

4 (a)   (b)   (c)   (d)

 Part 2

Questions 5 - 8
Choose the most appropriate response to complete the conversation.

5 (a)   (b)   (c)   (d)

6 (a)   (b)   (c)   (d)

7 (a)   (b)   (c)   (d)

8 (a)   (b)   (c)   (d)

Practice Test
DICTATION

Part 1

1 W: _____ today?
   I feel like spaghetti.
   M:
   (a) Italian food is _____ .
   (b) _____ . I love spaghetti.
   (c) I need _____ .
   (d) _____ Wednesday.

2 M: We'd like you to _____ .
   W:
   (a) I already _____ .
   (b) The interview _____ .
   (c) _____ me this opportunity.
   (d) When was _____ ?

3 W: I'm tired. There were too many _____ .
   M:
   (a) You _____ .
   (b) I _____ anything.
   (c) Let's buy _____ .
   (d) Do you have _____ ?

4 M: There will be _____ tomorrow.
   W:
   (a) I know. Why don't we _____ ?
   (b) I think _____ .
   (c) You should _____ .
   (d) I'll _____ there.

Practice Test Dictation

Part 2

5 W: Where is _____ being held?
M: In the _____, I guess.
W: _____ there.
M: ▓▓▓▓▓▓▓▓▓▓▓▓▓▓
(a) _____ the meeting?
(b) I'm going _____.
(c) _____.
(d) Then _____.

6 M: Did you know that Mr. Graham _____ _____?
W: Yes, I _____ from his secretary.
M: Who do you think will _____ _____?
W: ▓▓▓▓▓▓▓▓▓▓▓▓▓▓
(a) _____ at the board meeting.
(b) _____ anytime.
(c) It's a _____ to the company.
(d) He is _____!

7 W: Dad, _____ computer games?
M: _____ your homework?
W: _____, but I can do it later.
M: ▓▓▓▓▓▓▓▓▓▓▓▓▓▓
(a) You need to _____.
(b) It's already _____.
(c) _____ first.
(d) _____ sometime.

8 M: I got an _____.
W: Good for you! I need to _____ _____ English. I got a D.
M: I can _____ it anytime.
W: ▓▓▓▓▓▓▓▓▓▓▓▓▓▓
(a) I'm _____.
(b) We can _____.
(c) No thanks, _____ the report.
(d) That would be _____.

PART 1&2 UNIT 09

문장 형태별 탐구

기출 탐구

짧은 대화문으로 이루어진 Part 1과 Part 2에서는 의문문의 종류와 그에 따른 올바른 응답을 빠른 시간 안에 판단해 내는 것이 중요하다. Yes/No로 응답하는 일반 의문문, 세부 정보를 요구하는 의문사 의문문, 그 외에 부정 의문문, 선택 의문문, 부가 의문문 등 다양한 의문문의 형태를 익히고 적절한 응답 방법을 학습해 두는 것이 매우 중요하다. 의문문의 형태가 아니더라도 응답이 필요한 평서문의 형태도 종종 출제되므로 함께 알아두도록 한다.

기출 응용 Part 1

Choose the most appropriate response to the statement.

W: Did you read about the big fire on Mount Tilda?
M: _____

(a) Yes, it was such a tragedy.
(b) I can't start the fire.
(c) The police just left.
(d) Sure, that's great news.

정답 (a)

해석
W: 틸다 산의 큰 화재에 관해 읽으셨나요?
M: _____

(a) 네, 그건 정말 비극이었어요.
(b) 전 불을 못 붙이겠어요.
(c) 경찰은 방금 떠났어요.
(d) 물론이죠, 기쁜 소식이에요.

해결 포인트 큰 산불에 관한 기사를 읽었냐는 여자의 질문에 '그렇다', 혹은 '아니다'라는 답변이 가능하다. 그 소식을 읽었다고 답하며 그것에 대한 자신의 의견을 함께 제시하는 (a)가 가장 적절한 응답이다.

기출 응용
Part 2

Choose the most appropriate response to complete the conversation.

M: Why aren't Emily and Jacob here?
W: Didn't you hear yet?
M: No, what is it?
W: _____

(a) Yes, they worked at this company.
(b) The couple's wedding ceremony was nice.
(c) They broke the television.
(d) They moved to Chicago a month ago.

정답   (d)

해석
M: 에밀리와 제이콥은 왜 여기에 없나요?
W: 아직 못 들으셨어요?
M: 못 들었어요. 무슨 일이죠?
W: _____

(a) 네, 그들은 이 회사에서 일했어요.
(b) 그 커플의 결혼식은 멋졌어요.
(c) 그들이 텔레비전을 고장 냈어요.
(d) 그들은 한달 전에 시카고로 이사 갔어요.

해결 포인트   에밀리와 제이콥이 여기에 없는 이유를 모르는 남자가 무슨 일이냐고 의문사 what을 이용하여 묻고 있으므로, 그에 대한 정보를 제공하는 (d)가 정답이다. 일반적으로 의문사 의문문에 대한 응답은 Yes/No로 대답할 수 없음을 기억하자.

TEPS 표현 탐구

1 일반 의문문

A: **Are** you interested in history?
B: Not really.
역사에 관심이 있나요?
별로요.

A: **Do** you have some time this afternoon?
B: Yes, I do. Why do you ask?
오늘 오후에 시간이 있으세요?
네, 있어요. 왜 물어보시는 거죠?

A: **Have** you **seen** Ryan today?
B: I saw him in the library this morning.
오늘 라이언을 본 적 있니?
오늘 아침에 도서관에서 봤어.

2 의문사 의문문

A: **Where** are you going for your vacation?
B: I'm planning to go to Melbourne.
휴가는 어디로 갈 예정이세요?
전 멜번으로 갈 계획이에요.

A: **What kind** of flowers do you like best?
B: I like roses best.
어떤 종류의 꽃을 가장 좋아하세요?
전 장미가 제일 좋아요.

A: **How long** does it take to get to the subway station?
B: Normally, 10 minutes on foot.
지하철 역까지 얼마나 걸리나요?
보통 걸어서 10분이요.

3 부정 의문문

A: **Didn't** you hear about the earthquake?
B: Yes, I did. It was terrible.
그 지진에 관해 못 들었어요?
네, 들었어요. 너무 끔찍했어요.

A: **Haven't** you received all the information you need?
B: No, I'm still waiting for the final report.
필요한 정보를 다 받지 않으셨나요?
못 받았어요. 여전히 최종 보고서를 기다리는 중입니다.

A: **Why didn't** you answer my call yesterday?
B: Oh, the battery in my cell phone went dead.
어제 왜 제 전화를 받지 않았나요?
아, 휴대전화 배터리가 다 나갔었어요.

TEPS 표현 탐구

4 선택 의문문

A: **Which color** looks better on me, red **or** black?
B: Red goes very well with your skin tone.

빨강과 검정 중에 어느 색이 제게 더 잘 어울리나요?
빨간색이 당신의 피부색과 아주 잘 어울려요.

A: **Would** you like your pizza for here **or** to go?
B: To go, please.

피자를 여기서 드실 건가요, 아니면 가져가실 건가요?
가져가겠습니다.

A: **Can** you give me your opinion on **whether** I should buy a house **or** just rent one?
B: Sorry, I'm not sure.

집을 사야 할지 아니면, 그냥 임대해야 할지 당신의 의견을 알려주시겠어요?
미안하지만, 잘 모르겠어요.

5 부가 의문문

A: The picnic was fantastic, **wasn't it**?
B: Yes, it was much better than I expected.

그 소풍은 정말 좋았어, 그렇지 않니?
그래, 내가 기대했던 것보다 훨씬 좋았어.

A: You changed your hairstyle, **didn't you**?
B: I just had it cut a little bit.

헤어스타일이 바뀌었네요, 그렇지 않나요?
약간 잘랐어요.

A: I haven't told you about my trip to Hawaii, **have I**?
B: Sure you have. You've told me a hundred times.

내가 하와이 여행에 대해 너에게 말한 적 없지, 그렇지?
물론 했어. 한 백 번쯤 말했어.

6 평서문

A: **I hope you have a safe trip to Russia.**
B: Thanks a lot. I'll call you when I come back.

안전한 러시아 여행이 되시기를 바랍니다.
고마워요. 돌아오면 연락할게요.

A: **Honey, the toilet is stopped up.**
B: I'll call the plumber.

여보, 변기가 막혔어요.
내가 배관공을 부를게요.

A: **Anna is getting married to Michael.**
B: Really? I'm so happy for them.

애나가 마이클과 결혼해.
정말? 진짜 잘됐다.

Basic Drill

다음 대화문을 읽고 괄호에서 적절한 것을 고르시오.

1. A: Do you have a sister?
   B: (Yes / No), I am an only child.

2. A: (What / How) kind of movies do you like best?
   B: I love action movies.

3. A: Haven't you been to Europe?
   B: (Yes / No), but I'm planning to go.

4. A: (What / How) do you want for your birthday?
   B: A new cell phone would be nice.

5. A: Would you like to have some coffee?
   B: (Yes / No), I already had some.

6. A: (How long / How much) does it take to get to City Hall?
   B: About 20 minutes by car.

7. A: The performance tonight was incredible, (wasn't it / was it)?
   B: Yes, I loved it.

8. A: I (regret / like) not applying for the position.
   B: Don't worry. There will be another chance.

9. A: I'd like to have a ham sandwich, please.
   B: For here or (to go / to come)?

10. A: Wow! Lucas is a great cook, (isn't he / is he)?
    B: Yes. I've never met such a good cook before.

Practice TEST

Part 1

Questions 1-4
Choose the most appropriate response to the statement.

1. (a) (b) (c) (d)
2. (a) (b) (c) (d)
3. (a) (b) (c) (d)
4. (a) (b) (c) (d)

Part 2

Questions 5-8
Choose the most appropriate response to complete the conversation.

5. (a) (b) (c) (d)
6. (a) (b) (c) (d)
7. (a) (b) (c) (d)
8. (a) (b) (c) (d)

Practice Test
DICTATION

Part 1

1 W: Did you _____ in the meeting room?
M: ▒▒▒▒▒▒▒▒▒▒▒▒

(a) Don't worry. _____.
(b) No, I didn't have _____.
(c) Yes, I _____ yesterday.
(d) I think you should _____.

2 M: _____ this dresser?
W: ▒▒▒▒▒▒▒▒▒▒▒▒

(a) Please _____ the bedroom.
(b) It's _____.
(c) I _____.
(d) _____ to your dresser?

3 W: _____ are you interested in, Jayden?
M: ▒▒▒▒▒▒▒▒▒▒▒▒

(a) The game was _____.
(b) No, I'm _____.
(c) _____.
(d) I _____.

4 M: I'm sorry _____.
W: ▒▒▒▒▒▒▒▒▒▒▒▒

(a) We're _____.
(b) _____ be here?
(c) Please _____ tomorrow.
(d) _____ with you?

Part 2

5 W: _____ to work?
M: _____ next week, I think.
W: So _____ three months, hasn't she?
M: ▒▒▒▒▒▒▒▒▒▒▒▒

(a) Yes, she is _____.
(b) Yes, she _____.
(c) No, she _____.
(d) _____ are enough.

Practice Test Dictation

6 M: _____ about Jose's promotion.
W: Yes, _____ for him.
M: Well, _____ in his new role?
W: ▓▓▓▓▓▓▓▓▓▓▓▓▓▓▓▓
(a) He started _____.
(b) _____.
(c) _____ ago.
(d) As soon as _____.

7 W: Let's _____ this weekend.
M: _____.
W: _____, the beach or the mountains?
M: ▓▓▓▓▓▓▓▓▓▓▓▓▓▓▓▓
(a) _____ the beach.
(b) He _____, doesn't he?
(c) I don't have _____.
(d) _____ at the moment.

8 M: I'm sorry I forgot _____.
W: Well, I was _____.
M: I'll _____ this Friday.
W: ▓▓▓▓▓▓▓▓▓▓▓▓▓▓▓▓
(a) I _____ a present.
(b) I thought it was _____.
(c) Okay, _____ then.
(d) My birthday _____.

PART 3 & 4 UNIT 10

주제 찾기

기출 탐구

TEPS 청해 영역의 Part 3, 4에서는 대화나 담화의 주제와 관련된 문제가 50% 이상 출제된다. 특히 전반적인 내용이나 상황을 파악하는 문제들이 주로 출제되므로 다른 유형에 비해 비교적 쉽게 문제를 풀 수 있다. 주의할 점은 본문은 두 번씩 들려주지만 선택지는 한 번만 들려주기 때문에 들으면서 바로 오답을 소거해 나가야 한다는 점이다.

기출 응용 Part 3

Choose the option that best answers the question.

M: I'm so excited to be here in Rome! It's so beautiful.
W: Yes, it is. We're supposed to see the Coliseum this morning, aren't we?
M: Yes, and then over to the Vatican City this afternoon.
W: How long are we going to stay there?
M: About three hours.
W: That's enough to look around it.

Q What is the main topic of the conversation?
(a) A tour schedule
(b) Souvenirs from Rome
(c) A museum's hours
(d) A lunch menu

기출 탐구

정답 (a)

해석
M: 이곳 로마에 오게 되어 정말 좋다! 정말 아름다워.
W: 응, 맞아. 오전에는 우리가 콜로세움을 보러 가기로 되어 있지, 그렇지 않니?
M: 응, 그리고 나서 오후엔 바티칸 시티야.
W: 그곳에서는 우리가 얼마나 있게 되니?
M: 3시간 정도야.
W: 그곳을 둘러 보기엔 충분한 시간이구나.

❓ 이 대화의 주제는 무엇인가?
(a) 여행 일정
(b) 로마의 기념품
(c) 박물관 관람 시간
(d) 점심 메뉴

해결 포인트
대화 초반부에서 두 사람은 로마에 와서 매우 즐거워하고 있다. 대화 중에 Coliseum이나 Vatican City와 같은 로마의 유명 관광지가 등장하고 방문할 장소와 체류 시간 등을 이야기하는 것으로 보아 두 사람은 로마 여행의 일정을 중점적으로 이야기 하고 있다는 사실을 알 수 있으므로 정답은 (a) '여행 일정'이다.

해결 전략

1. 첫 번째 듣기
① 대화의 도입 부분을 정확히 들으며 전반적인 대화의 내용을 예측한다.
☞ I'm so excited to be here in Rome!
☞ We're supposed to see the Coliseum this morning, aren't we?
→ 로마 여행
② 대화에 나오는 단어나 표현 등을 통해 중심 소재나 주제를 파악한다.
☞ ... to see the Coliseum this morning, ... ?
☞ ... over to the Vatican City this afternoon.
☞ How long are we going to stay there?
→ 로마 여행 일정
③ 문제를 듣고 질문의 유형을 다시 한번 확인한다.
☞ What is the main topic of the conversation?
→ 주제 찾기

2. 두 번째 듣기
① 처음 들으면서 예측했던 주제가 맞는지 확인하며 듣는다.
② 들으면서 오답을 하나씩 소거하며 정답을 찾는다.

기출 응용
Part 4

Choose the option that best answers the question.

Today I'd like to introduce a story about a well-known company. About 33 years ago, three computer hobbyists started their own company with just $1,000. At that time, no one paid attention to what they wanted to achieve. However, they believed in themselves and didn't give up. Eventually, the company became one of the most famous enterprises in the world. It is "Apple Incorporated," which has over 14,000 employees and $16 billion in annual profits.

Q What is the main topic of the talk?
(a) How to grow apples
(b) How to find the right hobby
(c) The most intelligent computer in history
(d) The story behind a computer company

정답 (d)

해석 오늘 저는 한 잘 알려진 기업에 관한 이야기를 하나 소개하려고 합니다. 약 33년 전, 컴퓨터에 취미가 있던 세 사람이 1,000 달러 만으로 자신들의 회사를 설립하였습니다. 그 당시에는 그들이 이루고자 하는 것에 아무도 관심을 기울이지 않았죠. 하지만 그들은 스스로를 믿었고 포기하지 않았습니다. 결국 그 회사는 세계에서 가장 유명한 기업들 중 하나가 되었습니다. 그것이 바로 14,000 여명의 직원과 연간 160억 달러의 수익을 올리는 애플 사입니다.

Q 이 담화의 주제는 무엇인가?
(a) 사과 재배법
(b) 적절한 취미를 찾는 법
(c) 역사상 가장 지능적인 컴퓨터
(d) 한 컴퓨터 회사에 관한 숨겨진 이야기

기출 탐구

해결 포인트 담화의 초반부에 컴퓨터에 빠진 세 사람이 소규모 자본으로 한 회사를 설립했지만 초기에는 아무런 주목을 받지 못했다는 내용이 등장한다. However를 기점으로 그들의 성공 스토리가 펼쳐지고 그 회사가 바로 애플 사였음을 밝히고 있으므로, 이 글의 주제는 (d) '한 컴퓨터 회사에 관한 숨겨진 이야기'이다.

해결 전략

1. 첫 번째 듣기
① 담화의 방향 및 소재를 알 수 있는 첫 문장을 놓치지 않는다.
  ☞ Today I'd like to introduce a story about a well-known company.
  → 한 유명 회사에 관한 이야기 소개
② 담화를 들으면서 예상되는 주제를 정리한다.
  ☞ ... started their own company ... .
  ☞ ..., no one paid attention ... .
  ☞ ... became one of the most famous enterprises ... .
  ☞ It is "Apple Incorporated," ... .
  → 한 기업의 성공 뒤에 숨겨진 이야기
③ however 등 내용의 전환이 이루어지는 연결어 이후의 내용에 집중한다.
  ☞ 주목받지 못하던 작은 회사 → However → 역경을 견뎌낸 성공한 기업
④ 문제를 듣고 질문의 유형을 다시 한번 확인하면서 듣는다.
  ☞ What is the main topic of the talk?
  → 주제 찾기

2. 두 번째 듣기
① 처음 들으면서 예상했던 주제를 다시 한번 확인하면서 듣는다.
② 선택지를 들으며 오답을 소거하며 정답을 찾는다.

TEPS 표현 탐구

1 강의 (Lecture)

Today, I'm going to talk about global warming. Global warming is one of the most important issues throughout the world.
오늘은 지구 온난화에 관해 이야기해 보려고 합니다. 지구 온난화는 전 세계적으로 가장 중요한 문제 중 하나입니다.

As I said earlier, Greek mythology has affected many different parts of western culture. **Therefore, it is essential that we should study** Greek mythology to understand European culture.
제가 앞서 말했듯이, 그리스 신화는 서양 문화의 많은 여러 부분들에 영향을 끼쳤습니다. 그런 이유로, 우리가 유럽 문화를 이해하기 위해 그리스 신화를 공부하는 것은 필수적입니다.

In this lecture, we are going to focus on how to persuade other people, because it is very important to make others agree with you in a discussion.
이번 강의에서, 우리는 다른 사람들을 설득하는 방법에 대해 집중적으로 살펴볼 것입니다. 왜냐하면 토론 시에 다른 사람들이 여러분의 의견에 동의하도록 만드는 것은 매우 중요하기 때문입니다.

For example[For instance], cutting down on the amount of food you eat makes you lose weight quickly but you lose muscles, too.
예를 들어, 여러분이 먹는 음식의 양을 줄이는 것은 여러분이 빠르게 체중을 감량하도록 도와주지만 근육을 잃게 하기도 합니다.

If you have any questions about the lecture, please don't hesitate.
강의에 대해 질문이 있다면 망설이지 말고 하세요.

2 연구 결과 (Results of the study)

According to a recent survey, 25% of university students are concerned about their future job.
최근 설문조사에 따르면, 대학생들 중 25%가 그들의 향후 직업에 관해 걱정하고 있습니다.

Statistics show that talking on a cell phone while driving is a major cause of car accidents.
통계에 따르면 운전 중에 휴대 전화로 통화하는 것이 교통 사고의 주요 원인입니다.

Two thirds of respondents revealed a strong preference for multiplex cinema.
응답자 중 3분의 2가 복합 영화관에 대해 높은 선호도를 보였습니다.

Researchers say that people who eat eggs in the morning tend to eat less during the day due to their high protein content.
학자들은 아침에 계란을 먹는 사람들은 계란이 고단백질이기 때문에 하루 동안 덜 먹게 되는 경향이 있다고 말한다.

Practice TEST

Part 3

Questions 1 - 4
Choose the option that best answers the question.

1 (a)   (b)   (c)   (d)

2 (a)   (b)   (c)   (d)

3 (a)   (b)   (c)   (d)

4 (a)   (b)   (c)   (d)

Part 4

Questions 5 - 8
Choose the option that best answers the question.

5 (a)   (b)   (c)   (d)

6 (a)   (b)   (c)   (d)

7 (a)   (b)   (c)   (d)

8 (a)   (b)   (c)   (d)

Practice Test
DICTATION

Part 3

1 W: _____ that new book, *The Timeless Man*?

M: No, but I _____. Did you read it?

W: Yes, I just finished it. You can borrow it _____. It's about a man _____ _____.

M: Was it good? _____?

W: It was terrific. It has so many _____.

M: That sounds great. It's like a mix of _____.

W: Exactly. That's why _____.

Q What is the main topic of the conversation?

(a) A _____

(b) _____

(c) A new _____

(d) _____

2 M: I notice you're _____ near your chest _____.

W: Yes, I always do that.

M: You should _____ hanging down _____.

W: Why? _____?

M: It _____ you need to hold your arms up, so you can _____.

W: Wow, I _____. Thanks, coach.

Q What are the speakers talking about?

(a) _____ of a game

(b) _____

(c) _____

(d) _____

Practice Test Dictation

3 W: You've _____, right?

M: Yes, I changed _____.

W: What made you change?

M: I chose biology because I decided I want to _____ later.

W: Wow, that's great. _____?

M: Yes, she's a _____. She's _____ my new major.

W: I am, too. I think you'll be _____.

Q What are the man and woman mainly talking about?

(a) Changing _____
(b) Changing _____
(c) Choosing _____
(d) Having _____

4 M: Michael _____. Wow! Look at all the people _____.

W: Yeah, we were _____ so quickly. What are you going to eat?

M: I _____ for lunch, so I'm going _____.

W: The seafood pasta _____.

M: How about _____?

W: Sounds great. _____ and share it.

Q What are the speakers doing in the conversation?

(a) _____
(b) _____ a new restaurant
(c) _____ together
(d) _____ a new restaurant

Practice Test Dictation

Part 4

5 Hello, my name is Jasmine Singer. I am _____ Dr. Jones. I _____ _____ the doctor on Tuesday at 3 p.m. but I need to _____ _____ as soon as possible. _____ _____ that I cannot stand it any longer. It hurts a lot and I can barely sleep _____. Can you call me right back _____ _____?

Q What is the main topic of this message?
(a) A _____
(b) _____
(c) The _____
(d) An _____

6 Before we start today's class, _____ next week. As I mentioned last week, it'll include both _____ and short answer questions. Fifteen multiple choice questions _____ chapter 1, "Motivation in Class" and chapter 2, "Teaching Across Age". Five short answer questions _____ _____ chapter 4, "Interactive Language Teaching". _____ _____ this quiz counts for 20% of your total grade.

Q What's the main topic of the talk?
(a) _____ of a class
(b) The materials _____
(c) _____
(d) _____ a quiz

Practice Test Dictation

7 Contrary to popular beliefs, _____ may not be effective _____. According to a recent study, vitamin C and E _____ decreasing the risk of cancer as well as heart disease. In addition, _____ taking large amounts of vitamins _____ _____.

Q What is the main idea of the talk?
(a) _____ cheap food supplements
(b) _____ of vitamin supplements
(c) _____ in the human body
(d) _____ of vitamin supplements per day

8 _____ hot weather increases _____ . Researchers studied _____ and atmospheric conditions causing headaches. They have found that _____ _____ were related to more headaches. The headache risk increased by _____ Celsius increase in temperature.

Q What is the main topic of the talk?
(a) Headaches and _____
(b) _____ severe headaches
(c) _____ air pollution
(d) _____ a new headache pill

…

PART 3&4 UNIT 11 세부 정보 찾기

기출 탐구

Part 3와 Part 4에서는 길이가 긴 대화나 담화가 등장하기 때문에 그만큼 주어지는 정보가 다양하다. 이러한 세부적인 사항들을 정확하게 이해했는지를 묻는 문제가 바로 세부 정보 찾기 유형이다. 그러나 대화나 담화의 한 부분과 관련된 문제라고 해서 전체적인 흐름이나 주제 파악에 소홀해서는 안 된다. 중심 소재나 전체 주제를 알고 있어야 오답을 소거할 수 있는 문제가 많이 출제되기 때문이다.

기출응용 Part 3

Choose the option that best answers the question.

M: Did you hear that Toby Carter is coming to town next month?
W: Really? Where is he going to have a concert?
M: At the Coliseum Theatre, and Sheila Dunn is opening for him.
W: Wow, I wonder if we could still get tickets.
M: I actually called the ticket agent and found that 40 tickets are still available.
W: Let's buy three for you, me and Jeffery. I can't wait to hear his song, *You are my hero*.

Q According to the conversation, who is Toby Carter?
(a) A famous movie director
(b) Jeffery's best friend
(c) A theater employee
(d) A singer

기출 탐구

정답 (d)

해석
M: 다음 달에 토비 카터가 온다는 거 들었니?
W: 정말? 그가 어디서 콘서트를 한대?
M: 콜리시움 극장에서, 그리고 쉴라 던이 오프닝 무대에 선대.
W: 와, 아직 표를 구할 수 있을지 모르겠네.
M: 실은 티켓 판매원에게 전화를 해봤는데 아직 40장이 남아 있대.
W: 너, 나 그리고 제프리의 것으로 3장을 사자. 그의 노래 "You're my hero."를 빨리 듣고 싶은걸.

Q 대화에 따르면, 토비 카터는 누구인가?
(a) 유명한 영화 감독
(b) 제프리의 가장 친한 친구
(c) 극장 직원
(d) 가수

해결 포인트
대화 전반에 걸쳐 많은 이름이 언급되고 있다. 따라서, 등장 인물 간의 관계를 파악하며 듣는 것이 중요하다. 질문의 핵심인 토비 카터를 대화 초반부에 언급하며 그가 콘서트를 할 예정이라고 했고 마지막 여자의 말에서 "You're my hero."라는 노래를 부른 사람임을 추론할 수 있으므로 토비 카터는 가수임을 알 수 있다.

해결 전략
1. 첫 번째 듣기
① 대화 전체의 흐름을 파악하면서 듣는다. (대화자 사이의 관계, 전반적인 주제 등)
② 주제와 관련된 세부 내용들을 파악하며 메모한다.
  ☞ ... Toby Carter is coming to town next month?
  ☞ Where is he going to have a concert?
  ☞ Let's buy three ... his song, *You're my hero*.
  → 다음 달에 열리는 토비 카터의 콘서트에 갈 예정
③ 질문을 듣고 그 유형과 내용을 다시 확인한다.
  ☞ ... who is Toby Carter?
  → 질문 유형: 세부 정보 찾기
  → 질문 내용: 토비 카터가 누구인가?

2. 두 번째 듣기
① 질문에서 요구한 토비 카터에 대한 세부적인 내용을 집중적으로 듣는다.
② 질문의 인물과 관계 없는 인물들을 선택지에서 소거한다.

기출 탐구

기출응용 Part 4

Choose the option that best answers the question.

Attention! There is a strike going on in front of the National Assembly Building. Nearly 2,000 farmers are demonstrating against the opening of the agricultural market to foreign countries. They've put farming tools on the streets near the National Assembly, and traffic around the area is backed up. Drivers are advised not to use the roads near this area.

Q What is causing the traffic jam?
(a) Road construction
(b) Farm produce on the road
(c) Striking bus drivers
(d) A farmers' demonstration

정답 (d)

해석 주목해주십시오! 국회 의사당 앞에서 집회가 벌어지고 있습니다. 약 2,000여명의 농민들이 농산물 시장을 외국에 개방하는 것에 반대하며 시위를 벌이고 있습니다. 그들이 국회 부근의 도로에 농기구들을 방치해 놓은 관계로 이 지역 주변의 교통이 정체되어 있습니다. 운전자들은 이 지역 부근의 도로를 이용하지 않기를 당부 드립니다.

Q 교통 체증의 원인은 무엇인가?
(a) 도로 공사
(b) 도로 위의 농작물
(c) 파업 중인 버스 운전사들
(d) 농민들의 시위

기출 탐구

해결 포인트

교통 상황을 알리는 방송이다. 국회 의사당 인근에서 농민들의 집회가 벌어지고 있고 근처 도로에 놓여진 농기구들로 도로가 정체되고 있으니 다른 도로를 이용하기를 권유하는 내용이다. 따라서 교통 체증의 원인은 (d) '농민들의 시위'이다. 교통 정체나 사고 등을 알리는 방송은 Part 4에서 자주 출제된다. 이런 유형에서는 사고나 정체가 발생한 장소와 그 원인, 이용이 권장되는 우회로 등이 문제화되는 경우가 많으므로 이런 구체적인 정보들을 주의 깊게 듣도록 한다.

해결 전략

1. 첫 번째 듣기
① 담화 전체의 흐름을 파악하면서 듣는다. (담화의 종류, 목적, 전반적인 주제 등)
② 주제와 관련된 세부 내용들을 파악하며 메모한다.
  ☞ There is a strike going on in front of the National Assembly Building.
  ☞ Nearly 2,000 farmers are demonstrating … .
  ☞ … traffic around the area is backed up.
  ☞ Drivers are advised not to use the roads … .
  → 농민들의 시위, 교통 체증, 우회로 사용 권장
③ 질문을 듣고 그 유형과 내용을 다시 확인한다.
  ☞ What is causing the traffic jam?
  → 질문 유형: 세부 정보 찾기
  → 질문 내용: 교통 체증의 원인

2. 두 번째 듣기
① 첫 번째 듣기에서 파악한 내용들은 가볍게 듣고, 질문에서 요구한 교통 체증의 원인에 대한 내용만을 집중적으로 듣는다.
② 선택지 중 담화의 내용들을 이용하여 만들어낸 오답들을 소거하며 정답을 찾는다.

TEPS 표현 탐구

1 광고 (Advertisements)

We offer the finest dining experience **at a reasonable price**.
저희는 합리적인 가격에 최고의 식사 경험을 제공합니다.

Please, come and check out our wide range of dresses and incredible prices.
오셔서 저희의 다양한 드레스들과 놀랄만한 가격을 확인하세요.

Are you looking for something that can help you lose weight? **Visit our website at** www.loseweight.com or just **give us a call at** 080-500-7979.
당신의 체중 감량을 도울 수 있는 것을 찾고 계십니까? 저희 홈페이지 www.loseweight.com을 방문하시거나 080-500-7979로 전화 주세요.

Please remember, **this surprising half price offer lasts only for** a week from today.
이 놀라운 반값 할인 행사는 오늘부터 일주일 동안만 지속된다는 사실을 잊지 마세요.

All furniture is **now on sale with 40% off the regular price, excluding the new arrivals**.
지금 신제품들을 제외한 모든 가구들이 정가에서 40% 할인되어 판매되고 있습니다.

2 방송 (Announcements)

Would passenger Steve Carell please **go to Gate 13 immediately**? The British Airways 503 to London **will be departing in 10 minutes**.
승객 스티브 카렐 씨는 즉시 13번 게이트로 가 주시기 바랍니다. 런던행 브리티시 에어웨이가 10분 후에 출발합니다.

We're very sorry to inform you that the departure of flight 808 to New York **is being delayed** due to the stormy weather.
뉴욕행 808편 비행기의 출발이 폭풍우로 인해 지연되고 있음을 알려 드리게 된 점 정말 죄송합니다.

Ladies and gentlemen, **welcome aboard. For your safety, please remain seated until the captain has turned off the seat belt sign**. Thank you.
손님 여러분, 탑승을 환영합니다. 여러분의 안전을 위하여, 기장이 안전벨트 표시등을 끌 때까지 자리에 앉아 계시기 바랍니다. 감사합니다.

Please make sure that you have all your belongings with you when leaving the train.
기차에서 내리실 때는 개인 소지품을 모두 챙기셨는지 확인하시기 바랍니다.

Road maintenance is in progress on the Southern Freeway. **Please take a detour**.
남부 고속도로에서 도로 정비작업이 진행 중입니다. 우회로를 이용해 주시기 바랍니다.

Practice TEST

Part 3

Questions 1 - 4
Choose the option that best answers the question.

1. (a) (b) (c) (d)
2. (a) (b) (c) (d)
3. (a) (b) (c) (d)
4. (a) (b) (c) (d)

Part 4

Questions 5 - 8
Choose the option that best answers the question.

5. (a) (b) (c) (d)
6. (a) (b) (c) (d)
7. (a) (b) (c) (d)
8. (a) (b) (c) (d)

Practice Test
DICTATION

Part 3

1. W: Hi, I was wondering _____?
   M: _____ or taking the subway?
   W: I was _____. But, hmm... is there a parking lot over there?
   M: _____. If I were you, _____.
   Our shop is a 5-minute walk from the Washington stop on line number two.
   W: That's great. Then _____. By the way, I wonder if you provide _____.
   M: Sure we do. _____ you buy, though.

   Q What does the man suggest the woman do?
   (a) Drive _____
   (b) Take _____
   (c) _____ at once
   (d) _____ in the basement

2. M: Windsor Suites, _____?
   W: Hi, _____ the hotel next weekend. I wanted to check if all of our rooms will be _____.
   M: _____ is the reservation under?
   W: _____, Charlie Pier. P-i-e-r.
   M: Yes, it looks like _____ for that weekend. Four rooms are on the 14th floor, and _____.
   W: Well, I'd prefer it if all five rooms _____. Can you do that for me?
   M: Okay, the room on the 15th floor _____ to 1456.

   Q What does the woman request?
   (a) _____ coupons
   (b) _____ rooms
   (c) Room _____
   (d) _____

Practice Test Dictation

3 W: I heard that flight 231 to San Diego is delayed. Can I _____ then?
   M: Yes, flight 231 has _____. We might have one seat on flight 56 but _____ in Phoenix. Would that be okay?
   W: _____ at San Diego?
   M: That one arrives at 7:30 p.m., which is _____ than your original flight.
   W: Okay, _____. Can I have _____?
   M: I'm sorry, ma'am. There's _____, which is _____.

   Q Why can't the woman take her original flight?
   (a) Because airline workers are _____.
   (b) Because there is _____.
   (c) Because there is _____.
   (d) Because _____.

4 M: Jenny, I heard you were _____. Are you all right?
   W: Yeah. I'm okay _____. They were injured pretty badly.
   M: How did _____?
   W: A truck _____ and hit me.
   M: It's fortunate that your injuries _____. What about the bike?
   W: I'll _____. It's almost _____.

   Q What happened to the woman's bike?
   (a) It _____.
   (b) It _____.
   (c) It _____.
   (d) It _____.

Practice Test Dictation

Part 4

5 _____, Kitty's Closet, specializes in _____ _____, offers a wide range of unique items, and _____ _____. In addition, we have very _____ for the items that are _____. We always try to make sure the items are _____ _____ and _____. Moreover, you can buy fine and stylish clothes _____.

Q What is the biggest characteristic of Kitty's Closet according to the advertisement?
(a) A wide selection of _____
(b) Good quality _____
(c) _____
(d) Luxurious items _____

6 Right after Christmas, _____ are surely a great chance to get _____. But you need to be careful _____ or _____. One of the best selling writers, Jay Kim's _____ *Shopping Pal* offers 10 _____ _____ during those big sales periods.

Q What is mainly described in the new book?
(a) _____ helpful information on sale
(b) Ten things to buy _____
(c) How to be _____
(d) _____ at a good price

Practice Test Dictation

7 Hello! _____ Amy's Coffee World. In order to provide customers _____, we have decided to remodel our place. The construction will be completed by April 30th and _____ as of May 1st. Please note that _____ will be from 8:30 a.m. to 5 p.m. on weekdays, and 10 a.m. to 4 p.m. on weekends and holidays _____ _____. Thank you very much for calling Amy's Coffee World.

Q What information is the message notifying of?
(a) A change of _____
(b) _____
(c) _____
(d) New _____

8 Your image that you hold in your mind possibly _____.
Therefore, _____ can be a powerful tool to change your future. Positive visualization is the process of imagining _____ _____ future situations that you desire. If you want to be both successful and happy, _____ positive visualization today!

Q What is encouraged to do by the speaker according to the talk?
(a) To make one's _____
(b) _____ by depending on religion
(c) _____ regularly
(d) To create _____ in mind

PART 3 & 4 UNIT 12

기출 탐구

진위 확인하기

대화나 담화의 내용이 선택지와 일치하는지를 묻는 진위 확인하기 유형은 들은 내용만을 바탕으로 일치 여부를 알아내야 하므로 최대한의 정보를 모으는 것이 중요하다. 첫 번째 듣기에서 주제를 파악하고 두 번째 듣기에서 질문에 해당하는 부분들만을 집중적으로 들어 선택지들을 소거해 가며 정답을 찾아야 한다.

기출응용 Part 3

Choose the option that best answers the question.

W: How may I help you?
M: I want to return this watch.
W: May I ask what is wrong with it?
M: It stops all the time.
W: Let me take a look at it for you.
M: Sure. Here it is. It has stopped again.
W: Let me try replacing its battery with a new one.

Q Which is correct according to the conversation?
(a) The watch battery gets too hot.
(b) The man is buying a watch.
(c) The woman has repaired the man's watch.
(d) The man's watch doesn't work properly.

기출 탐구

정답 (d)

해석
W: 무엇을 도와드릴까요?
M: 이 시계를 반품하고 싶어서요.
W: 어떤 점이 문제인지를 여쭤봐도 될까요?
M: 계속 멈춰요.
W: 제가 한 번 살펴볼게요.
M: 물론이죠. 여기 있습니다. 또 멈췄네요.
W: 배터리를 새 것으로 한번 갈아 볼게요.

Q 다음 중 이 대화와 일치하는 것은?
(a) 시계의 배터리가 매우 뜨거워진다.
(b) 남자는 시계를 구입하고 있다.
(c) 여자는 남자의 시계를 수리했다.
(d) 남자의 시계는 제대로 작동하지 않는다.

해결 포인트
시계를 반품하러 온 남자와 가게 점원과의 대화로 대화의 주제는 구입했던 시계의 오작동과 그 처리 과정이다. 주제와 관련된 세부 정보들을 보면 시계에 계속 멈추는 문제가 있어서 점원이 배터리를 갈아 끼우려고 하지만 그것이 배터리 문제인지는 아직 밝혀지지 않았다. 이러한 세부 정보에 비추어 보면 선택지 중에서 '남자의 시계가 잘 작동하지 않는다' 는 (d)가 대화의 내용과 일치한다. 시계는 여전히 수리 중이므로 (c)는 오답이다.

해결 전략

1. 첫 번째 듣기
① 대화의 흐름을 따라가며 대화의 주제와 중심 소재를 파악한다.
　☞ I want to return this watch.
　☞ May I ask what is wrong with it?
　→ 시계를 구매했던 손님과 점원 간의 대화
② 주제와 관련된 핵심 정보를 메모하면서 듣는다.
　→ 시계 반품 요청 ⇨ 상태 확인: 멈추는 시계 ⇨ 수리 시도: 배터리 교체
③ 문제를 듣고 질문의 유형을 확인한다.
　☞ Which is correct according to the conversation?
　→ 진위 확인하기

2. 두 번째 듣기
① 다시 들을 때는, 이미 파악한 주제를 중심으로 관련된 세부 정보들을 확인하면서 듣는다.
② 메모한 내용을 바탕으로 선택지를 들으면서 오답을 소거해가며 정답을 찾는다.

기출응용 Part 4

Choose the option that best answers the question.

On today's guided hike, we'll first hike through the trails of Peace Park, one of the most beautiful areas in the state. Then we'll move to the Marin High hill, from which you can see the Pacific Ocean. Now, make sure you have at least a bottle of water and extra clothes such as a light jacket or raincoat. The weather is very changeable in these areas and it's best to wear clothes in layers.

Q Which is correct according to the talk?
(a) Hikers can see the Marin High hill from the top of the mountain.
(b) The guide asks hikers to have water.
(c) Hikers should wear a thick sweater.
(d) The hikers are all professionals.

정답   (b)

해석   오늘 가이드 동반 도보 여행에서, 우리는 먼저 주(州)에서 가장 아름다운 지역들 중 하나인 피스 파크 안에 있는 길들을 도보로 둘러 볼 것입니다. 그런 다음 우리는 마린 하이 언덕으로 이동하게 되는데 그곳에서 여러분은 태평양을 보실 수 있습니다. 자, 이제 적어도 물 한 병과 가벼운 재킷이나 비옷 같은 여벌의 옷을 준비하셨는지 확인해주시기 바랍니다. 이 지역들은 날씨가 수시로 바뀌기 때문에 옷을 여러 벌로 겹쳐 입는 것이 가장 좋습니다.

Q 이 담화 내용과 일치하는 것은?
(a) 도보 여행자들은 산 정상에서 마린 하이 언덕을 볼 수 있다.
(b) 가이드는 도보 여행자들에게 물을 준비하라고 한다.
(c) 도보 여행자들은 두꺼운 스웨터를 입어야 한다.
(d) 도보 여행자들은 모두 전문가들이다.

기출 탐구

해결 포인트

가이드가 도보 여행의 일정과 준비물을 여행자들에게 알려 주고 있다. 일정은 피스 파크를 둘러 본 후 바다를 볼 수 있는 마린 하이 힐로 옮겨가게 되며 준비물은 물 한 병과 여분의 옷이다. 이러한 핵심 정보들을 고려해 볼 때 (b) 여행자들에게 물을 준비하라고 한 것이 담화의 내용과 일치한다.

해결 전략

1. 첫 번째 듣기
① 담화 전체의 주제와 중심 소재를 파악한다. (담화의 종류, 목적 등)
   ☞ On today's guided hike, we'll first hike through … .
   → 도보 여행에서의 공지사항 전달
② 주제와 관련된 핵심 정보를 파악하여 메모한다.
   ☞ … , we'll first hike through … .
   ☞ Then we'll move to … .
   → 도보 여행의 일정 소개
   ☞ Now, make sure you have at least a bottle of water and extra clothes such as … .
   → 도보 여행에서의 준비물 알림
③ 문제를 듣고 질문의 유형과 내용을 확인한다.
   ☞ Which is correct according to the talk?
   → 진위 확인하기

2. 두 번째 듣기
① 문제 유형상 가능한 정보를 많이 확보해두는 것이 좋다.
② '누가', '언제', '어디서', '무엇을', '어떻게', '왜' 등과 같은 정보는 반드시 확인해둔다.
③ 선택지를 들으면서 오답을 소거하며 정답을 찾는다.

TEPS 표현 탐구

1 전화 메시지 (Phone messages)

Thank you for calling the best department store in the world, Bloomingdale's.
세계 최고의 백화점, 블루밍데일에 전화주셔서 감사합니다.

All our operators are busy at the moment, so please hold.
모든 교환원이 현재 다른 전화를 받고 있으니 기다려 주시기 바랍니다.

If you wish to speak to one of our customer representatives, please press 0.
고객 상담원과의 통화를 원하시면 0번을 눌러 주세요.

Welcome to the Coles **automated customer response service**.
콜즈사의 자동 고객 응답 서비스 이용을 환영합니다.

Our operating hours are Monday through Saturday from 8 a.m. to 5 p.m.
저희 영업시간은 월요일부터 토요일까지 오전 8시에서 오후 5시까지 입니다.

We are closed on Sundays and public holidays.
일요일과 공휴일은 휴무입니다.

Our sales representative will contact you within 24 hours to confirm payment and delivery information.
저희 판매원이 24시간 이내에 지불과 배송 정보를 확인하기 위해 연락드릴 것입니다.

2 공지 (Notices)

The second annual World Musical Festival **will be held for** one week starting on September 28th.
제 2회 연례 세계 뮤지컬 축제가 9월 28일부터 일주일간 열립니다.

I'd like to remind all of you that **we will close at** 9 p.m. today due to the stock check.
재고 조사 관계로 오늘은 밤 9시에 문을 닫게 됨을 여러분께 알려드립니다.

Tickets are available online at www.ticketprice.com or by phone at 082-22-5632.
표는 온라인으로 www.ticketprice.com에서, 혹은 082-22-5632번으로 전화 주셔서 구매하실 수 있습니다.

Tickets can be reserved on a first come, first served basis.
티켓은 선착순으로 예매됩니다.

Admission is free for all children under 8.
8세 미만의 어린이는 무료 입장입니다.

Children under 5 must be accompanied by an adult.
5세 미만의 어린이는 반드시 성인을 동반해야 합니다.

Practice TEST

Part 3

Questions 1 - 4
Choose the option that best answers the question.

1. (a) (b) (c) (d)
2. (a) (b) (c) (d)
3. (a) (b) (c) (d)
4. (a) (b) (c) (d)

Part 4

Questions 5 - 8
Choose the option that best answers the question.

5. (a) (b) (c) (d)
6. (a) (b) (c) (d)
7. (a) (b) (c) (d)
8. (a) (b) (c) (d)

Practice Test
DICTATION

Part 3

1 W: Hello. I'm Marsha Broxham. _____ Simmons & Company.
M: Oh, _____, Marsha. I'm Jack Michaels. _____ the new employee in Human Resources.
W: Yes, _____. I've _____.
M: _____ before Simmons?
W: I _____ a large consulting firm.
M: Wow, _____ there, too?
W: Yes, _____ in Human Resources.

Q Which is correct according to the conversation?
(a) The woman has _____.
(b) The man has _____.
(c) The woman is _____.
(d) The woman will be _____.

2 M: What is _____ to the United States, ma'am?
W: I'm _____ and to visit my sister living in Ohio.
M: _____ will you _____ in the United States?
W: This visit _____, only 10 days.
M: Will you be _____ besides Ohio?
W: Yes, my sister and I are _____.
M: Okay. Here's your passport. Please _____ in the States.

Q Which is correct according to the conversation?
(a) The woman _____ the United States before.
(b) The woman _____ in the United States
(c) The woman _____.
(d) The woman _____.

Practice Test Dictation

3 W: Cool! I just _____ *Earth First* magazine.
M: Did you _____ ?
W: Yes, I _____ last month at the Earth Fair.
M: What kind of articles are there? _____ stuff?
W: Yes. This month's issue _____ "Run Your Car on Veggie Oil".
M: That's _____ .
W: _____ the next month's issue.

Q Which is correct according to the conversation?
(a) The woman works for _____ .
(b) The woman _____ .
(c) The man _____ *Earth First* magazine.
(d) The woman _____ for an article.

4 M: I _____ this semester ends. I'm _____ so much homework.
W: I thought you were _____ .
M: I'm doing well and _____ but now I'm fed up with all the work.
W: You sound _____ .
M: Yeah, I've got _____ and one _____ .
W: Well, _____ . It'll all be over _____ .

Q Which is correct according to the conversation?
(a) The man is _____ .
(b) Term papers are _____ .
(c) The woman is _____ .
(d) The semester _____ .

Practice Test Dictation

Part 4

5 In our lecture today, we'll discuss _____. A study shows that _____ for someone _____. In this short time, he or she forms _____ simply based on your _____ including appearance, fashion, and so on. Once a first impression is formed, it is extremely difficult _____.

Q Which is correct according to the lecture?
(a) First impressions _____ with looks.
(b) It is _____ first impressions.
(c) Fashion _____ nowadays.
(d) First impressions are decided _____.

6 _____ Jenny's Driving School. _____ to inform you that our driving school _____ because of damage caused by a fire last week. The repair work _____ about two weeks starting from May 10th, and our school will reopen on June 1st. Therefore, all the courses _____ _____ will be cancelled. We apologize for the inconvenience. If you _____ _____, please visit our website, www.jennysdriving.com.

Q Which is correct according to the voice message?
(a) The driving school is closed _____.
(b) The hours of the driving school _____.
(c) The driving school's reopening _____.
(d) The driving school will be closed _____.

Practice Test Dictation

7 _____ from the Maryland branch shows the results of _____. You can see that about 65 percent of our consumers in California and Arizona _____ our stores there. _____ over 70 percent of our customers in New York and Chicago _____. Interestingly, the stores in New York and Chicago _____, but the ones in California and Arizona haven't. From this fact we can learn that the _____ of a store can be some of the factors _____.

Q Which is correct according to the talk?

(a) More than half of the customers in Arizona _____ there.

(b) _____ by California branch.

(c) The stores in Maryland _____.

(d) _____ is the key factor giving customers satisfaction.

8 Many people think that _____ the price of gasoline, but in reality that's only _____. The price of gasoline is _____ _____ the price of crude oil and that price is set _____ _____. In addition to the price of crude oil, gasoline prices are set by the cost of the _____ and of _____. Like this, several factors _____ setting the price of gasoline.

Q Which is correct according to the talk?

(a) Only oil companies can determine _____.

(b) The international oil market has been _____.

(c) _____ the gasoline prices.

(d) The refining process _____ the price of gasoline.

PART 3 & 4 UNIT 13

추론하기

기출 탐구

대화나 담화 속에 담긴 정보를 직접적으로 물어보는 세부 정보 찾기나 진위 확인하기와 같은 유형과는 달리 추론하기 유형은 드러나지 않은 정보를 유추해야 하기 때문에 어렵게 느껴질 수 있다. 그러나 대부분의 추론 문제들은 대화나 담화의 주제와 밀접하게 관련되어 있기 때문에 주제나 중심 소재를 정확하게 파악한다면 어렵지 않게 문제를 해결할 수 있다.

기출 응용 Part 3

Choose the option that best answers the question.

W: I heard you're transferring to the Moscow office.
M: Yes, I just got the news yesterday.
W: Are you happy about it?
M: I think it's going to be a good opportunity for my career.
W: Yeah. What does your family think?
M: My wife is sorry to leave the town.
W: I'm not surprised. However, I'm sure that your family will get used to the new environment soon.

Q What can be inferred from the conversation?
(a) The man is the woman's manager.
(b) The man got promoted.
(c) The man's family is moving to Moscow.
(d) The woman is not in favor of the man moving.

기출 탐구

정답 (c)

해석
W: 당신이 모스크바 지점으로 전근 가신다고 들었어요.
M: 네, 어제 소식을 들었어요.
W: 전근 가게 되셔서 좋으세요?
M: 제 경력에 좋은 기회가 될 것 같아요.
W: 그래요. 가족들은 어떻게 생각하고 있나요?
M: 제 아내는 동네를 떠나게 되는 점을 아쉬워해요.
W: 그럴 만 해요. 하지만 당신 가족들도 분명히 새로운 환경에 곧 적응할 거에요.

Q 이 대화로부터 추론할 수 있는 것은 무엇인가?
(a) 남자는 여자의 상사이다.
(b) 남자는 승진했다.
(c) 남자의 가족들은 모스크바로 이사갈 예정이다.
(d) 여자는 남자의 전근에 반대한다.

해결 포인트
대화의 중심 소재는 남자의 전근이다. 전근에 대한 남자와 그 가족들의 반응에 관한 대화가 이어진다. 남자의 아내가 살던 동네를 떠나는 것에 대해 아쉬워한다는 내용으로 보아 남자의 가족도 전근지인 모스크바로 함께 떠남을 추론할 수 있다. 따라서 정답은 (c)이다.

해결 전략

1. 첫 번째 듣기
① 대화의 앞부분을 정확하게 듣고 대화 전체의 내용을 예측한다.
 ☞ I heard you're transferring to the Moscow office.
 → 남자가 모스크바 지점으로 전근을 가게 됨
② 주제와 관련된 내용 위주로 정보를 수집한다.
 ☞ I think it's going to be a good opportunity for my career.
 ☞ My wife is sorry to leave the town.
 → 남자의 경력에는 좋지만 살던 곳을 떠나게 되어 아내는 아쉬워 함
③ 문제를 듣고 질문의 유형을 다시 한번 확인한다.
 ☞ What can be inferred from the conversation?
 → 추론하기

2. 두 번째 듣기
① 첫 번째 듣기에서 예측한 주제가 틀리지 않았는지 확인하며 듣는다.
② 선택지를 보면서 들은 내용만으로 추론할 수 없는 것들을 소거하면서 정답을 찾는다.

기출 탐구

기출응용 Part 4

Choose the option that best answers the question.

Hello. Thank you for calling Mandy's Flooring Company. You have reached the desk of Daniel Lopez. I am out of the office this week. If you are calling about carpeting work, please contact Doug Garrett at 510-273-6891. If you are calling about projects related to tile and hardwood flooring, please contact Willy Wang at 510-211-9844. For any other issues, please contact my manager, Rudy Chavez, at 510-239-7811. If it is not urgent, please leave a message with my secretary. I'll call you back when I return next week.

Q What can be inferred from the voice message?
(a) The speaker is on a business trip.
(b) The speaker works for a home interior business.
(c) The speaker will leave the company.
(d) The speaker needs to contact Daniel Lopez.

정답   (b)

해석   안녕하세요. 맨디스 플로어링 사에 전화 주셔서 감사합니다. 당신은 다니엘 로페즈 자리로 전화를 주셨습니다. 저는 이번 주에 사무실을 비웁니다. 만약 카페트 작업과 관련하여 전화를 주셨다면 510-273-6891번으로 더그 가렛에게 연락해 주십시오. 혹시 타일이나 원목 바닥과 관련된 일로 연락하셨다면 510-211-9844번으로 윌리 왕에게 연락 주십시오. 다른 일에 대해서는 510-239-7811번으로 제 상사인 루디 샤베즈에게 연락 주십시오. 급한 일이 아니시라면 제 비서에게 메모를 남겨주세요. 제가 다음 주에 돌아오면 연락 드리겠습니다.

Q 이 음성 메시지로부터 추론할 수 있는 것은 무엇인가?
(a) 화자는 출장 중이다.
(b) 화자는 홈 인테리어 업계에 종사하고 있다.
(c) 화자는 회사를 그만둘 것이다.
(d) 화자는 다니엘 로페즈에게 연락해야 한다.

기출 탐구

해결 포인트

이번 주에 사무실을 비우게 된 다니엘 로페즈가 전화를 건 사람들에게 자신이 없는 동안 누구에게 연락을 해야 하는지를 업무 별로 설명하는 자동응답 메시지이다. 따라서 담화의 주제는 부재 시 연락 방법과 업무 처리이다. 메시지 중 언급되는 Mandy's Flooring Company, carpeting work, tile and hardwood flooring 등으로 미루어 보아 화자는 홈 인테리어 회사에 재직 중임을 추론할 수 있다. 따라서 정답은 (b) 이다. (a)는 주어진 메시지만으로는 알 수 없는 내용이므로 오답이다.

해결 전략

1. 첫 번째 듣기

① 메시지의 도입부를 듣고 메시지의 대상과 의도를 파악한다.
   - ☞ Hello. Thank you for calling ... reached the desk of Daniel Lopez.
   - ☞ I am out of the office this week.
   - → 부재 중인 Daniel Lopez가 전화를 건 사람들에게 알리는 자동 응답 메시지이다.

② 메시지 내용을 전반적으로 듣고 주제를 파악한다.
   - ☞ I'm out of the office this week.
   - ☞ If you are calling ... , please contact ... .
   - → 부재중인 동안 업무 별 담당자를 알림

③ 문제를 듣고 질문의 유형을 다시 한번 확인한다.
   - ☞ What can be inferred from the voice message?
   - → 추론하기

2. 두 번째 듣기

① 첫 번째 듣기에서 예측한 주제가 틀리지 않았는지 확인하며 듣는다.
② 메시지 속에서 추론할 수 없는 선택지들을 소거하면서 정답을 찾는다.

TEPS 표현 탐구

1 의견 (Opinions)

I'm sure that the president will take responsibility for the current economic crisis.
대통령이 현재의 경제 위기에 대한 책임을 질 거라고 저는 확신합니다.

I suggest you pay more attention to your kids.
당신은 당신의 자녀들에게 더욱 신경을 써셔야 합니다.

We must do something to reduce the amount of garbage we produce.
우리는 우리가 만들어내는 쓰레기의 양을 줄이기 위해 반드시 무언가를 해야 합니다.

I think that our society should support people in need in many ways.
우리 사회는 도움이 필요한 사람들을 여러 가지 방법으로 지원해야 한다고 생각합니다.

In my view, home schoolers may receive more attention but may not develop proper social skills.
제 생각에 홈스쿨링을 받는 학생들이 더 많은 돌봄을 받을지는 모르지만, 적절한 사회성은 발달시키지 못할 수도 있습니다.

I agree that we need to downsize the number of employees.
직원 수를 줄여야 한다는 데에 저도 동의합니다.

2 뉴스 (News)

This is Night Line News, and I'm Michael Francis.
나이트라인 뉴스의 마이클 프랜시스입니다.

Here are today's top stories. A bank robbery **took place** at the Fairmont Bank.
오늘의 주요 뉴스입니다. 페어몬트 은행에서 은행 강도 사건이 발생했습니다.

The reason for the accident hasn't been revealed yet.
그 사고의 원인은 아직 밝혀지지 않고 있습니다.

We have some breaking news. 속보를 알려드리겠습니다.

Current issues will be discussed in the *In-depth Report*.
심층 리포트에서 시사 문제들이 다루어질 것입니다.

Here is today's weather report. 오늘의 날씨입니다.

Heavy rain is expected this afternoon all over the country.
우리나라 전역에 오늘 오후 큰 비가 올 것으로 예상됩니다.

It will clear up late this evening and tomorrow will be sunny.
오늘 저녁 늦게 날이 개겠고 내일은 화창한 날씨가 될 것입니다.

It's supposed to drop below zero tomorrow morning.
내일 아침 기온이 영하로 떨어질 것으로 예상됩니다.

Practice TEST

Part 3

Questions 1 - 4

Choose the option that best answers the question.

1. (a) (b) (c) (d)
2. (a) (b) (c) (d)
3. (a) (b) (c) (d)
4. (a) (b) (c) (d)

Part 4

Questions 5 - 8

Choose the option that best answers the question.

5. (a) (b) (c) (d)
6. (a) (b) (c) (d)
7. (a) (b) (c) (d)
8. (a) (b) (c) (d)

Practice Test DICTATION

Part 3

1 W: _____?

M: Hi, my name is Jerry Smith, and _____ Mr. Carl Thomson at 1:30.

W: Mr. Smith, _____ Mr. Thomson is _____. The meeting should _____.

M: Well, I can wait. Do you know _____ while waiting?

W: Yes, _____ downstairs is available.

M: Thanks. Could you _____ when he comes back?

W: Sure, I can do that.

❓ What can be inferred from the conversation?
(a) Jerry Smith _____.
(b) Carl Thomson _____.
(c) The woman is Jerry Smith's _____.
(d) Carl Thomson _____ soon.

2 M: You _____ while you swing.

W: Well, I know, _____. What am I _____?

M: _____ the ball at the moment of impact.

W: Okay, _____. Any other tips for me?

M: _____, count one, and then look in the direction _____.

W: Thanks for the advice. I'll try _____ in my next tee shot.

❓ What can be inferred about the man and woman from the conversation?
(a) The woman is _____.
(b) The woman is _____.
(c) They are _____.
(d) They are _____ on TV.

Practice Test Dictation

3 W: Hello! I _____ the Internet and need to pick it up.

M: Do you have _____?

W: No, I didn't write it down. Would that _____?

M: Uh, no, that's fine. _____ and the title of the book?

W: I'm Alice Rogan and its title is *Style Up*.

M: Let me look at _____. Hold on please.

Q Where is the conversation probably taking place?

(a) _____

(b) _____

(c) _____

(d) _____

4 M: Rachel, did you _____ about your novel? You _____ _____ last month.

W: Yes. Actually, I _____ yesterday from a guy who _____ _____ it.

M: Really? _____! So, what did he say?

W: He said my work _____ a little bit _____ of readers.

M: Hmm ... that's still great news.

W: Yes, it is. And _____.

Q What can be inferred from the conversation?

(a) The man is giving _____.

(b) The woman _____ a major publisher.

(c) The man _____ publishers.

(d) The woman will _____.

Practice Test Dictation

Part 4

5 I'd like to begin today's class by _____ and its favorite themes. In general, children's literature is the texts written _____ 14. It has _____ purposes. The most common theme in children's literature is the _____. The idea of _____ and what is not can be naturally acquired by reading stories about good and evil.

Q What can be inferred from the talk?

(a) Children can learn about _____ through children's literature.
(b) Children's literature is usually _____.
(c) There are _____ in children's literature.
(d) The only purpose of children's literature is _____.

6 The market is _____. To survive this competition, _____ _____ are needed and a _____. Catch phrases should be _____ in order to _____ _____. Therefore, most companies actually spend a considerable amount of money _____ that can differentiate their items from others.

Q Which statement would the speaker most likely agree with?

(a) It is not wise _____ on creating catch phrases.
(b) The most effective way of advertising is _____.
(c) The essence of catch phrases is _____.
(d) _____ don't have to cost much money.

Practice Test Dictation

7 Hello, I'm Brenda Davis and I'm 23 years old. I'd like to _____ _____ before it's too late. According to my birth records, _____ at birth and sent to _____ in Busan, South Korea. Shortly after, _____ by an American couple. The only thing I know about my birth mother is that _____ is Soonhee. Even though I have _____ _____, I've always wanted to meet my birth mother. If there is _____ _____ my biological mother, please _____ _____.

Q What can be inferred about the speaker according to the talk?

(a) Her adoptive parents _____.

(b) She _____ about her birth mother.

(c) Her birth mother still _____.

(d) She _____ for abandoning her.

8 Showers and thunderstorms are _____. Therefore, heavy rain is expected _____ including Seoul tonight. It'll continue _____ _____. However the sky in the southern area will _____ _____. The thick fog in the area _____, as well. So _____ of the airports in this area _____ _____ this morning.

Q What can be inferred from the weather forecast?

(a) _____ in Busan this weekend.

(b) Some people in the southern area _____.

(c) _____ in Seoul this weekend.

(d) It will rain _____ tomorrow.

LISTENING Comprehension

TEPS BY STEP

Section 2

실전 Mini TEST

Mini Test 1회
Mini Test 2회
Mini Test 3회
Mini Test 4회

Mini TEST 1

Part 1   Questions 1 - 4

You will now hear four items, each made up of a single spoken statement followed by four spoken responses. Choose the most appropriate response to the statement.

1. (a)   (b)   (c)   (d)

2. (a)   (b)   (c)   (d)

3. (a)   (b)   (c)   (d)

4. (a)   (b)   (c)   (d)

Part 2   Questions 5 - 8

You will now hear four conversation fragments, each made up of three spoken statements followed by four spoken responses. Choose the most appropriate response to complete the conversation.

5. (a)   (b)   (c)   (d)

6. (a)   (b)   (c)   (d)

7. (a)   (b)   (c)   (d)

8. (a)   (b)   (c)   (d)

Mini TEST 1

 Part 3 Questions 9 - 12

You will now hear four complete conversations. For each item, you will hear a conversation and its corresponding question which will be read twice. Then you will hear four options which will be read only once. Choose the option that best answers the question.

9 (a)   (b)   (c)   (d)

10 (a)   (b)   (c)   (d)

11 (a)   (b)   (c)   (d)

12 (a)   (b)   (c)   (d)

 Part 4 Questions 13 - 16

You will now hear four spoken monologues. For each item, you will hear a monologue and its corresponding question which will be read twice. Then you will hear four options which will be read only once. Choose the option that best answers the question.

13 (a)   (b)   (c)   (d)

14 (a)   (b)   (c)   (d)

15 (a)   (b)   (c)   (d)

16 (a)   (b)   (c)   (d)

Mini TEST 2

Part 1 — Questions 1 - 4

You will now hear four items, each made up of a single spoken statement followed by four spoken responses. Choose the most appropriate response to the statement.

1. (a) (b) (c) (d)
2. (a) (b) (c) (d)
3. (a) (b) (c) (d)
4. (a) (b) (c) (d)

Part 2 — Questions 5 - 8

You will now hear four conversation fragments, each made up of three spoken statements followed by four spoken responses. Choose the most appropriate response to complete the conversation.

5. (a) (b) (c) (d)
6. (a) (b) (c) (d)
7. (a) (b) (c) (d)
8. (a) (b) (c) (d)

Mini TEST 2

Part 3   Questions 9 - 12

You will now hear four complete conversations. For each item, you will hear a conversation and its corresponding question which will be read twice. Then you will hear four options which will be read only once. Choose the option that best answers the question.

9   (a)   (b)   (c)   (d)

10 (a)   (b)   (c)   (d)

11 (a)   (b)   (c)   (d)

12 (a)   (b)   (c)   (d)

Part 4   Questions 13 - 16

You will now hear four spoken monologues. For each item, you will hear a monologue and its corresponding question which will be read twice. Then you will hear four options which will be read only once. Choose the option that best answers the question.

13 (a)   (b)   (c)   (d)

14 (a)   (b)   (c)   (d)

15 (a)   (b)   (c)   (d)

16 (a)   (b)   (c)   (d)

Mini TEST 3

Part 1   Questions 1 - 4

You will now hear four items, each made up of a single spoken statement followed by four spoken responses. Choose the most appropriate response to the statement.

1   (a)   (b)   (c)   (d)

2   (a)   (b)   (c)   (d)

3   (a)   (b)   (c)   (d)

4   (a)   (b)   (c)   (d)

Part 2   Questions 5 - 8

You will now hear four conversation fragments, each made up of three spoken statements followed by four spoken responses. Choose the most appropriate response to complete the conversation.

5   (a)   (b)   (c)   (d)

6   (a)   (b)   (c)   (d)

7   (a)   (b)   (c)   (d)

8   (a)   (b)   (c)   (d)

Mini TEST 3

Part 3   Questions 9 - 12

You will now hear four complete conversations. For each item, you will hear a conversation and its corresponding question which will be read twice. Then you will hear four options which will be read only once. Choose the option that best answers the question.

9   (a)   (b)   (c)   (d)

10 (a)   (b)   (c)   (d)

11 (a)   (b)   (c)   (d)

12 (a)   (b)   (c)   (d)

Part 4   Questions 13 - 16

You will now hear four spoken monologues. For each item, you will hear a monologue and its corresponding question which will be read twice. Then you will hear four options which will be read only once. Choose the option that best answers the question.

13 (a)   (b)   (c)   (d)

14 (a)   (b)   (c)   (d)

15 (a)   (b)   (c)   (d)

16 (a)   (b)   (c)   (d)

Mini TEST 4

Part 1 Questions 1-4

You will now hear four items, each made up of a single spoken statement followed by four spoken responses. Choose the most appropriate response to the statement.

1 (a)   (b)   (c)   (d)

2 (a)   (b)   (c)   (d)

3 (a)   (b)   (c)   (d)

4 (a)   (b)   (c)   (d)

Part 2 Questions 5-8

You will now hear four conversation fragments, each made up of three spoken statements followed by four spoken responses. Choose the most appropriate response to complete the conversation.

5 (a)   (b)   (c)   (d)

6 (a)   (b)   (c)   (d)

7 (a)   (b)   (c)   (d)

8 (a)   (b)   (c)   (d)

Mini TEST 4

Part 3 — Questions 9 - 12

You will now hear four complete conversations. For each item, you will hear a conversation and its corresponding question which will be read twice. Then you will hear four options which will be read only once. Choose the option that best answers the question.

9 (a)   (b)   (c)   (d)

10 (a)   (b)   (c)   (d)

11 (a)   (b)   (c)   (d)

12 (a)   (b)   (c)   (d)

Part 4 — Questions 13 - 16

You will now hear four spoken monologues. For each item, you will hear a monologue and its corresponding question which will be read twice. Then you will hear four options which will be read only once. Choose the option that best answers the question.

13 (a)   (b)   (c)   (d)

14 (a)   (b)   (c)   (d)

15 (a)   (b)   (c)   (d)

16 (a)   (b)   (c)   (d)

TEPS BY STEP

VOCABULARY

Section 1

TEPS 기본 다지기

Ⅰ. Collocation
Unit 01   동사 + 명사 Collocation
Unit 02   형용사 + 명사 / 기타 Collocation

Ⅱ. 관용적 표현
Unit 03   이디엄 (Idioms)
Unit 04   일상 대화 표현
Unit 05   2어동사 (Two-word verbs)

Ⅲ. 일반 어휘
Unit 06   동사 (Verbs)
Unit 07   명사 (Nouns)
Unit 08   형용사와 부사 (Adjectives and Adverbs)

Ⅳ. 기타
Unit 09   복수 의미 어휘 (Multiple meaning words)
Unit 10   혼동 어휘 (Confusable words)

UNIT 01

동사 + 명사 Collocation

기출 탐구

영어 어휘들이 조합을 이루어 관용적으로 굳어져 쓰이는 것을 연어(collocation)라고 한다. 예를 들어, '약속을 하다'라는 표현은 do an appointment라고 하지 않고 make an appointment로 표현한다. 이 같은 '동사 + 명사' collocation은 TEPS 어휘 영역 내에서 출제 비중이 높으므로 다양한 '동사 + 명사' collocation을 알아두도록 한다.

기출응용

Choose the best answer for the blank.

A: What does your brother do?
B: He _____ a living by selling baseball souvenirs on the Internet.

(a) takes
(b) leads
(c) makes
(d) does

정답 (c)

해석
A: 당신의 남동생은 무슨 일을 하나요?
B: 인터넷에서 야구 기념품을 팔아서 생활을 해요.

해결 포인트 '(~로 돈을 벌어) 생활을 하다'라는 의미의 collocation은 make one's living이다. 이 표현은 여러 차례 출제되었으므로 반드시 암기해 두도록 한다. 생활을 '하다'라는 한국어 의미와 혼동하여 does를 고르지 않도록 주의한다.

TEPS 어휘 탐구

answer	the phone	전화를 받다
attend	a class	수업에 들어가다[출석하다]
attract	one's attention	주의를 끌다, 눈에 띄다
book	a ticket	표를 예약하다
break	a law	법을 위반하다
cash	a check	수표를 현금으로 바꾸다
catch	(a) cold	감기 걸리다
do	one's homework	숙제를 하다
draw	a conclusion	결론을 내다
express	(an) opinion	의견을 말하다
fill	the position	공석을 채우다
hold	one's breath	숨을 참다; 숨을 죽이다
make	a living	생활비를 벌다
place	(an) advertisement	광고를 내다
raise	funds	기금을 모으다
run	a red light	적신호를 무시하고 달리다

Check up

괄호 안에서 알맞은 어휘를 고르시오.

1. I have already called Chloe several times, but she didn't (ⓐanswer / ⓑvoice) the phone.
2. If you take an intensive course, you should (ⓐattend / ⓑset) six classes a day.
3. The company decided not to (ⓐpractice / ⓑfill) the position of Kelly.
4. Eva (ⓐthrew / ⓑbooked) a ticket for London in advance.
5. The advertisement for our new product has (ⓐattracted / ⓑattended) public attention.
6. Jake (ⓐcashed / ⓑpaid) a $100 check at the bank near his house.
7. The data is not enough to (ⓐdraw / ⓑset) a conclusion.
8. Please do not hesitate to (ⓐexercise / ⓑexpress) your opinion about the issue.
9. The audience (ⓐheld / ⓑkept) their breath while watching the finale of the show.
10. Let's (ⓐlocate / ⓑplace) an advertisement for our new product in the local newspaper.

TEPS 어휘 탐구

admit	(a) mistake	실수를 인정하다
apply	lotion	로션을 바르다
blow	one's nose	코를 풀다
close	the gap	격차를 해소하다
conduct	(an) orchestra	악단을 지휘하다
earn	(a) wage	임금[돈]을 벌다
flight	(a) battle	전투를 치르다
gain	weight	몸무게가 늘다
have	an interview	면접을 하다
keep	silence	침묵하다
make	a reservation	예약하다
reach	an agreement	합의에 도달하다
save	face	체면을 유지하다
screen	applicants	지원자를 선별하다
slip	one's mind	잊어버리다
take	a shortcut	지름길로 가다

Check up

괄호 안에서 알맞은 어휘를 고르시오.

1. (ⓐTake / ⓑApply) this lotion on your face and leave it for about 10 minutes.
2. It takes courage to (ⓐadmit / ⓑbreak) a mistake in front of your children.
3. The opinions of each side were so different that they had hard time (ⓐ arriving / ⓑreaching) an agreement.
4. I couldn't find a tissue to (ⓐblow / ⓑrelieve) my nose.
5. The company did well, but its competitors are quickly (ⓐclosing / ⓑcutting) the gap.
6. How many people are (ⓐearning / ⓑmaking) wages by working on this farm?
7. The citizens bravely (ⓐfought / ⓑwaged) the battle to defend the city.
8. I (ⓐhave / ⓑmake) a job interview for a copywriter position at an advertising agency.
9. I planned to buy some cheese but it completely (ⓐslipped / ⓑgained) my mind.
10. Jennifer usually (ⓐmakes / ⓑtakes) a shortcut through the park to get to school.

TEPS 어휘 탐구

blow	a chance	기회를 날리다
drop	the class	수업[수강]을 취소하다
ease	pain	고통을 덜어주다
exercise	rights[the right]	권리를 행사하다
expect	a call	전화를 기다리다
follow	the rules	규칙을 따르다
give	(one) a headache	(~에게) 골치거리가 되다
handle	the situation	상황을 다루다[처리하다]
make	a difference	차이를 만들다, 차별화하다
make	an announcement	발표하다
pull	a tooth	이를 뽑다
roll	the dice	주사위를 던지다; 운에 맡기고 해 보다
run	a test	검사를 하다
set	the price	가격을 정하다
take	effect	효과가 발생하다, 효력을 나타내다
watch	one's mouth	말조심하다

Check up

괄호 안에서 알맞은 어휘를 고르시오.

1. She (ⓐblew / ⓑhit) the chance to earn good reputation as a fashion designer.
2. My car has been (ⓐcalling / ⓑgiving) me a headache lately. It keeps breaking down!
3. Samantha decided to (ⓐdrop / ⓑpull) the Chinese class and take a lower level one because it's too difficult.
4. Even saving a dollar or two a day will (ⓐmake / ⓑproduce) a difference in the long run.
5. The CEO (ⓐmade / ⓑran) an important announcement about our customer service policy.
6. You need to (ⓐmaintain / ⓑfollow) a few rules while you attend this school.
7. Even before I felt any pain, the dentist (ⓐpulled / ⓑprayed) my wisdom tooth.
8. I don't want to just (ⓐroll / ⓑcatch) the dice on such an important decision.
9. We have to (ⓐplay / ⓑrun) a few tests to find out what's going on with your heart.
10. It will take a while until the new healthcare policy (ⓐsets / ⓑtakes) effect.

Practice TEST

제한시간
3분 30초

Choose the best answer for the blank.

Part 1

1. A: What do you usually do after work?
   B: I _____ a flower arranging class in the evenings.

   (a) address
   (b) attend
   (c) apply
   (d) assume

2. A: I'm looking for my son. Could you please _____ an announcement for me?
   B: Of course. What's his name and what's he wearing?

   (a) take
   (b) choose
   (c) make
   (d) set

3. A: What is the most urgent work to do as a new governor of the state?
   B: I think _____ the income gap between urban and rural people is one of our top priorities.

   (a) taking
   (b) melting
   (c) shutting
   (d) closing

4. A: Why didn't you _____ your opinion about the healthcare policy at the meeting?
   B: I wasn't sure it was right for me to talk about it in front of the senior managers.

   (a) exit
   (b) exercise
   (c) express
   (d) expect

5. A: I think I have to go on a diet. I've _____ weight recently.
   B: To me, you look just fine.

   (a) gathered
   (b) grown
   (c) gained
   (d) generated

6. A: Why hasn't the company introduced the new product to the market yet?
   B: Management hasn't _____ the final consumer price for it yet.

   (a) made
   (b) set
   (c) taken
   (d) driven

Practice TEST

Part 2

7 The audience was _____ their breath when the host announced the prize winner.

(a) keeping
(b) saving
(c) holding
(d) putting

8 It is said that Beethoven kept _____ orchestras even after he went completely deaf.

(a) raising
(b) conducting
(c) running
(d) composing

9 A ten percent discount will be offered to customers who _____ a reservation a month in advance.

(a) do
(b) make
(c) choose
(d) keep

10 A police officer who _____ the law should be punished more severely than other criminals.

(a) follows
(b) observes
(c) holds
(d) breaks

11 You can learn how to _____ tough situations at work from this book.

(a) handle
(b) protect
(c) create
(d) solve

12 Exercising 30 minutes a day, three times a week will _____ a huge difference in your health in just six months.

(a) take
(b) shape
(c) make
(d) deliver

UNIT 02

형용사 + 명사 / 기타
Collocation

기출 탐구

TEPS 시험에 출제되는 collocation에는 '동사 + 명사'의 조합뿐만 아니라 '형용사 + 명사', '명사 + 명사' collocation도 출제된다. collocation은 한 번 외워두면 정답을 쉽게 고를 수 있으므로 자주 출제되는 collocation을 중심으로 그 의미와 쓰임을 정확히 익혀두자.

기출 응용

Choose the best answer for the blank.

A: Can I have some tips on report writing?
B: Well, it should be written in _____ English so that people can understand it easily.

(a) obvious
(b) plain
(c) simple
(d) bright

정답 (b)

해석
A: 보고서 작성에 대한 몇 가지 조언을 구할 수 있을까요?
B: 음, 사람들이 보고서를 쉽게 이해할 수 있도록 쉬운 영어로 쓰여져야 해요.

해결 포인트 '(일상생활에서 사용하는) 평범하고 쉬운 영어'라는 의미의 collocation은 plain English이다. 나머지 형용사들도 의미상 가능해 보이지만 English와 collocation을 이루지는 않는다.

TEPS 어휘 탐구

blind	spot	사각지대
breathtaking	view	멋진 경치
common	ground	공통점, 공통 기반
current	events	시사
developed	country	선진국
formal	education	정규 교육
general	impression	전반적인 인상
heated	debate	열띤 토론
long	face	우울한[시무룩한] 얼굴
mandatory	course	필수 과목
natural	enemy	천적
organic	food	유기농 식품
random	selection	무작위 선택
side	effect	부작용
social	justice	사회 정의
technological	breakthrough	기술적 진전[전기]

Check up

괄호 안에서 알맞은 어휘를 고르시오.

1. Always pay attention to the blind (ⓐspot / ⓑzone) when you drive.
2. Negotiation is a process to find common (ⓐground / ⓑland) between two parties.
3. It is fun to talk to Susan, as she is well-informed about (ⓐcurrent / ⓑlate) events.
4. (ⓐDevelopment / ⓑDeveloped) countries have to help third-world countries.
5. The singer hasn't received any (ⓐformal / ⓑforeign) education in music.
6. The (ⓐgeneral / ⓑgenerous) impression about the interviewee was quite positive.
7. After a series of (ⓐheated / ⓑhot) debates, labor and management came to an agreement.
8. Cats are the (ⓐneutral / ⓑnatural) enemy of rats.
9. There has been an increasing preference for (ⓐwild / ⓑorganic) food.
10. My father dedicated his life to (ⓐsatisfied / ⓑsocial) justice.

TEPS 어휘 탐구

academic	paper	학술 논문
advance	notice	사전 통지[공지]
conventional	wisdom	기존의 상식, 통념
dairy	product	유제품
dead	end	막다른 길; 가망 없는 상황, 궁지
internal	organ	내장 기관
last	minute	마지막 순간, 막판
local	call	시내 통화
naked	eye	육안
natural	science	자연 과학
public	announcement	공지 사항
sore	throat	인후통, 목이 아픔
terminal	illness	불치병
turning	point	전환점
visual	effects	시각 효과
white	lie	선의의 거짓말

Check up

괄호 안에서 알맞은 어휘를 고르시오.

1. Even though it was originally written as a(n) (ⓐacademic / ⓑscholastic) paper, his book reads very well.
2. It is a little rude to drop by his house without any advance (ⓐnote / ⓑnotice).
3. My scientific research has come to a(n) (ⓐdead / ⓑalive) end.
4. You can make (ⓐlocal / ⓑnear) calls in the room free of charge.
5. As Venus is near to Earth, we can see it with the (ⓐnaked / ⓑnarrow) eye.
6. Today in biology class, we learned about the (ⓐinside / ⓑinternal) organs of mammals.
7. Did you hear the (ⓐcommon / ⓑpublic) announcement about the upcoming election?
8. I didn't go to work yesterday because I had a sore (ⓐneck / ⓑthroat).
9. The Battle of Midway was a big turning (ⓐpoint / ⓑspot) in the Pacific during World War II.
10. I liked *Avatar* because of its (ⓐside / ⓑvisual) effects.

TEPS 어휘 탐구

case	study	사례 연구
child	abuse	아동 학대
convenience	store	편의점
death	toll	사망자 수
exchange	rate	환율
ground	transportation	지상 교통 수단
labor	union	노동 조합
law	enforcement	법 집행
life	span	수명
membership	fee(s)	회비
motion	sickness	멀미
private	property	사유 재산
savings	account	저축 예금
standing	ovation	기립 박수
trade	deficit	무역 적자
utility	rates	(수도·전기·가스 등의) 요금

Check up

괄호 안에서 알맞은 어휘를 고르시오.

1. I need to read a few more (ⓐcase / ⓑexample) studies about stress to complete my midterm paper.
2. The man has been arrested on the charge of (ⓐchild / ⓑkid) abuse.
3. Mason went to the (ⓐconvenience / ⓑconvenient) store to get some candies and snacks.
4. The death (ⓐrow / ⓑtoll) from the earthquake reached more than 1,000.
5. My dad's business is in trouble because of the unstable (ⓐchange / ⓑexchange) rate.
6. Where can I find information about (ⓐground / ⓑearth) transportation from this airport?
7. The (ⓐlabor / ⓑwork) union is planning to go on strike next week.
8. I'm a few days behind the due date to pay my membership (ⓐfees / ⓑprices) at the gym.
9. Whenever I take a boat, I feel motion (ⓐpain / ⓑsickness).
10. Walking across (ⓐprivate / ⓑcommon) property is illegal.

Practice TEST

제한시간
3분 30초

Choose the best answer for the blank.

Part 1

1. A: How are the negotiations going with the company?
   B: Well, it's been a little hard to find _____ ground so far, but we are optimistic.
   (a) common
   (b) collective
   (c) collaborative
   (d) cooperative

2. A: I thought eating meat makes you gain weight.
   B: That's _____ wisdom. It's sugar that you need to watch, not protein.
   (a) convenient
   (b) conventional
   (c) controversial
   (c) contrary

3. A: What's today's _____ rate?
   B: You mean for the dollar against the won, sir?
   (a) change
   (b) money
   (c) exchange
   (d) switching

4. A: What does this device do?
   B: If you install it on the rearview mirror in your car, it cuts down on the blind _____ while you drive.
   (a) area
   (b) district
   (c) spot
   (d) zone

5. A: The doctor said my father has arthritis.
   B: Well, the bright side is that at least it is not a _____ illness.
   (a) term
   (b) terminated
   (c) terminating
   (d) terminal

6. A: Her performance was so impressive.
   B: Yes, she deserved a(n) _____ ovation.
   (a) standing
   (b) long
   (c) huge
   (d) ongoing

Practice TEST

Part 2

7 We sometimes tell _____ lies to avoid hurting people's feeling.

(a) black
(b) white
(c) blue
(d) simple

8 It would be great if you could give me some advance _____ before you visit our office.

(a) information
(b) memo
(c) note
(d) notice

9 I'm looking for some _____ studies written about how the weather affects people's mood.

(a) condition
(b) case
(c) example
(d) situation

10 The invention of the scanner is a major technological _____ in medicine.

(a) breakthrough
(b) breakdown
(c) breakup
(d) heartbreak

11 Because of a _____ throat and terrible headache, she canceled her lecture.

(a) broken
(b) stiff
(c) enlarged
(d) sore

12 On average, a woman has a longer life _____ than a man.

(a) round
(b) line
(c) span
(d) space

UNIT 03

이디엄 (Idioms)

기출 탐구

이디엄(idiom)은 영어 특유의 관용 표현으로 주로 비유나 상징을 통해 의미를 전달한다. 예를 들면 read between the lines는 '줄과 줄 사이를 읽는다'라는 의미가 아니라 '숨겨진 의도를 파악하다'라는 의미를 갖는다. 이렇게 이디엄은 그 표현만의 특유한 의미가 있으므로 외워야만 문제를 풀 수 있다. 시험에서는 1~2문항 정도 출제된다.

기출 응용

Choose the best answer for the blank.

A: I've no idea what to do now.
B: Well, first we need to get the _____ light to start the factory building project.

(a) pink
(b) red
(c) green
(d) yellow

정답 (c)

해석
A: 이제 무엇을 해야 할지 모르겠어요.
B: 음, 공장 건물 프로젝트를 시행하기 위해서 우리는 먼저 허가를 얻어야 해요.

해결 포인트 green light는 '녹색불'이라는 의미 외에도 '(계획 등에 대한) 허가, 승인'이라는 의미를 가지고 있다. 따라서 get the green light는 '허가를 받다'라는 의미를 나타내는 이디엄이 된다. 비슷한 의미로 give the green light는 '허가를 주다'라는 의미로 사용된다.

TEPS 어휘 탐구

be short of
~에 부족하다; 에 미치지 못하다

¹ I **was short of** flour when making pizza.

break one's heart
~의 마음을 아프게 하다, ~의 마음에 상처를 주다

² Failing his final test **broke his heart**.

catch one's eye
~의 눈길을 끌다, 관심을 끌다

³ Sarah's acting **caught the producer's eye** during her audition.

get down to business
본격적으로 일에 착수하다

⁴ Let's have a cup of tea before **getting down to business**.

have a big mouth
입이 가볍다; 큰소리치다

⁵ Don't tell him about this since he **has a big mouth**.

hit the road
출발하다; 떠나다, 가버리다

⁶ It's already 8 o'clock. I've got to **hit the road** soon.

jump to conclusions
성급하게 결론을 내리다

⁷ We should not **jump to conclusions** until the investigation is over.

make one's mouth water
군침이 돌게 하다

⁸ Just thinking of the blueberry cheesecake **makes my mouth water**.

---

¹ 피자를 만드는데 밀가루가 부족했다. ² 기말 시험을 망친 것은 그의 마음을 아프게 했다. ³ 오디션 동안 사라의 연기가 제작자의 눈길을 끌었다. ⁴ 본격적으로 일을 시작하기 전에 차를 한 잔 하죠. ⁵ 그 사람은 입이 가벼우니 이 일에 대해 그에게 말하지 마세요. ⁶ 벌써 8시네요. 곧 출발해야겠어요. ⁷ 조사가 완료되기 전까지는 성급하게 결론을 내려서는 안 됩니다. ⁸ 블루베리 치즈 케이크는 생각만 해도 군침이 돈다.

Check up

괄호 안에서 알맞은 어휘를 고르시오.

1. Billy has a big (ⓐmouth / ⓑtongue); he likes talking about other people.
2. Are you guys ready to (ⓐhit / ⓑcut) the road?
3. The painting by Picasso in the room caught my (ⓐeye / ⓑvision) when I visited his house.
4. The sweet smell from the bakery made his (ⓐeye / ⓑmouth) water.
5. Do not (ⓐrun / ⓑjump) to conclusions so easily before you know all the facts.

TEPS 어휘 탐구

rain cats and dogs
비가 억수같이 퍼붓다
[1] We stayed home all day long since it **rained cats and dogs** yesterday.

sell like hot cakes
날개 돋친 듯이 팔리다
[2] The necklace named after Britney is **selling like hot cakes**.

tie the knot
결혼하다
[3] After three years of dating, Daniel and Emma are finally **tying the knot** this Sunday.

walk on air
기뻐서 어쩔 줄 모르다
[4] Eva won the singing contest, and now she is **walking on air**.

by word of mouth
(문서가 아닌) 구두로, 말로
[5] Rumors about H & Janet's bankruptcy spread very quickly **by word of mouth**.

in the red
적자인
[6] Our company has been **in the red** for two years.

off the top of one's head
즉석에서, 깊이 생각하지 않고
[7] I had to deliver a speech **off the top of my head** on the stage.

under the weather
기후 탓으로; 몸이 편치 않아, 불쾌하여
[8] If you feel **under the weather**, you'd better stay home and rest.

---

[1] 어제는 비가 너무 많이 와서 우리는 하루 종일 집에 있었다. [2] 브리트니의 이름을 딴 목걸이가 날개 돋친 듯이 팔리고 있다. [3] 3년의 연애 끝에 다니엘과 엠마가 드디어 이번 주 일요일에 결혼을 한다. [4] 에바는 노래 대회에서 우승하자 지금 기뻐서 어쩔 줄 몰라하고 있다. [5] H & 자넷 사의 파산에 관한 소문들이 입소문을 통해 급속히 퍼졌다. [6] 우리 회사는 2년째 적자 상태이다. [7] 나는 연단에서 즉석으로 연설을 해야 했다. [8] 당신 몸이 좋지 않으면, 집에서 쉬는 게 낫겠어요.

Check up

괄호 안에서 알맞은 어휘를 고르시오.

1. Congratulations! I heard you and Mia are (ⓐtying / ⓑbinding) the knot next month.
2. Jason passed the exam and he is walking on (ⓐair / ⓑcloud) these days.
3. The perfume (ⓐbought / ⓑsold) like hot cakes as soon as it came on the market.
4. They finally found the bakery by (ⓐsentence / ⓑword) of mouth.
5. I've been feeling a bit under the (ⓐforecast / ⓑweather) for the past few days.

TEPS 어휘 탐구

out of the blue
뜻밖에, 느닷없이

1. Happy memories of my school days popped up **out of the blue**.

backseat driver
참견을 잘하는 사람

2. Stop being a **backseat driver** and let Andrew handle the situation himself.

cash cow
주 수익원, 효자 상품

3. The LCD TV has been the company's **cash cow** for the last few years.

eye-opener
두 눈을 뜨게 해주는 사건, 깨닫게 만드는 계기

4. Peter Jackson's movie, *The Lord of the Rings* was a real **eye-opener** for me.

hot potato
곤란한 문제, 다루기 어려운 문제

5. The illegal immigration issue in the United States is a political **hot potato**.

nuts and bolts
(사물의) 기본, 요점

6. This book summarizes the **nuts and bolts** of financial planning.

rain check
우천 교환권, 후일의 약속, 초대의 연기

7. Thank you for inviting me, but could you give me a **rain check**?

silver bullet
(문제 해결의) 묘책, 특효약

8. Downsizing the company is the **silver bullet** to solve the current financial crisis.

---

1 학창시절의 행복한 기억이 갑자기 떠올랐다. 2 참견은 그만하고 앤드류가 스스로 그 상황을 해결하게 두세요. 3 LCD TV가 지난 몇 년 간 그 회사의 주 수익원이었다. 4 피터 잭슨의 영화 "반지의 제왕"은 정말 내 눈을 번쩍 뜨게 했다. 5 미국에서 불법 이민 문제는 정치적으로 민감한 문제이다. 6 이 책은 재무 계획의 핵심을 요약해 주고 있다. 7 초대해주셔서 감사하지만, 다음 기회로 미룰 수 있을까요? 8 회사의 인원을 감축하는 것이 현재의 재정 위기를 해결할 수 있는 묘책이다.

Check up

괄호 안에서 알맞은 어휘를 고르시오.

1. Unexpectedly, kimchi became a big cash (ⓐcow / ⓑbull) for the company.
2. Will you stop being a (ⓐfrontseat / ⓑbackseat) driver? I can't concentrate on driving.
3. The issue of the aging population is a hot (ⓐpepper / ⓑpotato) in this country.
4. David is familiar with the nuts and (ⓐbolts / ⓑwatts) of family law.
5. I don't feel good today, so I think I'll take a rain (ⓐappointment / ⓑcheck) on that.

Practice TEST

제한시간 3분 30초

Choose the best answer for the blank.

Part 1

1. A: Did you hear that the famous singer Finn Johnson is going to get married?
   B: Yes, he's broken a lot of girls' _____ with that announcement.

   (a) spirits
   (b) hearts
   (c) minds
   (d) bodies

2. A: What gift would you recommend for my daughter's birthday?
   B: How about this MP3 player? It is very popular and _____ like hot cakes lately.

   (a) taking
   (b) selling
   (c) buying
   (d) picking

3. A: What do you think are your weaknesses?
   B: I think I sometimes tend to _____ to conclusions without enough consideration.

   (a) jump
   (b) crawl
   (c) run
   (d) play

4. A: What's wrong, Tina? You look like you feel _____ the weather.
   B: Yes, I think I'm coming down with a cold.

   (a) in
   (b) under
   (c) for
   (d) of

5. A: What's the name of the actress who plays Bella in *Twilight*?
   B: Oh, I can't remember it off the top of my _____. Give me a second.

   (a) mouth
   (b) ear
   (c) head
   (d) hand

6. A: What do you think is the solution for the high unemployment rate among younger people?
   B: I don't think there's any silver _____ for the problem.

   (a) bullet
   (b) knife
   (c) sword
   (d) stick

Practice TEST

Part 2

7. Sue had to take a rain _____ on his invitation to the concert.
   (a) chance
   (b) talk
   (c) appointment
   (d) check

8. Out of the _____, Ethan said he decided to do volunteer work in Africa.
   (a) white
   (b) black
   (c) blue
   (d) gray

9. Today's outdoor activities have been cancelled because it has been raining _____ and dogs all day long.
   (a) cats
   (b) cows
   (c) foxes
   (d) lions

10. This brochure about Hawaii caught my _____ when I visited the travel agency.
    (a) eye
    (b) ear
    (c) heart
    (d) taste

11. The minister's sermon last Sunday was a(n) _____ for me.
    (a) mind-opener
    (b) wind-opener
    (c) head-opener
    (d) eye-opener

12. This book explains the _____ and bolts of real estate investment.
    (a) watts
    (b) drivers
    (c) nuts
    (d) shells

UNIT 04 일상 대화 표현

기출 탐구

일상 대화 표현은 실제 생활에서 자주 사용되는 회화체 표현이기 때문에 대화문으로 이루어진 Part 1에서 주로 출제된다. 매 시험에서 평균 3문항 정도 출제된다.

기출 응용

Choose the best answer for the blank.

A: I heard that you have a blind date tomorrow. Who are you going to meet?
B: Excuse me, but that is none of your _____.

(a) adventure
(b) business
(c) life
(d) area

정답 (b)

해석
A: 내일 네가 소개팅을 할 거라고 들었어. 누구를 만날거니?
B: 미안하지만, 그건 네가 신경 쓸 일이 아니잖아.

해결 포인트 none of your business는 '네가 참견할 일이 아닌'의 의미로 상대방이 자신의 일에 신경 쓰지 않기를 원할 때 사용하는 표현이다. 같은 의미의 표현으로 Mind your own business.(당신 일이나 잘 하세요.), Don't boss me around.(제게 이래라 저래라 하지 마세요.) 등도 함께 알아두자.

TEPS 어휘 탐구

be all ears
열심히 귀를 기울이다
¹ The students gathered in the hall **were all ears** when Janet told her story.

get the picture
이해하다, 전모를 알게 되다
² I hope my explanation will help you **get the picture**.

give ~ a break
~에게 기회를 주다; ~를 (사정을) 봐주다
³ Murray was ill for the last month, so **give him a break**.

I could eat a horse.
배가 몹시 고프다
⁴ I skipped breakfast and lunch today, so **I could eat a horse** now.

in the same boat
처지가 같은, 같은 상황에 있는
⁵ My neighbor and I are **in the same boat** when it comes to falling housing prices.

nobody is perfect
완벽한 사람은 없다, 결점이 없는 사람은 없다
⁶ As you know **nobody is perfect**; everyone makes mistakes.

second to none
어느 것[누구]에도 뒤지지 않는, 최고인
⁷ As far as dancing is concerned, Syilvia is **second to none**.

You can say that again!
맞았어!, 바로 그거야!
⁸ **You can say that again**. Jenny has a good sense of humor.

---

¹ 강당에 모인 학생들은 자넷이 그녀의 이야기를 할 때 경청했다. ² 내 설명이 네가 상황을 이해하는 데 도움이 되길 바란다. ³ 머레이는 지난 한 달 내내 아팠으니까 좀 봐줘. ⁴ 내가 오늘 아침과 점심을 걸렀더니 지금 배가 몹시 고프다. ⁵ 내 이웃과 나는 떨어지는 집 값과 관련해서는 같은 처지에 있다. ⁶ 여러분도 알다시피 완벽한 사람은 없습니다. 사람들은 모두 실수를 합니다. ⁷ 춤에 있어서는 실비아를 당할 사람이 없다. ⁸ 그렇고 말고. 제니는 유머 감각이 뛰어나지.

Check up

괄호 안에서 알맞은 어휘를 고르시오.

1 After a long day of hiking, I could eat a (ⓐcow / ⓑhorse)!
2 Please tell me about your opinion on the new TV commercial. I'm all (ⓐears / ⓑminds).
3 Vivian had too many things to do today, so please give her a (ⓐbreath / ⓑbreak).
4 Susie and Martha are in the same (ⓐboat / ⓑbus). Both of them quit their jobs recently.
5 When it comes to playing the violin, Brian is second to (ⓐnone / ⓑone).

TEPS 어휘 탐구

be all thumbs
서투르다

[1] When it comes to fixing things, I'**m all thumbs**.

bottom line
가장 중요한 사항, 핵심

[2] The **bottom line** is that climate change is not just an environmental issue.

cross one's fingers
행운을 빌다

[3] I **crossed my fingers** when the host announced the winner of the contest.

drink like a fish
술을 많이 마시다, 폭음하다

[4] Andrew never gets drunk even though he **drinks like a fish**.

in someone else's shoes
다른 사람의 입장에서

[5] You should try being **in someone else's shoes** before criticizing them.

on the house
무료로, 서비스로

[6] If you order today's special, a salmon salad is **on the house**.

tighten one's belt
절약하다

[7] I'll **tighten my belt** from this month to buy a car next year.

whatever it takes
수단 방법을 가리지 않고, 어떻게 해서든

[8] **Whatever it takes**, we need to deliver the goods to the customer by next week.

---

[1] 어떤 것을 고치는 것에 있어서는 나는 서투르다. [2] 중요한 것은 기후 변화가 단지 환경 문제만은 아니라는 점입니다. [3] 사회자가 대회의 우승자를 발표할 때 나는 행운을 빌었다. [4] 앤드류는 폭음을 하는데도 절대 취하지 않는다. [5] 당신은 다른 사람들을 비판하기 전에 그들의 입장이 되어봐야 한다. [6] 오늘의 특별 요리를 주문하시면, 연어 샐러드가 무료로 제공됩니다. [7] 내년에 차를 사기 위해 난 이번 달부터 절약을 할 것이다. [8] 어떻게 해서든 우리는 다음 주까지 고객에게 그 상품들을 배달해야 한다.

Check up

괄호 안에서 알맞은 어휘를 고르시오.

1. I don't know how he can be so healthy even though he drinks like a (ⓐfish / ⓑwhale).
2. Cindy is all (ⓐthumbs / ⓑpalms) when it comes to sewing.
3. Don't talk around the issue. Just give me the (ⓐfront / ⓑbottom) line.
4. I'll (ⓐmix / ⓑcross) my fingers for your new career. Good luck!
5. Do whatever it (ⓐneeds / ⓑtakes) to find a witness to the crime.

TEPS 어휘 탐구

a couch potato
하루 종일 소파에 앉아 TV만 보는 사람, 게으른 사람

[1] Brandon is acting like **a couch potato** today because his final tests have finally ended.

a piece of cake
쉬운[즐거운] 일

[2] The job looks like **a piece of cake** but it isn't as easy as it looks.

big deal
대단한 것, 큰일

[3] Jayden thinks that breaking a promise between friends is not a **big deal**.

hit the ceiling
몹시 성나다, 분통을 터뜨리다

[4] Mom **hit the ceiling** when she found out I had told a lie about my grades.

It's on me.
제가 낼게요.

[5] **It's on me** tonight, so eat as much as you want.

take one's time
천천히 하다; 늑장을 부리다

[6] We don't have to rush to the restaurant. **Take your time**.

toss-up
미지수, 반반의 가능성

[7] The result of the upcoming election is a **toss-up**.

ups and downs
오르내림, 흥망성쇠

[8] I have had many **ups and downs** while trying to achieve my dreams.

---

[1] 마침내 기말고사가 끝나서 브랜든은 오늘은 TV를 보면서 뒹굴거리고 있다. [2] 그 일은 쉬워 보이지만, 보이는 것만큼 쉽지는 않다. [3] 제이든은 친구 사이에 약속을 깨는 것을 큰일이라고 생각하지 않는다. [4] 엄마는 내가 성적에 대해 거짓말을 한 것을 아시고는 몹시 화를 내셨다. [5] 오늘 저녁은 제가 살 테니 마음껏 드세요. [6] 식당에 서둘러 갈 필요가 없어요. 천천히 하세요. [7] 다가오는 선거 결과는 오리무중이다. [8] 내 꿈을 이루기 위해 노력하면서 나는 많은 우여곡절을 겪어왔다.

Check up

괄호 안에서 알맞은 어휘를 고르시오.

1. Emily will (ⓐhit / ⓑbeat) the ceiling when she sees how messy the living room is.
2. People didn't seem to care, but the media made a big (ⓐtrade / ⓑdeal) out of the case.
3. Paul and Lena went through lots of (ⓐaboves / ⓑups) and downs before getting married.
4. We still have got an hour to catch the bus, so (ⓐtake / ⓑget) your time.
5. It's still a (ⓐthumbs up / ⓑtoss-up) whether Jeremy will be the winner of the contest.

Practice TEST

Choose the best answer for the blank.

Part 1

1. A: Stop beating around the bush. What's the _____ line?
   B: Well, what I want to say is that you are completely wrong.
   (a) up
   (b) top
   (c) down
   (d) bottom

2. A: It was very awkward when my girlfriend's friends accompanied us on our date.
   B: Yeah. I get the _____.
   (a) video
   (b) picture
   (c) scene
   (d) sight

3. A: I was shocked when I found out James is an alcoholic.
   B: Hmm… nobody is _____.
   (a) full
   (b) bad
   (c) perfect
   (d) guilty

4. A: Excuse me, is my food ready? I ordered 30 minutes ago.
   B: We're sorry for the delay. We'll give you a dessert on the _____ as an apology.
   (a) room
   (b) kitchen
   (c) home
   (d) house

5. A: Why do we have to _____ our belts?
   B: We spent too much money on your mother's birthday and we need to reduce our expenses.
   (a) pack
   (b) unfasten
   (c) tighten
   (d) bind

6. A: Do you think you will get the job?
   B: I'm not sure. I'm just crossing my _____.
   (a) arms
   (b) fingers
   (c) legs
   (d) elbows

Practice TEST

7 A: Have you gotten used to using your new mobile phone yet?
B: Actually I haven't. I'm all _____ when it comes to machines.

(a) fists
(b) hands
(c) fingers
(d) thumbs

8 A: I'll do _____ it takes to buy a new MP3 player.
B: Then you need to save your money.

(a) whoever
(b) however
(c) whenever
(d) whatever

9 A: Have you heard the rumor about Mr. Jackson's resignation?
B: I'm all _____. What happened?

(a) eyes
(b) ears
(c) legs
(d) arms

10 A: Have I told you I skipped lunch? I'm so hungry and I could eat a _____.
B: Skipped lunch? Let's go out and get something to eat.

(a) horse
(b) rabbit
(c) elephant
(d) pig

11 A: Look at this! This chair is great, isn't it?
B: You can _____ that again! It is so unique.

(a) take
(b) get
(c) say
(d) make

12 A: Can I look around the place a little bit?
B: Oh, please do. _____ your time.

(a) Make
(b) Take
(c) Save
(d) Put

UNIT 05

2어동사 (Two-word verbs)

기출 탐구

2어동사는 동사에 전치사나 부사가 결합하여 하나의 동사처럼 사용되는 표현을 말한다. 실제 생활에서는 어려운 동사 어휘 하나보다는 이러한 2어동사를 많이 사용하는데 extinguish와 put out이 바로 그러한 예이다. 때로는 come up with와 같은 '동사 + 부사 + 전치사'의 형태가 출제되기도 한다. 2어동사는 매 시험에서 2~4문제 정도 출제되므로 기출 표현을 중심으로 학습하는 것이 효율적이다.

기출응용

Choose the best answer for the blank.

A: Did you hear the news? Bob _____ his wedding.
B: Really? Do you know the reason?

(a) called off
(b) gave off
(c) turned off
(d) took off

정답 (a)

해석
A: 그 소식 들었어? 밥이 결혼을 취소했대.
B: 정말이야? 그 이유가 뭔지 아니?

해결 포인트 문맥상 결혼을 '취소했다'라는 의미의 2어동사 called off가 오는 것이 가장 자연스럽다. give off는 '발산하다', turn off는 '끄다', take off는 '(옷을) 벗다, 이륙하다'라는 의미이므로 문맥상 적절하지 않다.

TEPS 어휘 탐구

break into	침입하다; 방해하다	¹ This alarm system prevents burglars from **breaking into** your house.
count on	의지하다, 믿다	² You can **count on** me whenever you are in trouble.
cut back (on)	줄이다, 삭감하다	³ You need to **cut back on** your food expenses.
get off	(차에서) 내리다	⁴ For those going to the Seoul Arts Center, please **get off** at the next stop.
give up	포기하다	⁵ When you learn something new, it is important not to **give up**.
look after	~를 보살피다[돌보다]	⁶ Penny **looked after** my kids while I was in hospital.
make the best of	최선을 다하다	⁷ This is going to be your last chance. You have to **make the best of** it.
run away	달아나다	⁸ You should not **run away** from your responsibilities as a team leader.

¹ 이 경보 장치는 도둑들이 당신의 집에 침입하는 것을 막아줍니다.　² 네가 곤경에 처할 때면 언제든지 나에게 의지하면 돼.　³ 당신은 식비를 줄여야 합니다.　⁴ 예술의 전당으로 가시는 분들은 다음 역에서 하차해 주십시오.　⁵ 무언가 새로운 것을 배울 때는 그것을 포기하지 않는 것이 중요하다.　⁶ 내가 병원에 입원해 있는 동안 페니가 우리 아이들을 돌봐 주었다.　⁷ 이번이 너의 마지막 기회가 될 거야. 넌 이 기회를 최대한 살려야 해.　⁸ 당신은 팀의 리더로서의 책임감에서 도망치면 안된다.

Check up

괄호 안에서 알맞은 어휘를 고르시오.

1. We need to cut (ⓐback / ⓑup) on the amount of oil we use in the industry.
2. I think we need to get (ⓐoff / ⓑon) at the next station, not this one.
3. I used to (ⓐgive / ⓑgo) up too easily, but now I always do my best until the end.
4. Thank you for looking (ⓐat / ⓑafter) my dog, Tim.
5. The news said that two prisoners (ⓐthrew / ⓑran) away from the prison last night.

TEPS 어휘 탐구

come up with	~을 생각해내다	¹ My husband **came up with** a beautiful name for our daughter.
get together	모이다, 단결하다	² On my grandfather's 80th birthday, my whole family **got together** and celebrated it.
hand in	건네다, 제출하다	³ Don't forget to **hand in** the report before you leave the office.
look over	살펴보다, 검토하다; 눈감아 주다	⁴ I will **look over** your resume and call you if I have any questions.
make fun of	~를 놀리다, 비웃다	⁵ Everyone **made fun of** my new hairstyle, so I was embarrassed.
put on	(의복을) 입다, (반지 등을) 끼다	⁶ Please **put on** gloves before you handle dangerous materials.
rule out	제외하다, 배제하다	⁷ The management said they don't **rule out** the possibility of layoffs in some plants.
run short (of)	~가 부족하다, 떨어져 가다	⁸ The restaurant is **running short of** lettuce at the moment.

¹ 남편이 우리 딸의 예쁜 이름을 생각해냈어. ² 할아버지의 팔순에 우리 가족 모두가 모여서 축하했다. ³ 퇴근하기 전에 그 보고서를 제출하는 것을 잊지 마세요. ⁴ 당신의 이력서를 검토하고 질문이 있으면 전화 드리겠습니다. ⁵ 모두가 새로운 내 머리 스타일을 놀려서 나는 창피했다. ⁶ 위험 물질을 다루기 전에 장갑을 끼세요. ⁷ 경영진은 몇몇 공장에서의 대량 해고 가능성을 배제하지 않는다고 말했다. ⁸ 그 음식점은 지금 양상추가 떨어진 상태이다.

Check up

괄호 안에서 알맞은 어휘를 고르시오.

1. My boss requested our team to come (ⓐup / ⓑdown) with a new idea to increase sales.
2. When should I (ⓐget / ⓑhand) in the report, Mr. Hummel?
3. Can you look (ⓐfor / ⓑover) my essay and give me some advice on it?
4. Gilbert made (ⓐfun / ⓑtrick) of Anne's red hair, calling her a 'carrot.'
5. Most countries in Africa (ⓐrun / ⓑtake) short of water throughout the year.

TEPS 어휘 탐구

account for	설명하다, 해명하다	[1] Can you **account for** what caused the breakdown of the train?
break out	(전쟁·화재 등이) 발발하다; 발병하다	[2] Terrorist attacks **broke out** again in the Middle East last weekend.
come across	우연히 만나다, 발견하다	[3] I **came across** my old friend at the baseball field yesterday.
get over	극복하다; 회복하다	[4] The company finally **got over** the crisis.
let down	~를 실망시키다	[5] The coach was terribly **let down** after my team lost in the finals.
put out	(불·빛 등을) 끄다	[6] Over 15 firemen rushed to the shopping mall to **put out** the fire.
show off	과시하다	[7] Sheldon always **shows off** his knowledge of physics, so no one likes him.
turn up	모습을 나타내다; (일 등이) 뜻밖에 생기다; (소리·온도 등을) 크게 하다	[8] How many people **turned up** at the party?

[1] 무엇이 기차에 고장을 일으켰는지 설명해 주시겠습니까?   [2] 지난 주말 중동에서 테러리스트들의 공격이 또 다시 벌어졌다.   [3] 나는 어제 야구장에서 옛날 친구를 우연히 만났다.   [4] 그 회사는 마침내 위기를 극복했다.   [5] 감독님은 우리 팀이 결승전에서 패한 뒤 몹시 실망하셨다.   [6] 15명이 넘는 소방관들이 화재를 진압하기 위해 쇼핑몰로 달려갔다.   [7] 셸던은 항상 자신의 물리학 지식을 과시해서 아무도 그를 좋아하지 않는다.   [8] 파티에 몇 명이 왔니?

Check up

괄호 안에서 알맞은 어휘를 고르시오.

1. The amazing special effects (ⓐaccount / ⓑlook) for the movie's success.
2. People are afraid that war is going to break (ⓐout / ⓑdown) soon.
3. I came (ⓐacross / ⓑby) my ring while cleaning the room.
4. I don't want to (ⓐcut / ⓑlet) my family down by breaking the promise.
5. He put the championship trophy on the table to show it (ⓐoff / ⓑup).

Practice TEST

제한시간 3분 30초

Choose the best answer for the blank.

Part 1

1. A: Why is the comedian so famous.
   B: He is very good at making _____ of politicians, including the president.
   (a) act
   (b) fun
   (c) lack
   (d) scene

2. A: Did you hear that a child has been missing in our neighborhood?
   B: Yes, and the police are not _____ the possibility of a kidnapping.
   (a) rowing out
   (b) running out
   (c) rolling out
   (d) ruling out

3. A: I had a great time with you tonight.
   B: Me, too. I hope we'll _____ together again soon.
   (a) get
   (b) make
   (c) take
   (d) put

4. A: Are you ready? We have to hurry not to be late for the concert.
   B: Just give me five minutes. I still need to _____ some make-up.
   (a) depend on
   (b) put on
   (c) take on
   (d) turn on

5. A: Can you help me to do my science homework?
   B: Sure, you can _____ me.
   (a) count on
   (b) carry on
   (c) come on
   (d) live on

6. A: I don't feel good. I think I catch a cold.
   B: You won't _____ it unless you eat properly.
   (a) get off
   (b) get up
   (c) get in
   (d) get over

Practice TEST

Part 2

7. Gloria wanted to run _____ when her parents told her that she couldn't go to the beach with her friends.

   (a) along
   (b) over
   (c) away
   (d) up

8. A fight _____ in the crowd after the football match was over.

   (a) broke out
   (b) made out
   (c) took out
   (d) set out

9. As Brandy _____ the candle by mistake, the room suddenly became dark.

   (a) put out
   (b) put up
   (c) put into
   (d) put off

10. A hacker _____ my company's online system and deleted all the customers information.

    (a) filled into
    (b) ran into
    (c) broke into
    (d) looked into

11. Due to a decrease in demand, the company has _____ back on production of its goods.

    (a) took
    (b) cut
    (c) gave
    (d) brought

12. The detective _____ all the evidence carefully, but he couldn't find any clues.

    (a) standed by
    (b) looked away
    (c) standed for
    (d) looked over

UNIT 06

동사(Verbs)

TEPS 어휘 영역 중 일반 어휘 유형은 단어의 의미만 정확하게 이해하고 있으면 쉽게 문제를 풀 수 있다. 특히 문장의 중요한 요소인 동사는 출제 비중이 높으므로 사용 빈도가 높은 동사들을 중심으로 그 뜻과 쓰임을 익혀두도록 한다.

기출응용

Choose the best answer for the blank.

A: What do you think about aliens?
B: I believe life can _____ on the other planets.

(a) exercise
(b) expire
(c) exist
(d) exit

정답 (c)

해석
A: 외계인에 대해 어떻게 생각하세요?
B: 저는 다른 행성에도 생명체가 존재할 수 있다고 믿어요.

해결 포인트 문맥상 빈칸에는 '존재하다'라는 의미의 exist가 들어가는 것이 자연스럽다. expire는 '(기간이) 끝나다', exit는 '나가다'라는 뜻이다.

TEPS 어휘 탐구

appeal [əpíːl] — 마음에 들다; 호소하다
¹ The idea of going to Italy in June really **appeals** to me.

complete [kəmplíːt] — 완성하다
² Sally **completed** her project faster than her colleagues.

encourage [inkə́ːridʒ] — 격려하다; 장려하다; 촉진하다, 조장하다
³ Companies **encourage** customers to buy more products using marketing strategies.

increase [inkríːs] — 증가시키다, 늘리다
⁴ I can **increase** my hourly wage if I finish this training course.

minimize [mínəmàiz] — 최소화하다
⁵ We always try to improve service quality in order to **minimize** consumer complaints.

renew [rinjúː] — 새롭게 하다, (계약 등을) 갱신하다
⁶ I'm wondering if you are going to **renew** our contract, which is up in March.

respond [rispánd] — 응답하다; 반응하다
⁷ When a customer asks you a question, please **respond** politely.

skip [skíp] — 건너뛰다; 뛰어다니다
⁸ My eating schedule is irregular. Sometimes I **skip** breakfast and even lunch.

---

¹ 6월에 이탈리아를 가는 생각은 정말 마음에 든다. ² 샐리는 동료들보다 더 빨리 프로젝트를 완수했다. ³ 기업들은 마케팅 전략을 이용하여 소비자들이 더 많은 상품을 구매하도록 촉진한다. ⁴ 내가 이 훈련 과정을 완료하면 시간당 임금을 늘릴 수 있다. ⁵ 저희는 고객의 불만을 최소화하기 위해서 서비스의 질 향상을 위해 언제나 노력합니다. ⁶ 저는 3월이 만료인 계약을 당신이 갱신할 것인지 궁금합니다. ⁷ 고객이 질문을 하면 공손하게 응답해 주세요. ⁸ 나의 식습관은 불규칙하다. 가끔은 아침과 심지어 점심까지도 건너뛴다.

Check up

괄호 안에서 알맞은 어휘를 고르시오.

1. This product is designed to (ⓐapply / ⓑappeal) to teenagers.
2. Let's (ⓐskip / ⓑtake) the introduction part and move on to the main issue.
3. The purpose of this poster is to (ⓐencourage / ⓑenlarge) people to vote.
4. The factory's productivity (ⓐincreased / ⓑincluded) by 20 percent last quarter.
5. Are you going to (ⓐrefine / ⓑrenew) your gym membership this year?

TEPS 어휘 탐구

achieve [ətʃíːv] — 이루다, 성취하다
1 He finally **achieved** success and wealth as a famous actor.

consult [kənsʌ́lt] — (전문가에게) 의견을 묻다, 상담[상의]하다
2 I'd like to **consult** with a lawyer before I sign the contract.

disclose [disklóuz] — 드러내다, 폭로하다
3 Employees must not **disclose** the company's confidential information to anyone.

enable [inéibl] — 가능하게 하다, (~하는) 힘을 부여하다
4 The scholarship from the government **enabled** her to study abroad.

operate [ɑ́pərèit] — 운전하다, 조종하다; 경영하다
5 James **operates** a small gas station in town.

perform [pərfɔ́ːrm] — (업무를) 수행[실행]하다; 상연하다; (음악을) 연주하다
6 Please welcome Boris Jansen, who will **perform** his number one hit song, *Always You*.

review [rivjúː] — 검토하다
7 I **reviewed** your report and I need some additional information from you.

serve [səːrv] — 봉사하다; 의무를 다 하다; 대접하다
8 All able-bodied men over 19 in Korea must **serve** their military duties.

---

1 그는 마침내 유명 배우로서 성공과 부를 이루었다. 2 계약서에 서명하기 전에 변호사와 상의하고 싶습니다. 3 직원들은 누구에게도 회사의 기밀 사항을 유출해서는 안된다. 4 정부의 장학금이 그녀가 해외에서 공부할 수 있도록 해주었다. 5 제임스는 동네에서 작은 주유소를 운영한다. 6 자신의 최고 히트곡 "Always You"를 노래할 보리스 얀센을 환영해주십시오. 7 제가 당신의 보고서를 검토했는데 당신에게서 몇 가지 추가 정보가 필요해요. 8 한국의 19세 이상의 신체 건강한 모든 남성들은 군 복무의 의무를 수행해야 한다.

Check up

괄호 안에서 알맞은 어휘를 고르시오.

1 We need a specific plan to (ⓐachieve / ⓑattract) our sales goal this year.
2 Please (ⓐconclude / ⓑconsult) with your financial advisor before making any investments.
3 The company decided to (ⓐdisclose / ⓑclose) the details of the business deal to the public.
4 His position (ⓐenabled / ⓑadvised) him to have access to many confidential documents.
5 I almost forgot how to (ⓐobligate / ⓑoperate) this equipment.

TEPS 어휘 탐구

award [əwɔ́ːrd]	(상 등을) 주다, 수여하다	¹ The writer was **awarded** the 2009 Pulitzer Prize for fiction.
boost [buːst]	(사기 등을) 돋우다; ~의 경기를 부양하다	² To **boost** the economy, the government announced several tax cuts for businesses.
confirm [kənfə́ːrm]	확인하다; 승인하다	³ Let me **confirm** the numbers one more time before we submit the sales report.
define [difáin]	정의하다	⁴ I would **define** love as a happy feeling between two people.
distinguish [distíŋgwiʃ]	구별하다; 두드러지게 하다	⁵ Young kids often cannot **distinguish** dreams from reality.
maintain [meintéin]	유지하다; 주장하다	⁶ It is very important to **maintain** a friendly relationship with people around you.
occur [əkə́ːr]	일어나다, 발생하다	⁷ A car accident **occurred** at the corner of Johnson Street this morning.
summarize [sʌ́məràiz]	요약하다	⁸ Will you **summarize** this 10-page document in one page for me?

¹ 그 작가는 2009년에 소설 분야에서 퓰리처상을 받았다. ² 경기를 부양시키기 위해서 정부는 기업에 대한 몇 가지 세금 삭감 정책을 발표했다. ³ 영업 보고서를 제출하기 전에 제가 숫자들을 한 번 더 확인할게요. ⁴ 전 사랑을 두 사람 사이의 행복한 감정이라고 정의하겠어요. ⁵ 어린 아이들은 종종 꿈과 현실을 구별하지 못한다. ⁶ 주변의 사람들과 친밀한 관계를 유지하는 것은 아주 중요하다. ⁷ 오늘 아침에 존슨 가의 모퉁이에서 차 사고가 일어났다. ⁸ 제게 10페이지 분량의 이 문서를 한 페이지로 요약해주시겠어요?

Check up

괄호 안에서 알맞은 어휘를 고르시오.

1. The winner of this competition will be (ⓐawarded / ⓑarrested) a trip to Hawaii.
2. The rights and duties of employees are clearly (ⓐdefined / ⓑdemanded) in the contract.
3. It is not easy to (ⓐmend / ⓑmaintain) a healthy lifestyle when you're so busy.
4. If any problems (ⓐoccur / ⓑobtain), inform us as soon as possible.
5. It is hard to (ⓐmemorize / ⓑsummarize) the last three years of my life in just a few sentences.

Practice TEST

제한시간 3분 30초

Choose the best answer for the blank.

Part 1

1. A: How did you like the concert?
   B: Well, rock music doesn't _____ to me very much.
   (a) appeal
   (b) apply
   (c) associate
   (d) answer

2. A: I don't think I need to _____ all my properties to the committee.
   B: Actually, state law requires every candidate for a public office to do so.
   (a) disappear
   (b) disclose
   (c) discover
   (d) dislike

3. A: This new copy machine makes very nice copies.
   B: I know. It is really hard to _____ the copy from the original.
   (a) discourage
   (b) discuss
   (c) distinguish
   (d) disagree

4. A: What campaign did your company start?
   B: We launched a campaign to _____ drivers to wear seatbelts.
   (a) encourage
   (b) engage
   (c) enable
   (d) establish

5. A: What are you going to do after you graduate?
   B: I've decided to _____ as a volunteer for the disabled.
   (a) sail
   (b) save
   (c) serve
   (d) surf

6. A: What do you think about the report from the marketing team?
   B: I think it _____ the latest market trend well.
   (a) sold
   (b) separated
   (c) selected
   (d) summarized

Part 2

7 There is not enough time to _____ the budget report before the deadline.

(a) complete
(b) complain
(c) combine
(d) contract

8 All the manuscripts should be thoroughly _____ before they are published.

(a) remained
(b) recreated
(c) revived
(d) reviewed

9 His lecture _____ the spirit of the students gathered at the main hall.

(a) boiled
(b) boosted
(c) bought
(d) bundled

10 This class teaches how to _____ stress in the workplace.

(a) celebrate
(b) enter
(c) minimize
(d) stimulate

11 Jacob practices playing his cello every day because he is _____ at the National Theater next month.

(a) proposing
(b) proceeding
(c) performing
(d) providing

12 The rumor about an upcoming terrorist attack has yet to be _____.

(a) contacted
(b) confirmed
(c) consisted
(d) considered

UNIT 07

명사(Nouns)

기출 탐구

....

명사는 동사와 더불어 실제 언어 생활에서 가장 기본이 되는 품사인 만큼 TEPS 일반 어휘 유형에서의 출제 비중도 매우 높다. 따라서 빈출 명사 중심으로 그 뜻과 쓰임을 잘 익혀두는 것이 중요하다.

기출응용

Choose the best answer for the blank.

I enjoyed the band's _____ at a local club last night.

(a) protection
(b) performance
(c) implementation
(d) conduct

정답   (b)

해석   나는 어젯밤에 동네의 한 클럽에서 그 밴드의 공연을 즐겼다.

해결 포인트   밴드에 의해 행해진 무엇을 즐겼을까? 보호? 실행? 혹은 행동? 당연히 공연을 즐겼을 것이므로 정답은 (b)이다. performance는 '공연' 외에도 '실행, 이행'의 의미로도 자주 출제되는데 이 때에는 implementation과 같은 의미를 가진다. protection은 '보호', conduct는 '행동'의 의미이다.

TEPS 어휘 탐구

advisor [ədváizər]	조언자, 고문	¹ My mother is my most trusted friend and **advisor**.
conflict [kánflikt]	갈등	² She often comes into **conflict** with her boyfriend.
construction [kənstrʌ́kʃən]	공사	³ The **construction** of my house will begin next week.
downturn [dáuntə:rn]	하강, 하향; 침체	⁴ One of the main causes of the latest economic **downturn** seems to be high oil prices.
emphasis [émfəsis]	강조, 역점	⁵ The company has to put its **emphasis** on overseas market.
hospitality [hàspətǽləti]	환대	⁶ I really appreciate your family's **hospitality** tonight.
objective [əbdʒéktiv]	목적	⁷ The **objective** of this guidebook is to help tourists visiting our city.
solution [səlú:ʃən]	해결책	⁸ We need to come up with a **solution** to the problem quickly.

---

¹ 제 어머니는 저의 가장 믿을만한 친구이자 조언자이십니다. ² 그녀는 종종 남자친구와 갈등을 빚는다. ³ 우리집의 공사가 다음 주에 시작될 것이다. ⁴ 최근의 경기 하강의 주요 원인들 중 하나는 고유가인 것 같다. ⁵ 그 회사는 해외 시장에 중점을 두어야 한다. ⁶ 오늘 밤 당신 가족의 환대에 진심으로 감사드립니다. ⁷ 이 안내 책자의 목적은 우리 도시를 방문하는 관광객들을 돕기 위함이다. ⁸ 우리는 그 문제에 대한 해결책을 빨리 생각해내야 한다.

Check up

괄호 안에서 알맞은 어휘를 고르시오.

1. I want to consult with my legal (ⓐadvisor / ⓑaccountant) on that issue.
2. As my new house is still under (ⓐconvenience / ⓑconstruction), I'm renting this month.
3. The research says that rice wine is popular in an economic (ⓐturnup / ⓑdownturn).
4. This class puts an (ⓐemphasis / ⓑentrance) on practical training.
5. The main (ⓐopportunity / ⓑobjective) of this program is to raise money for children in need.

TEPS 어휘 탐구

asset [ǽset] 자산, 재산
¹ My **assets** include a house and a farm in Nevada.

consequence [kánsəkwèns] 결과
² Think about the **consequences** first before you take any action.

expert [ékspə:rt] 전문가
³ We need to find an **expert** in marine biology.

heritage [héritidʒ] 유산
⁴ Korea is famous for its rich cultural **heritage**.

impact [ímpækt] 충격, 영향
⁵ His speech made a lasting **impact** on people for many years.

masterpiece [mǽstərpìːs] 걸작
⁶ I think this book will be remembered as one of the **masterpieces** of our time.

priority [praió:rəti] 우선 순위
⁷ Let's set a **priority** among the tasks.

retirement [ritáiərmənt] 은퇴
⁸ I am planning to do some volunteer work after my **retirement** next year.

---

¹ 내 재산에는 네바다에 있는 집과 농장이 포함된다. ² 행동을 하기 전에 먼저 그 결과에 대해서 생각해 보세요. ³ 우리는 해양 생물학 분야의 전문가를 찾아야 한다. ⁴ 한국은 풍부한 문화 유산으로 유명하다. ⁵ 그의 연설은 사람들에게 오랫동안 지속될 영향을 미쳤다. ⁶ 나는 이 책이 우리 시대의 걸작 중의 하나로 기억될 거라고 생각해. ⁷ 업무들 간의 우선 순위를 정합시다. ⁸ 저는 내년에 은퇴한 후에 자원봉사 활동을 할 생각입니다.

Check up

괄호 안에서 알맞은 어휘를 고르시오.

1. Our employees are the company's biggest (ⓐassessments / ⓑassets).
2. This decision could have serious (ⓐconsequences / ⓑfrequencies) on national security.
3. My goal in this company is to be an (ⓐexport / ⓑexpert) in higher education.
4. This traditional dance is a part of our cultural (ⓐhonesty / ⓑheritage).
5. (ⓐRetirement / ⓑRecruitment) doesn't have to mean doing nothing but rather doing things you like.

TEPS 어휘 탐구

concern [kənsə́ːrn] — 우려, 걱정
1 There has been a growing **concern** about privacy on the Internet these days.

debate [dibéit] — 토론, 논의, 논쟁
2 After a heated **debate**, management finally approved the merger.

defect [díːfekt] — 결함
3 The cars were recalled because of **defects** in their engines.

faith [feiθ] — 신뢰; 신념; 신앙
4 She never gave up on her **faith** that someday her husband would come back.

instrument [ínstrəmənt] — 기계, 도구; 악기
5 This **instrument** was made for educational and entertainment purpose.

reservation [rèzərvéiʃən] — 예약
6 I made a **reservation** for a single room yesterday.

territory [térətɔ̀ːri] — 영토; 영역
7 We should not allow any foreign ships to come into our **territory**.

variety [vəráiəti] — 여러 가지; 다양함
8 I decided to leave the job for a **variety** of reasons.

---

1 요즘 온라인 상에서 사생활에 대한 우려가 증가하고 있다. 2 열띤 토론 끝에 경영진은 마침내 그 합병을 승인했다. 3 엔진 부분의 결함으로 자동차들이 리콜되었다. 4 그녀는 남편이 언젠가 돌아올 거라는 그녀의 신념을 결코 포기하지 않았다. 5 이 도구는 교육적이면서 오락적인 목적을 위해 만들어졌다. 6 제가 어제 싱글 룸 1개를 예약했습니다. 7 우리는 외국 선박들이 우리 영토를 침범하는 것을 허용해서는 안됩니다. 8 나는 여러 가지 이유로 그 직장을 그만두기로 결심했다.

Check up

괄호 안에서 알맞은 어휘를 고르시오.

1 The CEO expressed his (ⓐconcerns / ⓑconfidences) about the company's debts at the meeting.
2 The candidates will have three (ⓐdebates / ⓑdemands) on TV before the election.
3 My team's role is to find any (ⓐdecisions / ⓑdefects) before the products leave the factory.
4 After my father's death, my religious (ⓐface / ⓑfaith) got even stronger.
5 Making a (ⓐreservation / ⓑresponse) is highly recommended for dinner on the weekend.

Practice TEST

제한시간 3분 30초

Choose the best answer for the blank.

Part 1

1. A: When are you going to move into your new home?
   B: Not until next month. The house is still under _____.

   (a) competition
   (b) collection
   (c) construction
   (d) combination

2. A: Thank you very much for your _____ during my stay at your hotel.
   B: It was our pleasure, sir. We hope to serve you again in the near future.

   (a) hostility
   (b) hospitality
   (c) hospital
   (d) hostage

3. A: What do you think about this candidate?
   B: I think his knowledge in the area of international finance will be an _____ to the company.

   (a) access
   (b) attention
   (c) asset
   (d) assignment

4. A: I want to hear your opinion on this physics experiment.
   B: Sorry, I'm not a(n) _____ in physics. However I can introduce you to someone who is.

   (a) expert
   (b) witness
   (c) assistant
   (d) explorer

5. A: I think I should go on a diet. Could you recommend a good program?
   B: I think you have too much _____ about your weight. You're only 50kg.

   (a) compositions
   (b) connections
   (c) concepts
   (d) concerns

6. A: How many _____ can you play?
   B: I play the piano and violin. I also used to play the cello, but not anymore.

   (a) talents
   (b) instruments
   (c) devices
   (d) tools

Practice TEST

Part 2

7. The only _____ to the situation is to persuade the chairman to step down.

   (a) selection
   (b) solution
   (c) slope
   (d) shelter

8. A hotel _____ must be made in advance during peak season.

   (a) receipt
   (b) respect
   (c) reservation
   (d) reference

9. Olivia didn't seem to worry about any _____ from her decision to break up with David.

   (a) consequences
   (b) comforts
   (c) continuations
   (d) compromises

10. The museum has many _____ from the ancient period to the 19th century.

    (a) masterpieces
    (b) masters
    (c) merits
    (d) mistakes

11. There has been much _____ on the issue of gun control in the United States in the last 30 years.

    (a) dictation
    (b) desire
    (c) decline
    (d) debate

12. The store carries a wide _____ of products from sportswear to furniture.

    (a) value
    (b) variety
    (c) vehicle
    (d) view

UNIT 08

형용사와 부사 (Adjectives and Adverbs)

기출 탐구

형용사와 부사는 TEPS 어휘 영역에서 고르게 출제되며 형용사의 출제 빈도가 부사보다 더 높은 편이다. 영어의 형용사와 부사는 우리말과 어감이 다른 경우가 많으므로 예문을 통해 어휘의 쓰임새와 의미를 함께 학습해야 한다.

기출응용

Choose the best answer for the blank.

A: I think we can arrive at the theater before the concert starts.
B: I doubt it. Are you sure your watch is _____?

(a) annual
(b) available
(c) accurate
(d) absent

정답 (c)

해석
A: 콘서트가 시작하기 전에 우리가 공연장에 도착할 수 있을 것 같아.
B: 그렇지 않을 걸. 네 시계가 정확한 거 맞아?

해결 포인트 공연장에 도착할 시간이 충분하다는 상대방의 말에 의심스러워 하며 시계가 정확한지를 확인하는 내용이 되어야 자연스러우므로 '정확한'이라는 의미의 형용사인 accurate가 정답이다. accurate는 정보나 측정치, 통계수치 등이 정확함을 의미하는 형용사이다. annual은 '해마다의', available은 '이용할 수 있는', absent는 '결석의'라는 의미이다.

TEPS 어휘 탐구

annual [ǽnjuəl] — 1년의; 해마다의
¹ She is planning to go to the **annual** conference in Chicago.

capable [kéipəbl] — 유능한; (~의) 능력이 있는
² I'm sure she is **capable** of passing the test.

domestic [dəméstik] — 가정의; 국내의
³ The company has a 40% share in the **domestic** car market.

elementary [èləméntəri] — 기본적인, 기초적인
⁴ Let's discuss some **elementary** ideas of economics.

independent [ìndipéndənt] — 독립한; 독립심이 강한
⁵ I want to be **independent** from my parents as soon as possible.

precious [préʃəs] — 귀중한
⁶ This box includes many **precious** items from my mother.

strict [stríkt] — 엄격한; 엄밀한
⁷ School rules on hair are so **strict** that we all look the same.

temporary [témpərèri] — 일시적인; 임시의
⁸ The effect of this pain killer is **temporary**.

---

¹ 그녀는 시카고에서 열리는 연례 회의에 갈 예정이다. ² 전 그녀가 시험에 합격할 수 있을 거라고 확신해요. ³ 그 회사는 국내 자동차 시장의 40%를 점유하고 있다. ⁴ 경제학의 몇 가지 기본적인 개념을 논의해 보죠. ⁵ 난 가능한 한 빨리 부모님으로부터 독립하고 싶어. ⁶ 이 상자에는 우리 엄마의 소중한 물건들이 많이 있다. ⁷ 두발에 대한 교칙이 너무나 엄격해서 우리는 모두가 똑같아 보인다. ⁸ 이 진통제의 효과는 일시적이다.

Check up

괄호 안에서 알맞은 어휘를 고르시오.

1. My (ⓐannual / ⓑmanual) income has dropped a bit because of the poor economy.
2. The airport serves (ⓐdomestic / ⓑcosmetic) flights only.
3. Under his (ⓐcapable / ⓑcapital) management, the team finally found a solution.
4. She doesn't seem to understand even (ⓐcomplete / ⓑelementary) level math.
5. Charles wants his daughter to be (ⓐdependent / ⓑindependent), bold and energetic.

TEPS 어휘 탐구

convenient [kənvíːnjənt]	편리한	¹ It is more **convenient** to pay with a credit card than cash.
familiar [fəmíljər]	잘 알려진; 잘 아는; 친한	² If you're not **familiar** with our company, I can send you our brochure.
formal [fɔ́ːrməl]	형식적인; 공식적인	³ Everyone who wants to get refund should go through a **formal** process within 30 days.
intensive [inténsiv]	강한; 집중적인	⁴ All employees will undergo **intensive** training to improve their customer service skills.
moderate [mάdərət]	알맞은, 적당한; 보통의	⁵ The doctor suggested that I do **moderate** exercises.
patient [péiʃənt]	참을성 있는; 근면한	⁶ As a teacher I should be **patient** with my students.
precise [prisáis]	정확한, 정밀한	⁷ To prove the fact, we need **precise** details.
realistic [rìːəlístik]	현실적인	⁸ Our plan for setting up a new branch in India doesn't seem to be **realistic**.

¹ 현금보다 신용카드로 결제하는 것이 더 편리하다.   ² 저희 회사를 잘 모르신다면 제가 안내 책자를 보내드릴 수 있습니다.   ³ 환불을 받고자 하시는 모든 분은 30일 이내에 공식적인 절차를 밟아야 합니다.   ⁴ 모든 직원은 고객 서비스 기술을 향상시키기 위한 집중 훈련을 받게 될 것입니다.   ⁵ 의사는 나에게 적당한 운동을 할 것을 제안했다.   ⁶ 나는 교사로서 학생들에 대해서 참을성을 가져야 한다.   ⁷ 그 사실을 증명하기 위해 우리는 정확한 세부 내용들이 필요하다.   ⁸ 인도에서의 새로운 지점 설립에 대한 우리의 계획은 현실적으로 보이지 않는다.

Check up

괄호 안에서 알맞은 어휘를 고르시오.

1. Online shopping is more (ⓐconvenient / ⓑconventional) than going to the market.
2. Sally is planning to take a three-month (ⓐintensive / ⓑavailable) Spanish course.
3. Researchers say that drinking coffee in (ⓐconsiderate / ⓑmoderate) amounts is good for relieving stress.
4. She was very (ⓐpatient / ⓑpatriotic) with the customer who was so rude to her.
5. If you'd like to know the (ⓐprevious / ⓑprecise) definition of a word, you should look up a dictionary.

TEPS 어휘 탐구

appropriate [əpróuprièit]	적절한	[1] Most TV programs shown after midnight are not **appropriate** for children.
likely [láikli]	~할 것 같은	[2] Do you think it's **likely** to rain tomorrow?
steady [stédi]	확고한; 꾸준한	[3] There has been a **steady** increase in the number of visitors on my blog.
tragic [trǽdʒik]	비극적인	[4] He lost his brother in a **tragic** accident last year.
hardly [háːrdli]	거의[좀처럼] ~하지 않는	[5] When I first met a French person, I could **hardly** understand a word even though I had learned French.
nearly [níərli]	거의	[6] By next year, I'll have been working at this company for **nearly** four years.
shortly [ʃɔ́ːrtli]	곧, 얼마 안 있어; 간단히	[7] Police arrived at the crime scene **shortly** after the alarm went off.
significantly [signífikəntli]	상당히, 두드러지게	[8] The online game industry has **significantly** developed in the last ten years.

---

[1] 대부분의 자정 이후에 방영되는 TV 프로그램은 어린이들에게 적절하지 않다. [2] 내일 비가 올 것 같니? [3] 내 블로그의 방문객 수가 꾸준히 늘어나고 있다. [4] 그 남자는 작년에 비극적인 사고로 형을 잃었다. [5] 내가 처음으로 프랑스인을 만났을 때, 나는 프랑스어를 배웠었음에도 불구하고, 그것을 좀처럼 알아들을 수 없었다. [6] 내년이면, 나는 이 회사에서 거의 4년째 근무하고 있을 것이다. [7] 경보기가 작동하고 얼마 안 있어 경찰이 사건 현장에 도착했다. [8] 온라인 게임 산업은 지난 10년간 상당히 발전했다.

Check up

괄호 안에서 알맞은 어휘를 고르시오.

1 I don't have any (ⓐappropriate / ⓑapparent) clothes to wear for my friend's wedding.
2 The high unemployment rate is (ⓐlikely / ⓑlikewise) to continue for the time being.
3 Jeremy decided to go on a trip to forget the (ⓐtrustful / ⓑtragic) accident.
4 Brian has been playing the cello for (ⓐnearly / ⓑhardly) five years.
5 The water in the dam has risen (ⓐrandomly / ⓑsignificantly) because of the heavy rain.

Practice TEST

Choose the best answer for the blank.

Part 1

1. A: What are your company's _____ sales?
   B: About $3 million a year.
   (a) annual
   (b) monthly
   (c) quarterly
   (d) timely

2. A: Is Vatican City part of Italy?
   B: No, it's actually a(n) _____ state.
   (a) interesting
   (b) independent
   (c) dependent
   (d) additional

3. A: Can you tell me what you need quickly? I'm a little busy now.
   B: It's not urgent. I can come back at a more _____ time if you want.
   (a) compact
   (b) constant
   (c) comfortable
   (d) convenient

4. A: My grandfather drinks a glass of wine a day.
   B: Drinking _____ amounts of alcohol can actually be good for your health.
   (a) mobile
   (b) material
   (c) moderate
   (d) mature

5. A: What should I wear at the company party?
   B: I think a formal suit would be _____.
   (a) adjustable
   (b) alarming
   (c) achievable
   (d) appropriate

6. A: What did you find through your study?
   B: We noticed a _____ decline in the population of urban areas over the last ten years.
   (a) specific
   (b) supportive
   (c) safe
   (d) steady

Practice TEST

Part 2

7. Justin is _____ of operating all the heavy equipment in this plant.

   (a) central
   (b) collective
   (c) cooperative
   (d) capable

8. After almost three months, I finally got a _____ job at a local broadcasting station.

   (a) tall
   (b) tricky
   (c) temporary
   (d) terrible

9. This year, the number of new female employees in my workplace has increased _____.

   (a) smoothly
   (b) slowly
   (c) significantly
   (d) secretly

10. The audience commented that the story of his movie was not very _____.

    (a) domestic
    (b) realistic
    (c) excessive
    (d) passive

11. The airplane crash in 2009 was a _____ accident.

    (a) tough
    (b) traditional
    (c) tragic
    (d) typical

12. I could _____ sleep last night because of concerns about the job interview.

    (a) heavily
    (b) hardly
    (c) mentally
    (d) merely

UNIT 09

복수 의미 어휘 (Multiple meaning words)

영어에는 한 개의 단어에 여러 의미가 있는 어휘들이 있다. 이러한 복수 의미 어휘들은 매 시험에서 2~3문제 정도가 출제되는데 그 의미와 다양한 쓰임을 예문과 함께 익히는 것이 중요하다.

기출응용

Choose the best answer for the blank.

A: I wish I could afford to buy this chair because I really like it.
B: Well, I don't usually give a discount, but I would make an exception in this _____.

(a) base
(b) case
(c) sense
(d) pace

정답 (b)

해석
A: 이 의자가 정말 마음에 들어서 살 여유가 되면 좋겠어요.
B: 음, 제가 보통은 할인을 해 드리지 않습니다만, 이번 경우에는 예외로 해 드릴게요.

해결 포인트 case는 '상자, 용기'라는 의미 외에도 '경우, 상황'이라는 의미가 있다. 이 대화에서는 구매를 진심으로 원하는 이번 '경우'라는 의미로 사용되었다. base는 '토대, 기초', sense는 '감각, 의미', pace는 '속도, 한 걸음'이라는 뜻이다.

TEPS 어휘 탐구

content
[kántent, kəntént]
1. 내용
2. 만족한

¹ The **contents** of this book are listed on page one.
² We were **content** with the money we raised from the event.

critical
[krítikəl]
1. 비판적인
2. 위독한, 긴급한
3. 중대한, 결정적인

³ Many teachers are interested in teaching **critical** thinking to their students.
⁴ Sue is in **critical** condition because of the car accident.

fine
[fáin]
1. 훌륭한, 우수한
2. 벌금

⁵ This is such a **fine** wine!
⁶ There is a heavy **fine** for street parking.

free
[frí:]
1. 자유로운
2. 무료의

⁷ Please feel **free** to eat whatever you want.
⁸ Beer is **free** of charge for all customers before 6 p.m.

save
[séiv]
1. 구하다
2. 절약하다, 아끼다

⁹ A firefighter ran into the fire to **save** the child.
¹⁰ Preparing your own lunch can **save** you a lot of money.

succeed
[səksí:d]
1. 성공하다
2. 계승[상속]하다

¹¹ To **succeed**, you should know what your talents are.
¹² Henry **succeeded** his father in his family business.

---

¹ 이 책의 내용은 1페이지에 나와 있다. ² 우리는 그 행사에서 모금한 금액에 만족스러웠다. ³ 많은 교사들이 비판적인 사고를 학생들에게 가르치는 데 관심이 있다. ⁴ 수는 교통사고로 위독한 상태다. ⁵ 이것은 정말로 훌륭한 와인이군요! ⁶ 도로에 주차를 하는 것에 대해서는 무거운 벌금이 부과됩니다. ⁷ 원하시는 것은 무엇이든지 마음껏 드세요. ⁸ 저녁 6시 이전에 오시는 모든 손님들께는 맥주가 무료입니다. ⁹ 한 소방관이 아이를 구조하기 위해 불길 속으로 뛰어들었다. ¹⁰ 자신의 점심을 싸오는 것은 많은 돈을 절약시켜 줄 수 있다. ¹¹ 성공하기 위해서 당신은 당신의 재능이 무엇인지를 알아야 합니다. ¹² 헨리는 그의 아버지의 뒤를 이어 가업을 물려받았다.

Check up

괄호 안에서 알맞은 어휘를 고르시오.

1. You'd better take a subway to (ⓐcatch / ⓑsave) time.
2. This online shopping mall offers (ⓐfree / ⓑtough) delivery for all products.
3. The movie includes (ⓐcontact / ⓑcontent) that may be offensive to minorities.
4. The detective finally found the (ⓐcritical / ⓑdangerous) clue to solve the case.
5. Everyone is wondering who will (ⓐsucceed / ⓑsubject) to the retiring CEO.

TEPS 어휘 탐구

break [bréik]
1. (법 등을) 위반하다
2. 휴식

¹ The politician **broke** his promise not to raise taxes for a year.
² Sally has been working since 6 a.m. without a **break**.

chance [tʃæns]
1. 기회 2. 가능성
3. 우연

³ I had a **chance** to meet Mr. Lee in person.
⁴ I saw your sister Julia at the mall the other day by **chance**.

company [kʌ́mpəni]
1. 동료, 친구
2. 회사

⁵ I am happy to have such a good **company** like Hannah.
⁶ His **company** has been growing very fast internationally.

degree [digríː]
1. 정도, 등급 2. 학위
3. (온도·각도 등의) 도

⁷ A high **degree** of creativity is needed for this project.
⁸ He has **degrees** both in economics and mathematics.

official [əfíʃəl]
1. 공무원
2. 공식적인

⁹ Her father is a senior **official** in the state government.
¹⁰ An **official** investigation into the murder will soon begin.

order [ɔ́ːrdər]
1. 명령(하다) 2. 순서
3. 주문(하다)

¹¹ Mr. Ford **ordered** me to finish the job by 8 p.m.
¹² The teacher called our names in alphabetical **order**.

---

¹ 그 정치인은 일 년 간 세금을 인상하지 않겠다는 자신의 공약을 어겼다. ² 샐리는 오전 6시부터 쉬지 않고 일을 하고 있다. ³ 나는 이 선생님을 직접 뵐 수 있는 기회가 있었다. ⁴ 나는 지난 번에 상점에서 네 여동생 줄리아를 우연히 봤어. ⁵ 나는 한나와 같은 좋은 동료가 있어서 좋다. ⁶ 그의 회사는 세계적으로 매우 빠르게 성장하고 있다. ⁷ 이 프로젝트에는 고도의 창의성이 요구된다. ⁸ 그는 경제학과 수학 양쪽의 학위를 모두 가지고 있다. ⁹ 그녀의 아버지는 주정부의 고위 공무원이다. ¹⁰ 그 살인에 대한 공식적인 조사가 곧 시작될 것이다. ¹¹ 포드 씨는 나에게 그 일을 저녁 8시까지 끝내라고 명령했다. ¹² 선생님은 우리 이름을 알파벳 순으로 호명하셨다.

Check up

괄호 안에서 알맞은 어휘를 고르시오.

1 This is not the first time that Shawn has (ⓐblinked / ⓑbroken) the promise.
2 My father works for a (ⓐcompany / ⓑcompare) that makes medical tools.
3 It's not by (ⓐchance / ⓑopportunity) that he became the richest man in town.
4 His body temperature is now above 38 (ⓐdegrees / ⓑlevels) Celsius.
5 The general (ⓐwondered / ⓑordered) the man to leave the room.

TEPS 어휘 탐구

associate [əsóuʃièit]
1. 관련지어 생각하다
2. 동료, 제휴자

¹ We **associate** diamonds with eternal love and romance.
² This is Tim Ryan, my business **associate**.

character [kǽriktər]
1. 성격, 성질
2. 등장 인물, 역(役)

³ Phil and his brother Jack have very different **characters**.
⁴ He plays the main **character** Romeo in *Romeo and Juliet*.

class [klǽs]
1. 학급, 수업
2. 부류, 계급

⁵ Terry is the youngest in his music **class**.
⁶ Ms. Carter was born into an upper **class** family in the U.K.

figure [fígjər]
1. 숫자, 수치
2. 인물, 저명인사
3. 형태, 영상

⁷ This year's sales **figures** are 20% higher than last year's.
⁸ He is a very influential political **figure** in his country.

fortune [fɔ́:rtʃən]
1. 재산, 부
2. 운

⁹ My father made his **fortune** in the real estate business.
¹⁰ It was his good **fortune** to overcome lung cancer.

object [ábdʒikt]
1. 물건, 물체
2. 목적, 목표
3. 반대하다

¹¹ An **object** can be seen only when there is light.
¹² Many people **object** to the new policy on medical insurance.

---

¹ 우리는 다이아몬드를 영원한 사랑과 로맨스와 관련지어 생각한다. ² 이 분은 제 사업상의 동료인 팀 라이언입니다. ³ 필과 그의 형 잭은 매우 다른 성격을 가지고 있다. ⁴ 그는 "로미오와 줄리엣"에서 주인공 역인 로미오를 연기한다. ⁵ 테리는 그의 음악 수업에서 가장 어리다. ⁶ 카터 씨는 영국의 상류층 출신이다. ⁷ 올해의 판매 수치는 작년에 비해 20% 상승하였다. ⁸ 그는 자국에서 대단히 영향력 있는 정계 인사이다. ⁹ 아버지는 부동산업으로 많은 돈을 버셨다. ¹⁰ 그가 폐암을 극복한 것은 천운이었다. ¹¹ 물체는 빛이 있을 때만 보인다. ¹² 많은 사람들이 의료 보험에 관한 새로운 정책에 반대한다.

Check up

괄호 안에서 알맞은 어휘를 고르시오.

1. Although he was from a low (ⓐcrash / ⓑclass) family, he became a high official in the government.
2. One's (ⓐcharacter / ⓑcharity) greatly influences one's future.
3. People (ⓐassist / ⓑassociate) someone's blood type with his personality.
4. Abraham Lincoln is a great (ⓐfigure / ⓑfact) in American history.
5. Mr. Thunder left a large (ⓐfortune / ⓑfreedom) to an orphanage in his hometown.

Practice TEST

제한시간
3분 30초

Choose the best answer for the blank.

Part 1

1. A: Can I use the Internet?
   B: Please feel _____ to do it.
   (a) nice
   (b) cheap
   (c) free
   (d) liberal

2. A: What was the meeting about?
   B: It was for coming up with ideas to _____ money at work.
   (a) sail
   (b) sacrifice
   (c) satisfy
   (d) save

3. A: Who's this in this photo?
   B: Oh, Brian is a business _____ as well as a close friend.
   (a) access
   (b) associate
   (c) advantage
   (d) advance

4. A: I heard that there will be a press conference next week.
   B: The politician will make the _____ announcement about his decision to run for president.
   (a) actual
   (b) active
   (c) offensive
   (d) official

5. A: The next agenda is about the budget for new office equipment.
   B: Why don't we take a 10-minute _____ first?
   (a) meeting
   (b) time
   (c) break
   (d) action

6. A: Why do you _____ to the city's plan to build a new business complex?
   B: There are already many empty buildings downtown.
   (a) obtain
   (b) observe
   (c) object
   (d) operate

Part 2

7 The judge ordered that he pay a $100 _____ for drunk driving.

   (a) fare
   (b) fine
   (c) toll
   (d) tuition

8 He earned a master's _____ in sociology from New York University.

   (a) crown
   (b) award
   (c) state
   (d) degree

9 The upcoming interview for the director's position is the _____ I've been waiting for.

   (a) character
   (b) chance
   (c) passage
   (d) favor

10 My parents are _____ with their present lives in the countryside.

   (a) creative
   (b) content
   (c) correct
   (d) certain

11 I'm not sure the automobile sales _____ for last year are accurate.

   (a) facts
   (b) figures
   (c) fictions
   (d) facilities

12 I made a(n) _____ from the stock investment before losing it all by gambling.

   (a) opportunity
   (b) game
   (c) luck
   (d) fortune

UNIT 10

혼동 어휘 (Confusable words)

기출 탐구

혼동 어휘는 매 시험에서 2~3문항 정도 출제되는데 크게 의미상 혼동을 주는 어휘와 형태상 혼동을 주는 어휘로 나누어진다. 의미상 혼동 어휘의 경우, 예문과 함께 어휘들의 의미를 확실히 익히는 것이 도움이 되며, 형태상 혼동 어휘의 경우 빈출 어휘 중심으로 학습하는 것이 효과적이다.

기출응용

Choose the best answer for the blank.

A: Who is Mr. Matt Simon?
B: He is a new member of the labor relations _____.

(a) committee
(b) commitment
(c) communication
(d) commute

정답 (a)

해석
A: 맷 사이먼 씨가 누구죠?
B: 그분은 노사 관계 위원회의 새로운 회원입니다.

해결 포인트
형태상 혼동 어휘 문제이다. 맷 사이먼이 누구냐는 질문에 노사 관계 '위원회'의 새로운 회원이라는 답변이 자연스러우므로 정답은 (a) committee이다. commitment는 '헌신, 위탁', communication은 '전달, 통신', commute는 '통근, 통학'의 의미로 문맥상 부적절하다.

TEPS 어휘 탐구

adapt [ədǽpt]	적응시키다; 순응하다	¹ The wild elephant is having a hard time trying to **adapt** to the zoo.
adopt [ədɑ́pt]	(제안·정책 등을) 채택하다; 입양하다	² The company will **adopt** a new policy to promote sales next month.
access [ǽkses]	접근; 접근 권한	³ Does the room have Internet **access**?
excess [iksés]	초과	⁴ In **excess** of 200 people took part in the demonstration against the war.
expand [ikspǽnd]	넓히다, 확장하다	⁵ The plan to **expand** the factory has been approved by management.
extend [iksténd]	뻗치다, (길이·기간 등을) 연장하다	⁶ He **extended** his arm to reach the key on the shelf.
observance [əbzə́ːrvəns]	(법·규칙 등의) 준수	⁷ In **observance** of the national holiday, our bank will be closed tomorrow.
observation [ɑ̀bzərvéiʃən]	관찰	⁸ My paper is based on scientific **observation**.
statue [stǽtʃuː]	조각상	⁹ There is a dolphin-shaped **statue** made of stone in the park.
status [stéitəs]	지위, 신분; 상태	¹⁰ The new law is expected to improve women's social **status**.

---

¹ 그 야생 코끼리는 동물원에 적응하는 데 애쓰며 힘든 시간을 보내고 있다. ² 회사는 판매를 증진시키기 위한 새로운 정책을 다음달에 채택할 것이다. ³ 객실에서 인터넷을 쓸 수 있습니까? ⁴ 200명이 넘는 사람들이 전쟁에 반대하는 시위에 참가했다. ⁵ 공장을 확장하려는 계획이 경영진에 의해 승인되었다. ⁶ 그는 선반 위에 있는 열쇠를 잡기 위해 팔을 뻗었다. ⁷ 공휴일인 관계로 내일 본 은행은 영업을 하지 않습니다. ⁸ 제 보고서는 과학적인 관찰을 바탕으로 합니다. ⁹ 공원에는 돌로 만들어진 돌고래 모양의 조각상이 하나 있다. ¹⁰ 새로운 법이 여성들의 사회적 지위를 향상시켜 줄 것으로 기대된다.

Check up

괄호 안에서 알맞은 어휘를 고르시오.

1. It took a long time for me to (ⓐadapt / ⓑadopt) myself to the culture of Italy.
2. You have to pay an additional charge for the (ⓐaccess / ⓑexcess) weight.
3. Many customers are requesting we (ⓐextend / ⓑexpand) our parking lot.
4. My mother is under (ⓐobservation / ⓑobservance) by three trained nurses.
5. The (ⓐstatue / ⓑstatus) of the company fell greatly because of the failure of the project.

TEPS 어휘 탐구

addiction [ədíkʃən]	중독, 몰두	[1] Internet **addiction** has become a serious social problem these days.
addition [ədíʃən]	추가(물)	[2] I'm excited to be a new **addition** to the staff at Google.
borrow [bárou]	빌리다	[3] Tony **borrowed** some money from me yesterday.
lend [lénd]	빌려주다	[4] The bank refused to **lend** money to me because of my poor credit.
charge [tʃɑːrdʒ]	청구 금액, 요금	[5] An additional **charge** will be made to non-members.
cost [kɔːst]	(제작 등에 필요한) 비용, 대가	[6] We need to reduce the start-up **cost** of our business.
industrial [indʌ́striəl]	산업(상)의	[7] Migrant workers in South Africa have played an important role in the country's **industrial** development.
industrious [indʌ́striəs]	근면한	[8] Mr. Chen, the CEO of the company was very **industrious** when he was young.
principal [prínsəpəl]	주요한; 우두머리, 교장	[9] The **principal** introduced three new teachers to me.
principle [prínsəpl]	원리, 원칙	[10] Our store has a **principle** — every customer's satisfaction is our top priority.

[1] 인터넷 중독은 요즘 심각한 사회 문제가 되고 있다. [2] 나는 구글 사의 새로운 직원이 되어 설레입니다. [3] 토니가 어제 내게서 돈을 좀 빌렸다. [4] 나의 낮은 신용도 때문에 은행은 나에게 돈을 빌려주는 것을 거부했다. [5] 비회원에게는 추가요금이 발생될 것입니다. [6] 우리는 사업의 초기 비용을 줄여야 한다. [7] 남아프리카의 이주 노동자들은 그 나라의 산업 발전에 중요한 역할을 해 왔다. [8] 회사의 최고 경영자인 첸 씨는 젊었을 때 아주 근면했다. [9] 교장 선생님은 내게 세 분의 새로운 선생님들을 소개해 주셨다. [10] 저희 매장은 '모든 고객의 만족이 우리의 최우선이다.'라는 원칙을 가지고 있습니다.

Check up

괄호 안에서 알맞은 어휘를 고르시오.

1. In (ⓐaddiction / ⓑaddition) to discounts, the store offers free gifts.
2. I (ⓐborrowed / ⓑlent) some books for my term paper from the school library.
3. I think the (ⓐcharge / ⓑcost) of living in Seoul is higher than in Paris.
4. The (ⓐindustrial / ⓑindustrious) waste from the factory polluted the river.
5. If you know the basic (ⓐprincipal / ⓑprinciple) behind the machine, you can fix it easily.

TEPS 어휘 탐구

circumstance [sə́ːrkəmstæns]	주변 상황, 형편	¹ In my **circumstances**, I cannot afford to buy such an expensive car.
environment [inváiərənmənt]	환경	² Methane is a major cause of the **environment** problem such as global warming.
distinct [distíŋkt]	다른; 뚜렷한	³ The two friends have **distinct** personalities, but they are very close.
extinct [ikstíŋkt]	(불 등이) 꺼진; 사라진; 멸종된	⁴ Every year, many species of animals and plants become **extinct**.
natural [nǽtʃərəl]	자연[천연]의; 타고난	⁵ It was found that the desert is filled with **natural** resources.
neutral [njúːtrəl]	중립의; 공평한; 중성의	⁶ He always remains **neutral** in the debates.
production [prədʌ́kʃən]	생산; 제품	⁷ Due to a strike, there was a delay in **production** this week.
productivity [pròudʌktívəti]	생산성	⁸ We've increased the plant's **productivity** by 15% this year.
quality [kwɑ́ləti]	질, 품질	⁹ I was disappointed with the **quality** of this jacket.
quantity [kwɑ́ntəti]	양, 수량	¹⁰ We sell potatoes in **quantities** of 5, 10 and 20 pounds.

---

¹ 제 형편으로는 그런 비싼 차를 살 여유가 없습니다.   ² 메탄은 지구 온난화와 같은 환경 문제의 주요 원인이다.   ³ 그 두 친구는 다른 성격을 가지고 있지만 매우 친하다.   ⁴ 매년 많은 종의 동식물들이 멸종된다.   ⁵ 그 사막이 천연 자원으로 가득 차 있다는 것이 발견되었다.   ⁶ 그는 토론에서 항상 중립을 지킨다.   ⁷ 파업 때문에 이번 주의 생산에 지연이 있었습니다.   ⁸ 우리는 올해 공장 생산성을 15% 향상시켰습니다.   ⁹ 나는 이 자켓의 품질에 실망했다.   ¹⁰ 저희는 5, 10 그리고 20 파운드의 양 단위로 감자를 판매합니다.

Check up

괄호 안에서 알맞은 어휘를 고르시오.

1. I think I can trust him in any (ⓐcircumstances / ⓑenvironments).
2. The mammoth is one of the (ⓐdistinct / ⓑextinct) animals.
3. He has a (ⓐnatural / ⓑneutral) ability to play the violin.
4. (ⓐProduction / ⓑProductivity) stopped because the conveyor belt was broken.
5. The new model Sonata is popular not only because of its design but also its high (ⓐquality / ⓑquantity).

Practice TEST

제한시간
3분 30초

Choose the best answer for the blank.

Part 1

1. A: Do you know that the famous actress Angelina Jolie _____ three children?
   B: Yes, I do. Two of them are boys and the other is a girl.

   (a) adapted
   (b) adopted
   (c) admitted
   (d) adhered

2. A: This tomato soup tastes delicious!
   B: Thank you. That's a new _____ to our menu.

   (a) addiction
   (b) addition
   (c) edition
   (d) editorial

3. A: What does the A&C Company do?
   B: It distributes groceries in large _____ around the state.

   (a) measures
   (b) qualities
   (c) amounts
   (d) quantities

4. A: In Europe, many countries use same currency, the euro.
   B: But, each country in Europe still maintains a _____ culture.

   (a) extinct
   (b) smart
   (c) strict
   (d) distinct

5. A: Whose side are you on in this dispute, management or the labor union?
   B: Neither. I'll take a _____ attitude.

   (a) neutral
   (b) natural
   (c) mutual
   (d) mature

6. A: Did you see the notice about the new company policy?
   B: Yes, management hopes it will raise the _____ of the workers.

   (a) process
   (b) produce
   (c) productivity
   (d) reproduction

Practice TEST

Part 2

7 The company needs to _____ its business to meet the growing demand.

(a) extend
(b) expand
(c) extract
(d) explain

8 At this hotel, there are no additional service _____ beyond the room rate.

(a) charges
(b) fares
(c) expenses
(d) costs

9 Further _____ is needed to support your conclusion.

(a) objection
(b) obligation
(c) observance
(d) observation

10 I _____ some money from my friend since I forgot to bring my wallet today.

(a) borrowed
(b) lent
(c) kept
(d) leased

11 The _____ asked me to teach one more class in the afternoon every day.

(a) principle
(b) preference
(c) principal
(d) proposal

12 Only a few employees have _____ to the confidential documents.

(a) excess
(b) approach
(c) success
(d) access

VOCABULARY

TEPS BY STEP

Section 2

실전 Mini TEST

Mini Test 1회
Mini Test 2회
Mini Test 3회

Mini TEST 1

Part 1

Choose the best answer for the blank.

1. A: Can I have more mashed potatoes?
   B: Yes, please feel _____ to help yourself.
   (a) hard
   (b) free
   (c) complete
   (d) full

2. A: I'm looking for some _____ food for my kids.
   B: The local farmer's market has a wide range of fresh groceries.
   (a) junk
   (b) instant
   (c) original
   (d) organic

3. A: Peter continues to behave badly in class.
   B: Well, he'll soon learn that there is a _____ for his actions.
   (a) construction
   (b) experience
   (c) purpose
   (d) consequence

4. A: When are you going to _____ the knot?
   B: Serena and I set the wedding for June 1st.
   (a) tie
   (b) bake
   (c) break
   (d) join

5. A: How long do you spend at the gym?
   B: I've _____ my exercise time from 20 to 45 minutes lately.
   (a) increased
   (b) involved
   (c) minimized
   (d) renewed

6. A: It's hard to breathe up here.
   B: That's because we're at a higher _____ than you're used to.
   (a) attitude
   (b) altitude
   (c) atmosphere
   (d) attempt

7 A: What's new these days?
B: I've got a(n) _____ job I can do only until my graduation.

(a) annual
(b) relevant
(c) temporary
(d) similar

8 A: Who did they decide to hire for the position of the director?
B: Well, they couldn't _____ on the matter.

(a) get
(b) take
(c) agree
(d) set

9 A: What did you think of the motorcycle show?
B: It was great! I _____ my breath when he jumped through the fire!

(a) caught
(b) held
(c) stole
(d) handled

Part 2

Choose the best answer for the blank.

10 To promote our products, we're going to _____ an advertisement in the local newspaper.

(a) deliver
(b) take
(c) place
(d) practice

11 Our Tuesday _____ has been cancelled because of our professor's schedule.

(a) collection
(b) conflict
(c) class
(d) concern

12 Even though our team lost the game 5 to 10 last time, we should not _____ this time.

(a) pick up
(b) get up
(c) give up
(d) make up

Mini TEST 1

13 I still can't come up with the _____ to this math problem!

(a) solution
(b) reaction
(c) selection
(d) response

14 Although the brand-new item is three times as expensive as the old model, its _____ is excellent.

(a) quantity
(b) amount
(c) quality
(d) price

15 The questionnaire was sent to a _____ selection of elementary students.

(a) heated
(b) random
(c) high
(d) real

16 You should be _____ of taking care of everything yourselves as you're all grown-ups now.

(a) precise
(b) capable
(c) independent
(d) cautious

17 Bob was behaving so childish at the meeting that I had to ask him to _____ his age.

(a) act
(b) play
(c) move
(d) create

18 I had so many things to do yesterday that I even _____ lunch.

(a) ordered
(b) remembered
(c) skipped
(d) completed

Mini TEST 2

제한시간 5분 10초

Part 1

Choose the best answer for the blank.

1. A: Are you _____ with the martial art of karate?
   B: Yes, it is a Japanese martial art and similar to Taekwondo in many ways.

   (a) delighted
   (b) pleased
   (c) satisfied
   (d) familiar

2. A: Can you set the table? Dinner will be ready soon.
   B: The smell of steaks makes my mouth _____.

   (a) cheese
   (b) water
   (c) food
   (d) milk

3. A: The city decided to make a bronze _____ in honor of Dr. Green.
   B: Yes, I heard. He was such a great doctor.

   (a) status
   (b) standard
   (c) strength
   (d) statue

4. A: Thank you for your _____ during my stay here.
   B: Don't mention it. I look forward to your next visit.

   (a) hospitality
   (b) hospital
   (c) hostess
   (d) hostage

5. A: Why did your boss call you home?
   B: He wanted to _____ me of a special meeting tomorrow.

   (a) tell
   (b) inform
   (c) talk
   (d) show

6. A: I don't understand why I missed this question on the exam.
   B: Let's _____ it again so you can understand.

   (a) perform
   (b) review
   (c) consider
   (d) disclose

Mini TEST 2

7 A: Have you read Andrew Black's new book yet?
B: Yes, I loved it so much and I think it is a _____!

(a) masterpiece
(b) heritage
(c) priority
(d) disaster

8 A: Let's meet outside. I'll buy you dinner.
B: Sorry but I can't join you. I'm expecting _____.

(a) combination
(b) corporation
(c) company
(d) firm

9 A: Could you help me trim the trees in the garden?
B: Sorry, I probably couldn't. I'm all _____ when it comes to gardening.

(a) toes
(b) fingers
(c) eyes
(d) thumbs

Part 2

Choose the best answer for the blank.

10 It is hard to be _____ with my puppy when he keeps chewing my carpet!

(a) nervous
(b) patient
(c) bored
(d) mad

11 If I were you, I wouldn't share this information with Jessica since she has a _____ mouth.

(a) deep
(b) wide
(c) big
(d) large

12 Your meal _____ a choice of French fries or salad, whichever you prefer.

(a) replaces
(b) includes
(c) completes
(d) appeals

Mini TEST 2

13 If you want the project to be done correctly and on time, I would recommend Sarah. She's very _____.

(a) formal
(b) elementary
(c) stupid
(d) reliable

14 I'm not sure who is going to _____ the interviews for the new marketing manager.

(a) conduct
(b) keep
(c) introduce
(d) involve

15 My boss _____ the importance of meeting the deadline this Friday.

(a) practiced
(b) summarized
(c) stressed
(d) complained

16 I like playing the clarinet better than any other _____.

(a) obstacles
(b) instruments
(c) exercises
(d) experts

17 After that rock concert, I have a really _____ throat from all the screaming I did.

(a) tasty
(b) sour
(c) sore
(d) stiff

18 Although Dad gave me pocket money only 5 days ago, I already _____ it.

(a) ran short of
(b) made fun of
(c) looked up to
(d) took care of

Mini TEST 3

제한시간 5분 10초

Part 1

Choose the best answer for the blank.

1. A: Did you hear about the plane crash in Amsterdam?
   B: Yes, I heard the death _____ has risen to over 100.

   (a) line
   (b) digit
   (c) toll
   (d) mark

2. A: Whose turn is it?
   B: It's yours. Go ahead and _____ the dice.

   (a) roll
   (b) run
   (c) split
   (d) kick

3. A: How much is the rate for a double room?
   B: It comes to 150 dollars per night including tax and service _____.

   (a) fees
   (b) costs
   (c) fares
   (d) charges

4. A: How is Linda's piano playing skill?
   B: She comes second to _____ when it comes to playing the piano.

   (a) never
   (b) none
   (c) no
   (d) not

5. A: I'm looking for a book that explains the _____ and bolts of planting.
   B: Try section 3, the gardening section. It's right over there.

   (a) nuts
   (b) nails
   (c) hammers
   (d) rocks

6. A: Have you met my business _____, Sarah before?
   B: Well, I don't think I have.

   (a) contract
   (b) figure
   (c) associate
   (d) cash

Mini TEST 3

7 A: Could you _____ the article into one paragraph for me?
B: Sure, I'll do it right after finishing my work.

(a) summarize
(b) remind
(c) achieve
(d) boost

8 A: I watched the TV debate between the two candidates yesterday.
B: Me, too. I think they had the debate at a(n) _____ time.

(a) steady
(b) valuable
(c) available
(d) appropriate

9 A: Did you read the newspaper article about the political scandal?
B: Yes, but I don't believe it because the reporter did not reveal the _____ of his information.

(a) position
(b) region
(c) source
(d) aspect

Part 2

Choose the best answer for the blank.

10 Drivers don't like to use this crossroad because car accidents frequently _____ here.

(a) occur
(b) try
(c) clash
(d) maintain

11 Even though he's been missing for more than a week now, I still have _____ my dog will come home soon.

(a) worry
(b) religion
(c) faith
(d) concern

12 Because of his intense workload, Mr. Summon _____ his resignation letter today.

(a) showed off
(b) handed in
(c) turned up
(d) ruled out

Mini TEST 3

13 I don't like to ride roller coasters because I get _____ sickness easily.

(a) action
(b) motion
(c) move
(d) morning

14 The company has been in the _____ for three years but employees still have hope.

(a) blue
(b) red
(c) black
(d) green

15 Mr. Hunt made his _____ from a clothes business he started in his garage.

(a) fortune
(b) future
(c) prize
(d) pride

16 I have _____ too much weight because of an unbalanced diet and frequently eating out.

(a) added
(b) put
(c) eaten
(d) gained

17 Our baseball team is not _____ to win the championships because of a key player's injury.

(a) familiar
(b) likely
(c) capable
(d) efficient

18 Leah was _____ a scholarship of $1,000 as she did well this semester.

(a) awarded
(b) consulted
(c) defined
(d) performed

| 지은이 |

써니박
EaT 영어발전소 대표

장보금
이익훈 어학원(강남 본원) TEPS 강사

김정훈
테스트와이즈 시사영어학원 텝스킹 종합반 강의 중

TEPS BY STEP
Listening + Vocabulary ⟨BASIC⟩

펴 낸 이	김준희
펴 낸 곳	서울 마포구 서교동 447-5 풍성빌딩 (주)능률교육 (우편번호 121-841)
펴 낸 날	2010년 6월 25일 초판 제1쇄
전 화	02 2014 7114
팩 스	02 3142 0357
홈 페 이 지	www.neungyule.com
등 록 번 호	제1-68호
정 가	15,000원

능률교육

고 객 센 터

교재 내용 문의 (02-2014-7114)
제품 구입, 교환, 불량, 반품 문의 (02-2014-7118 / 7177)
☎ 전화 문의 응답은 본사의 근무 시간(월-금/오전 9시30분~오후 6시) 중에만 가능합니다. 이외의 시간에는 www.teensup.com의 ⟨고객센터⟩ → 1:1 게시판에 올려주시면 신속히 답변해 드리도록 하겠습니다.

꿈멤버십

인증번호 혜택은 그대로,
꿈포인트의 활용과 적립은 더 다양하게!

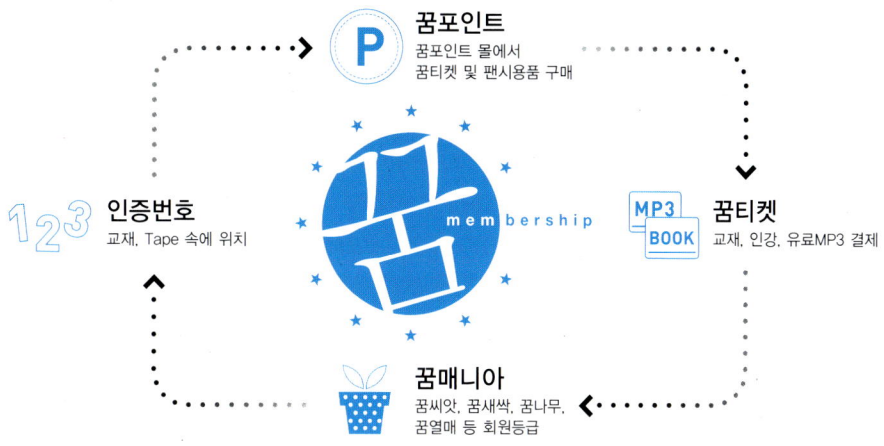

꿈포인트
꿈포인트 몰에서
꿈티켓 및 팬시용품 구매

인증번호
교재, Tape 속에 위치

꿈티켓
교재, 인강, 유료MP3 결제

꿈매니아
꿈씨앗, 꿈새싹, 꿈나무,
꿈열매 등 회원등급

인증번호 입력, 꿈포인트 적립, 자세한 꿈멤버십의 혜택 정보는

www.teensup.com 에서

| 인증번호 | DMKQCKJKJGCA2883 |

※ 주의: 구매하지 않은 교재의 인증번호를 입력하여 꿈포인트를 획득하시면 적발시 모든 꿈포인트를 소멸당하는 등 불이익이 있을 수 있습니다.

우 편 엽 서

보내는 사람

e-mail 주소:　　　　　　　　　　ID:
이름:　　　　(남·여)　전화(　　)　-
주소:
　　　　　　　　　학교　　　학년

☐☐☐-☐☐☐

우표

받는 사람

서울 마포구 서교동 447-5 풍성빌딩
능률교육 앞

| 1 | 2 | 1 | - | 8 | 4 | 1 |

고객 엽서를 보내 주세요! 모든 문제 300꿈포인트를 드립니다!
Teens UP 사이트의 온라인엽서, 서평 참여해도 500꿈포인트가!

능률 Teens UP 고객만의 특권! 꿈포인트를 적립하세요!

능률을 사랑하면 사랑할수록 쌓이는 꿈포인트!
꿈포인트로 높아지는 나의 회원 등급, 꿈매니아!
꿈포인트로 팬시상품, 꿈티켓 구매, 세미나 참여 등
특권을 누리세요!

꿈포인트 쌓기
- 회원 가입 시, 부가 정보 입력만으로도 1,000꿈포인트가 적립!
- 교재, Tape 구매 후, 제품 속 인증번호 16자리를 Teens UP 사이트에 등록한다! 무려 제품가격의 7%만큼 꿈포인트로~!
- Teens UP 내에서 내게 필요한 강좌, 교재, Tape, 유료 MP3 등을 구매하면, 더욱 쑥쑥 자라는 내 꿈포인트!
- 사용하신 교재, 강좌의 후기를 작성하면 500꿈포인트 적립!
- Teens UP 내 여러 이벤트, '생활의 내공', '재미it수다' 등 다양한 참여코너에서 우수 참여자로 맹활약!

특권 누리기
- 교재, 강좌를 결제할 수 있는 꿈티켓, 각종 팬시 용품 등 꿈포인트 몰에 올라온 탐나는 물건을 내 것으로!
- 꿈포인트 적립 정도에 따라 세미나, 시사회 이벤트 등 여러 특별 이벤트에 참여! (수시 진행) 추가 마일리지와 꿈티켓까지 무료로!

※ 주의: Teens UP 고객분들께 드리는 위의 혜택 내용들은 당사의 사정에 따라 사전통보없이 변경될 수 있습니다.

인증번호 입력, 꿈포인트 적립, 자세한 꿈멤버십의 혜택 정보는

에서

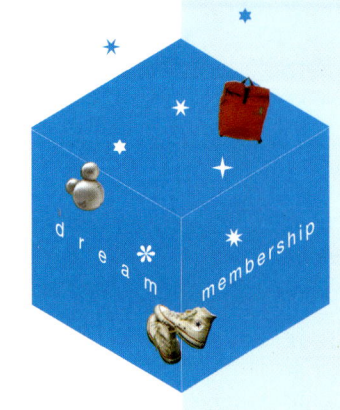

독자 여러분의 의견은 보다 나은 교재 만들기에 많은 도움이 됩니다.

TEPS BY STEP L/V 〈Basic〉

1. 당신의 영어성적은?
   □ 상   □ 중상   □ 중   □ 하

2. 본 교재를 알게 된 계기는?
   □ 친구/선배 소개   □ 학교/학원 부교재
   □ 서점에서 보고   □ 교재 속 광고
   □ 인터넷 검색   □ 기타 : _____

3. 본 교재의 구입을 결정한 이유는? (있는대로 골라 우선 순위를 매기세요.)
   □ 제목을 보고   □ 내용이 좋아서
   □ 디자인이 마음에 들어서 □ 교사/강사 권유
   □ 출판사를 신뢰하기 때문에
   □ 기타 : _____

4. 본 교재의 난이도는?
   □ 어렵다   □ 적절하다   □ 쉽다

5. 본 교재의 디자인에 대한 평가는?
   표지 : _____
   내지 : _____

6. 본 교재의 장/단점은?
   장점 : _____
   단점 : _____

7. 주변에서 인기 있는 TEPS 교재와 그 이유는?
   교재명 : _____
   이 유 : _____

8. 능률교육에 바라는 점이 있다면?
   _____

★ 고객 엽서를 보내시면 모든 분께 300꿈포인트를 드립니다!
(단, Teens Up의 회원이셔야 하며 본 엽서 앞면에 ID를 써 주셔야 합니다.)

Learning Smartly, Catching Dreams

출시

최상위 영어실력을 향한 심화훈련
RADIX TOEFL®

심화학습과 iBT 토플을 단계별로 마스터하라!
RADIX TOEFL

교재구성 **RADIX** READING for the TOEFL® iBT BLUE Label 1, 2
RADIX LISTENING for the TOEFL® iBT BLUE Label 1, 2
RADIX READING for the TOEFL® iBT BLACK Label 1, 2
RADIX LISTENING for the TOEFL® iBT BLACK Label 1, 2

정 가 BLUE Label : 12,000원
BLACK Label : 14,000원

* Tape, MP3 별매
** 전국 대형서점 및 온라인서점에서 절찬리 판매중
*** 능률교육 중·고등 학습사이트: www.teensup.com

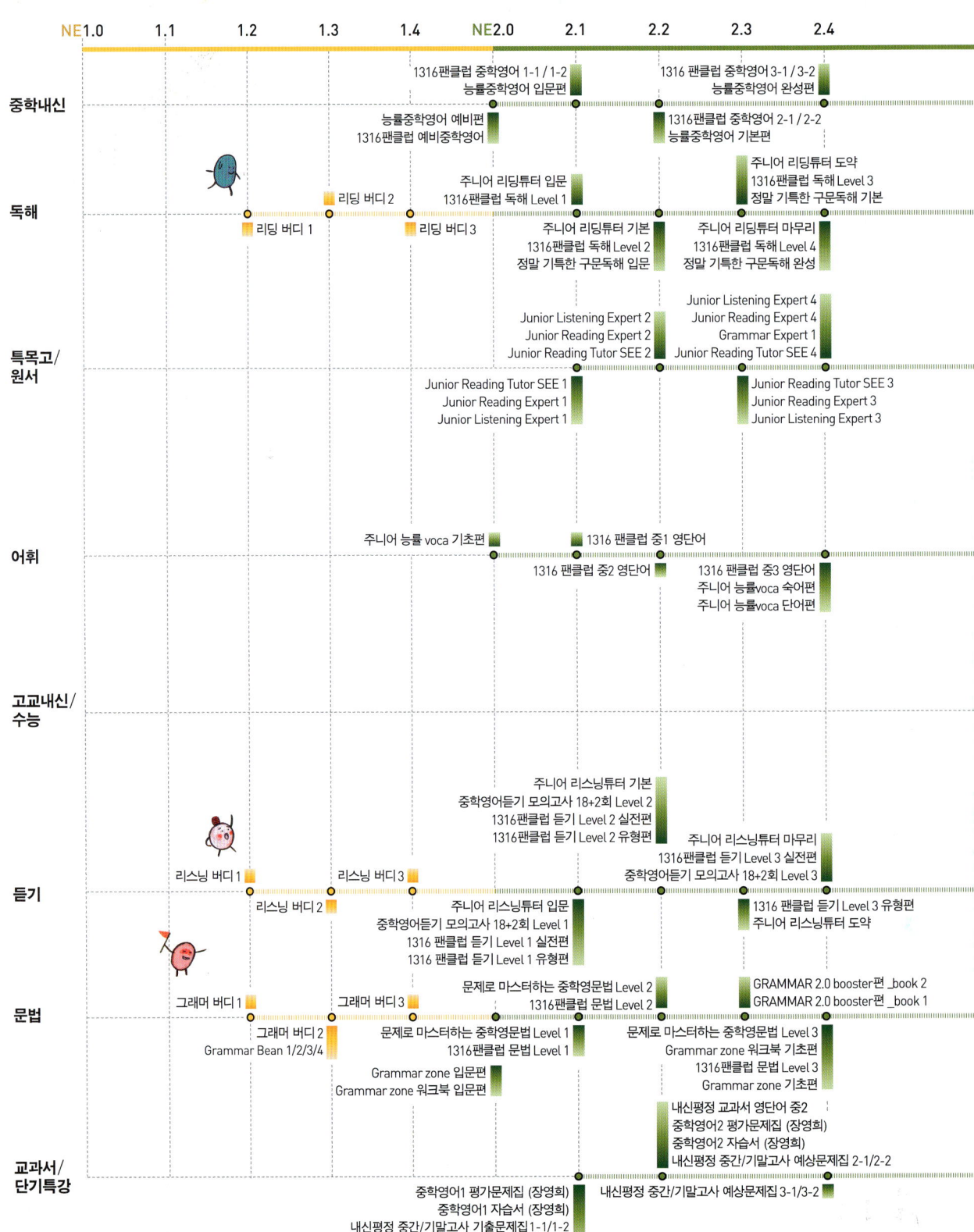

TEPS 정복을 위한
단계별 학습서

TEPS BY STEP

정답 및 해설

LISTENING
+
VOCABULARY

BASIC

LISTENING Comprehension

TEPS BY STEP

Section 1 TEPS 기본 다지기

Part 1&2 unit 01 대화 내용별 탐구 인사 & 안부

Basic Drill p. 22

1 Great 2 to meet 3 How 4 see 5 Take care
6 What 7 well 8 who's 9 What 10 What's

1 A: 어떻게 지내셨어요?
B: 잘 지냈어요, 당신은요?
해설 How로 시작하는 안부 인사에 대한 대답으로 '잘 지냈다'는 의미의 Great가 오는 것이 자연스럽다.

2 A: 이쪽은 린이에요. 저의 좋은 친구죠.
B: 만나서 반가워요, 린.
해설 친구를 소개하고 있으므로 그 둘은 처음 만난 사이임을 알 수 있다. 따라서 처음 만나서 반갑다는 표현으로 Nice to meet you.를 쓰는 것이 자연스럽다. Nice meeting you.는 헤어질 때 하는 인사이다.

3 A: 어떻게 지내세요?
B: 나쁘진 않아요.
해설 '나쁘지 않다'는 B의 응답으로 보아 어떻게 지내냐고 묻는 How로 시작하는 안부 인사가 와야 한다.

4 A: 오랜만이야!
B: 그러게 말야. 어떻게 지냈어?
해설 Long time no see!는 오랜만에 만난 사이의 인사말이다.

5 A: 주말 잘 보내세요!
B: 당신도요. 몸 조심하시고요!
해설 '주말 잘 보내'라는 인사말을 통해 헤어지는 상황임을 알 수 있다. 따라서 '잘 지내'라는 인사인 Take care!가 이어지는 것이 자연스럽다.

6 A: 뭐 하면서 지냈어요?
B: 별일 없어요. 늘 똑같죠.
해설 '별일 없다'는 의미의 Not much.는 What으로 시작하는 안부 인사에 적절한 응답이다.

7 A: 일들은 어떻게 되어가세요?
B: 잘 하고 있어요. 당신은요?
해설 How로 시작하는 안부 인사에 대한 응답으로 '잘 지낸다'는 의미인 doing well이 오는 것이 자연스럽다.

8 A: 이게 누구야! 정말 오랜만이다.

B: 그러게. 오랜만이다.
해설 '정말 오랜만이다'라는 인사 앞에 자연스럽게 올 수 있는 표현은 '이게 누구야!'라는 뜻의 Look who's here!이다.

9 A: 이렇게 우연히 당신을 만나게 되다니 정말 반갑네요!
B: 네, 그러네요. 여긴 어쩐 일이세요?
해설 방문의 목적을 물어보는 표현으로는 What brought you here?가 알맞다.

10 A: 뭐 새로운 일 있으세요?
B: 음, 저 마케팅 부장으로 승진했어요.
해설 승진했다는 B의 응답으로 보아 What으로 시작하는 안부 인사를 물어보는 것이 자연스럽다.

Practice TEST p. 23

1 (a)   2 (a)   3 (b)   4 (d)
5 (d)   6 (c)   7 (b)   8 (d)

1 (a)
W: How are things going with you?
M:
(a) I'm getting by. How about you?
(b) I'm going to clean my room.
(c) You look different today.
(d) Yes, I want to go there with you.

W: 어떻게 지내고 있니?
M:
(a) 그럭저럭 지내고 있어. 넌 어때?
(b) 내 방을 청소할거야.
(c) 너 오늘 달라 보인다.
(d) 응, 거기에 너랑 가고 싶어.

해설 How를 이용하여 안부를 묻는 인사에 대한 응답으로 가장 적절한 것은 '그럭저럭 잘 지낸다'는 의미의 (a)이다. '그럭저럭 지내다'라는 뜻의 get by를 알면 쉽게 풀리는 문제이다.

2 (a)
M: I've heard so many good things about you.
W:
(a) Me, too. Ken said you are his best friend.
(b) I'm in a bad mood.
(c) Things are going very well, thanks.
(d) Take care!

M: 당신에 대한 좋은 얘기를 아주 많이 들었어요.

W: ▒▒▒▒▒▒▒▒▒▒▒▒▒▒▒▒▒▒▒▒
(a) 저도 마찬가지에요. 켄이 당신은 그의 가장 친한 친구라고 하더군요.
(b) 기분이 좋지 않아요.
(c) 일이 아주 잘 되어가고 있어요. 고마워요.
(d) 잘 지내세요!

어휘 in a bad mood 기분이 좋지 않은, 언짢은
해설 두 사람이 서로 처음 만나 인사를 나누는 상황으로, 둘은 켄의 소개로 알게 된 사이임을 짐작할 수 있다. 좋은 이야기를 많이 들었다는 인사에 마찬가지라고 응답하는 (a)가 가장 적절하다.

3 (b)
W: Long time no see. Are you still living in Pleasanton?
M: ▒▒▒▒▒▒▒▒▒▒▒▒▒▒▒▒▒▒▒▒
(a) I'd actually prefer to live abroad.
(b) No, we moved to Oakwood a month ago.
(c) We bought a couple of houses.
(d) We want to buy a single-family house.

W: 오랜만이에요. 아직 플레젠톤에 사세요?
M: ▒▒▒▒▒▒▒▒▒▒▒▒▒▒▒▒▒▒▒▒
(a) 저는 사실 해외에서 사는 것이 더 좋아요.
(b) 아니요, 우린 한달 전에 오크우드로 이사했어요.
(c) 우린 집을 몇 채 구입했어요.
(d) 우린 단독주택을 사고 싶어요.

어휘 prefer to ~을 더 선호하다 / abroad 해외로 / single-family house 단독 주택
해설 오랜만에 만나서 여전히 플레전톤에 살고 있는지를 묻는 질문에 한달 전 다른 곳으로 이사를 갔다는 응답인 (b)가 정답이다.

4 (d)
M: It's very nice bumping into you like this!
W: ▒▒▒▒▒▒▒▒▒▒▒▒▒▒▒▒▒▒▒▒
(a) I was frightened.
(b) I don't want to talk to you any more.
(c) I'm from Chicago.
(d) What a nice surprise to see you here!

M: 이렇게 우연히 당신을 만나니 정말 좋은데요!
W: ▒▒▒▒▒▒▒▒▒▒▒▒▒▒▒▒▒▒▒▒
(a) 전 무서웠어요.
(b) 전 절대로 당신과 말하고 싶지 않아요.
(c) 저는 시카고에서 왔어요.
(d) 여기서 만나다니 반가워요!

어휘 bump into *(오랜만에) 우연히 만나다; ~와 부딪치다
해설 우연히 마주치게 되어 정말 기쁘다고 말하는 남자의 말에 대한 여자의 응답으로 (d)가 자연스럽다.

5 (d)
W: Haven't we met before?
M: No, I don't think so.
W: Didn't we meet at Frank's party last month?
M: ▒▒▒▒▒▒▒▒▒▒▒▒▒▒▒▒▒▒▒▒
(a) I'd like to throw a party.
(b) Who are you going with?
(c) You met him at the meeting, right?
(d) I think you've got the wrong person.

W: 우리 구면 아닌가요?
M: 아뇨, 아닌 것 같은데요.
W: 우리 지난 달에 프랭크의 파티에서 만나지 않았나요?
M: ▒▒▒▒▒▒▒▒▒▒▒▒▒▒▒▒▒▒▒▒
(a) 파티를 열고 싶어요.
(b) 누구와 함께 가세요?
(c) 회의에서 그를 만났지요, 그렇죠?
(d) 사람을 잘못 보신 것 같습니다.

어휘 throw a party 파티를 열다 / have got the wrong person 사람을 잘못 보다, 착각하다
해설 전에 만난 적 있지 않느냐는 여자의 물음에 남자가 아니라고 답했음에도 불구하고 여자는 파티에서 본 적이 있지 않냐고 재차 확인하고 있다. 따라서, 사람을 잘못 보신 것 같다며 여자에게 확인시켜 주는 (d)가 정답이다.

6 (c)
M: I haven't seen you for ages!
W: Yeah, it has been a while.
M: So how have you been?
W: ▒▒▒▒▒▒▒▒▒▒▒▒▒▒▒▒▒▒▒▒
(a) We should catch up sometime.
(b) I don't want to see you again.
(c) Couldn't be better.
(d) Not that I know of.

M: 이게 도대체 얼마만이에요!
W: 그렇네요, 오랜만이군요.
M: 그래, 어떻게 지냈어요?
W: ▒▒▒▒▒▒▒▒▒▒▒▒▒▒▒▒▒▒▒▒
(a) 우리 조만간 만나서 그동안의 이야기를 해야지요.
(b) 다시는 당신을 만나고 싶지 않아요.
(c) 더할 나위 없이 좋아요.
(d) 제가 알기로는 아닌데요.

어휘 catch up 따라잡다; *(오랜만에 만난 사람과) 소식 · 안부 등을 이야기하다

해설 오랜만에 만난 두 사람이 서로의 안부를 주고받는 대화이다. 그 동안 어떻게 지냈느냐며 안부를 물었으므로 가장 적절한 응답은 (c) 이다.

7 (b)
W: I have to go now.
M: Okay. It's quite late anyway.
W: I'll call you when I get home.
M:
(a) Don't forget to call me in the morning.
(b) All right. Have a safe trip home.
(c) I'll write an email, too.
(d) It is quicker to go by bus.

W: 이제 가야겠어요.
M: 그렇군요. 안 그래도 시간이 꽤 늦었네요.
W: 집에 도착하면 전화할게요.
M:
(a) 아침에 전화하는 것 잊지 말아요.
(b) 좋아요. 집에 조심히 가세요.
(c) 저도 이메일 쓸게요.
(d) 버스로 가는 게 더 빨라요.

해설 헤어지는 상황에서 집에 도착하면 전화하겠다는 여자의 말에 알겠다며 작별 인사를 하는 (b)가 정답이다.

8 (d)
M: What's up? You didn't return my call.
W: Sorry, I was in hospital.
M: What happened? Are you all right?
W:
(a) Please, return the book to me.
(b) I came back from my business trip.
(c) He is a surgeon.
(d) Yes, I'm fine now.

M: 무슨 일이야? (내가 전화했었는데) 다시 연락을 안 했더구나.
W: 미안해, 병원에 입원해 있었어.
M: 무슨 일 있었어? 괜찮은 거야?
W:
(a) 이 책을 저에게 다시 돌려 주세요.
(b) 출장을 갔다 왔어.
(c) 그는 외과 의사야.
(d) 응, 지금은 괜찮아.

해설 병원에 입원해 있어서 전화를 다시 해 주지 못했다는 여자의 말에 남자가 놀라며 여자의 건강 상태를 묻고 있다. 따라서 지금은 괜찮다는 (d)가 가장 적절한 응답이다.

Part 1&2 unit 02 대화 내용별 탐구
칭찬·축하 & 감사

Basic Drill p. 30

1 Thank   2 glad   3 Congratulations   4 welcome
5 job   6 sweet   7 good   8 what   9 appreciate
10 pleasure

1 A: 당신 신발이 정말 멋져 보이네요.
B: 고맙습니다.
해설 신발에 대해 칭찬하고 있는 상황이므로 이에 대한 감사 표현인 Thank you.가 오는 것이 자연스럽다. thanks to는 '~덕분에'의 의미이다.

2 A: 참 즐거웠어요. 멋진 파티였어요.
B: 맘에 드셨다니 기쁘네요.
해설 파티가 멋졌다는 칭찬의 말에 자신도 기쁘다는 응답이 자연스러우므로 glad가 정답이다.

3 A: 졸업 축하한다!
B: 고마워요, 엄마.
해설 축하의 표현으로 쓰이는 congratulations on ~을 익혀둔다.

4 A: 도와주셔서 정말 감사드려요.
B: 천만에요.
해설 You're welcome.은 '천만에요.'의 의미로 감사에 대한 관용적인 응답이다.

5 A: 정말 잘 하셨어요.
B: 이 모든 건 당신 덕분이에요.
해설 do a great job은 '일을 잘 해내다'의 의미로 칭찬의 표현이다.

6 A: 나이보다 훨씬 어려 보이세요.
B: 그렇게 말씀해 주시니 감사합니다.
해설 나이보다 어려 보인다는 칭찬에 it's sweet of you ~ 구문을 써서 감사를 표현할 수 있다.

7 A: 와, 당신은 노래를 정말 잘하시는군요.
B: 정말 고마워요.
해설 무언가를 능숙하게 잘한다고 칭찬할 때 be good at을 쓴다.

8 A: 우리를 위해 해 주신 것에 대해 감사드립니다.
B: 여러분들과 함께 일해서 정말 좋았어요.
해설 Thanks for 이하에 what절을 이용한 감사표현이다.

9 A: 도움에 감사드립니다.
　　B: 별말씀을요.
해설 정중한 감사를 나타내는 appreciate는 타동사이므로 전치사를 쓰지 않는 것에 유의한다.

10 A: 오늘밤 함께 해주셔서 감사합니다.
　　B: 제가 좋아서 한 일인걸요.
해설 The pleasure is all mine.은 '제가 즐거워서 하는 일이에요.'라는 의미로 감사에 대한 관용적인 응답이다.

Practice TEST   p. 31

| 1 (a) | 2 (c) | 3 (b) | 4 (d) |
| 5 (a) | 6 (c) | 7 (b) | 8 (c) |

1 (a)
W: Thank you for helping me out.
M:
(a) The pleasure is all mine.
(b) I can give you a hand.
(c) Welcome aboard.
(d) I appreciate that.

W: 도와줘서 고마워요.
M:
(a) 제가 좋아서 한 일인걸요.
(b) 당신을 도와줄 수 있어요.
(c) 탑승을 환영합니다.
(d) 그것에 대해 감사드립니다.

어휘 help out (곤경에 처한 ~를) 도와주다 / give a hand ~를 도와주다
해설 도와줘서 고맙다는 말 뒤에 오는 관용적인 응답으로 좋아서 한 일이라는 의미인 (a)가 정답이다. 그 외에 감사에 대한 다른 응답 표현인 You're welcome., Not at all., Don't mention it. 등도 함께 익혀둔다.

2 (c)
M: I heard you won the singing contest. I'm so happy for you!
W:
(a) I was at the contest.
(b) You can sing a song.
(c) Thank you for your support.
(d) Are you interested in singing?

M: 네가 그 노래 대회에서 우승했다고 들었어. 정말 기쁘다!
W:
(a) 나는 그 대회에 있었어.
(b) 노래 불러도 돼.
(c) 네 성원에 고마워.
(d) 너 노래 부르는 것에 관심 있니?

해설 노래 대회에서 우승한 것을 축하해주고 있으므로 감사의 응답인 (c)가 적절하다.

3 (b)
W: I really enjoyed the concert. Your choice was perfect.
M:
(a) You're too critical.
(b) I'm happy you feel that way.
(c) I wasn't planning to.
(d) No, I don't mind at all.

W: 콘서트 정말 재미있었어. 네 선택은 탁월했어.
M:
(a) 넌 너무 비판적이야.
(b) 네가 그렇게 생각한다니 나도 기뻐.
(c) 그러려던 의도는 아니었어.
(d) 아니, 난 전혀 상관하지 않아.

어휘 critical 비판적인
해설 여자가 콘서트에서 즐거운 시간을 보냈다며 남자의 선택을 칭찬하고 있으므로 이에 대해 자신도 기쁘다고 응답하는 (b)가 정답이다.

4 (d)
M: Did you see Jake's presentation yesterday? How was it?
W:
(a) He will help me prepare for it.
(b) I was so worried about my presentation.
(c) You'd better find a job.
(d) He did a great job.

M: 어제 제이크의 발표를 봤니? 어땠어?
W:
(a) 내가 그것을 준비하는 걸 그가 도와줄 거야.
(b) 난 내 발표가 정말 걱정됐었어.
(c) 직장을 구하는 것이 좋겠어.
(d) 그는 발표를 정말 잘했어.

해설 제이크의 발표가 어땠는지 궁금해하는 남자의 말에 여자의 응답으로 가장 적절한 것은 정말 잘했다고 칭찬하는 (d)이다.

5 (a)
W: I have something to tell you.

M: What is it? I'm all ears.
W: I'm getting married!
M: ▒▒▒▒▒▒▒▒▒▒▒▒▒▒▒▒▒▒▒▒▒▒
(a) That's great! I am really happy for you.
(b) I know you're married.
(c) It's been a long year.
(d) I think there's something wrong with your ears.

W: 나 너한테 할 말이 있어.
M: 뭔데? 나 잘 듣고 있어.
W: 나 곧 결혼해!
M: ▒▒▒▒▒▒▒▒▒▒▒▒▒▒▒▒▒▒▒▒▒▒
(a) 그거 참 잘됐다! 나도 정말 기뻐.
(b) 네가 결혼했다는 거 알아.
(c) 참 힘든 한 해였어.
(d) 내 생각엔 너의 귀에 무슨 문제가 있는 것 같아.

어휘 I'm all ears. 잘 듣고 있어요(말해 보세요).
해설 결혼을 발표하는 여자의 말에 축하를 나타내는 (a)가 오는 것이 적절하다.

6 (c)

M: I heard you were very sick.
W: Yes, I was in hospital for a week.
M: How is your health now?
W: ▒▒▒▒▒▒▒▒▒▒▒▒▒▒▒▒▒▒▒▒▒▒
(a) I have a doctor's appointment.
(b) There is a new hospital near here.
(c) It's getting better. Thank you for asking.
(d) I'm sick and tired of writing this report.

M: 너 굉장히 아팠다며.
W: 응. 일주일 동안 입원했었어.
M: 지금은 건강 상태가 어때?
W: ▒▒▒▒▒▒▒▒▒▒▒▒▒▒▒▒▒▒▒▒▒▒
(a) 진료 예약이 있어.
(b) 여기 근처에 새로 생긴 병원이 있어.
(c) 점점 괜찮아지고 있어. 물어봐줘서 고마워.
(d) 이 보고서 쓰는 거 정말 지긋지긋해.

어휘 be in hospital 병원에 입원하다 / be sick and tired of ~에 진절머리가 나다, 지긋지긋하다
해설 여자가 아팠다는 이야기를 들은 남자가 지금은 어떤지 안부를 묻고 있다. 여자는 자신의 건강에 관심을 가져 주는 남자에게 고마움을 느꼈을 것이므로 정답은 (c)이다. (d)의 sick은 '아픈'의 의미가 아닌 '싫증이 난'의 의미임에 주의하자.

7 (b)

W: Honey, are these concert tickets?
M: Yes. I bought them for our wedding anniversary.
W: Oh, you're so sweet. Thank you so much.
M: ▒▒▒▒▒▒▒▒▒▒▒▒▒▒▒▒▒▒▒▒▒▒
(a) I'm going to the concert.
(b) You're more than welcome!
(c) Never say never.
(d) I like action movies.

W: 여보, 이거 콘서트 티켓이에요?
M: 맞아요. 우리 결혼기념일을 위해 샀어요.
W: 어머, 당신은 정말 자상해요. 정말 고마워요.
M: ▒▒▒▒▒▒▒▒▒▒▒▒▒▒▒▒▒▒▒▒▒▒
(a) 난 콘서트에 갈 거에요.
(b) 천만에요!
(c) 안될 거라고 말하지 말아요.
(d) 난 액션 영화가 좋아요.

해설 공연을 예매한 남편에게 아내가 고마움을 표시하고 있다. 감사 표현에 대한 응답인 (b)가 정답이다. You're more than welcome.은 You're welcome.의 강조 표현임을 알아두자. (c)의 Never say never.는 '안될 거라고 말하지 말아요., 비관하지 말아요.'라는 의미로 상대방을 격려할 때 쓰는 관용 표현이다.

8 (c)

M: Wow! What a surprise! I didn't expect a present.
W: I bought it on my business trip to India.
M: Thanks, this soap really smells good.
W: ▒▒▒▒▒▒▒▒▒▒▒▒▒▒▒▒▒▒▒▒▒▒
(a) India is a great place to travel around.
(b) I'm happy to be able to help you.
(c) I'm glad you like it.
(d) Not that I know of.

M: 와! 정말 놀라운 걸요! 선물은 기대하지 않았었는데.
W: 인도에 출장가서 샀어요.
M: 고마워요, 이 비누 정말 향이 좋네요.
W: ▒▒▒▒▒▒▒▒▒▒▒▒▒▒▒▒▒▒▒▒▒▒
(a) 인도는 여행하기에 멋진 곳이에요.
(b) 당신을 도울 수 있어서 기뻐요.
(c) 좋아해주시니 기뻐요.
(d) 제가 아는 바로는 아니에요.

어휘 expect 기대하다 / business trip 출장 / soap 비누 / smell 냄새가 나다 / Not that I know of. 내가 아는 바로는 아니다.
해설 남자는 여자가 출장을 다녀오면서 사온 선물에 감사를 표시하고 있다. 흐름상 감사에 대한 응답인 (c)가 가장 적절하다.

Part 1&2 unit 03 대화 내용별 탐구 부탁·권유 & 허락·거절

Basic Drill
p. 38

1 help 2 Why don't 3 me 4 ask 5 Sorry
6 Of course 7 sorry 8 thought
9 Thanks a lot 10 wondering

1 A: 네가 나를 좀 도와줬으면 좋겠어.
   B: 기꺼이 그럴게.
해설 부탁하는 표현은 I'd like you to help ~.이다.

2 A: 내일 나한테 전화하는 게 어떠니?
   B: 물론이야. 그게 좋을 것 같아.
해설 내일 전화해 줄 것을 '권유'하는 표현이므로 Why don't you ~?를 써야 한다. Why didn't you는 '왜 ~하지 않았니?'의 의미이다.

3 A: 도움이 필요하시면, 저에게 알려주세요.
   B: 감사합니다.
해설 도움이 필요하면 '저에게' 알려달라며 도움을 제안하고 있으므로 let me know가 되어야 한다.

4 A: 부탁을 하나 해도 될까요?
   B: 네, 뭔데요?
해설 '도움을 요청하다'라는 표현은 ask a favor이다.

5 A: 소풍 가자!
   B: 미안, 내가 지금 너무 바빠.
해설 소풍을 가자는 권유에 대해 바쁘다고 말했으므로 '거절'의 의미인 Sorry로 대답을 시작하는 것이 자연스럽다.

6 A: 잠깐 시간을 내주실 수 있나요?
   B: 물론이에요. 들어오세요.
해설 시간을 내달라는 부탁에 대해 들어오라고 대답하고 있으므로 '허락'의 표현인 Of course.로 답하는 것이 자연스럽다.

7 A: 저희와 함께 저녁 식사를 하시는 게 어때요?
   B: 정말 죄송합니다만 그럴 수가 없네요.
해설 저녁 식사 초대에 갈 수 없다고 '거절'하고 있으므로 사과의 표현이 필요하다.

8 A: 요리 강좌를 들어보는 게 어떠니?
   B: 생각해볼게.

해설 요리 강좌를 권하자 생각해 보겠다고 말하며 대답을 미루고 있으므로 '생각해보다'의 관용표현인 give it some thought가 되어야 한다.

9 A: 내가 그걸 도와줄까?
   B: 좋지. 정말 고마워.
해설 도와주겠다는 제안을 기꺼이 받아들이고 있으므로 감사 표현이 이어지는 것이 자연스럽다.

10 A: 저를 집에 데려다 줄 수 있으세요?
    B: 물론이죠.
해설 '~해 줄 수 있을지 궁금하다'는 부탁의 표현은 I was wondering if ~이다.

Practice TEST
p. 39

1 (c) 2 (b) 3 (a) 4 (d)
5 (a) 6 (d) 7 (b) 8 (b)

1 (c)
W: Can I borrow your laptop?
M:
(a) No thanks. I'll buy one.
(b) No, we broke up.
(c) I'd love to, but it broke down.
(d) I don't know how to install this program.

W: 당신의 노트북을 빌릴 수 있을까요?
M:
(a) 괜찮아요. 하나 장만하려고요.
(b) 아니요, 우리 헤어졌어요.
(c) 그러고 싶은데 그게 고장이 났어요.
(d) 이 프로그램을 설치하는 방법을 모르겠어요.

어휘 break up 헤어지다 / install 설치하다
해설 노트북을 빌려달라는 요청에 빌려주고 싶지만 고장이 나서 빌려줄 수 없다는 (c)가 정답이다. (a)는 노트북을 빌려주겠다는 제안 다음에 올 수 있는 응답이다.

2 (b)
M: Can you meet the deadline?
W:
(a) Of course. I'll meet you there.
(b) I'm not sure at this point.
(c) I am dead tired.
(d) Let me show you this.

M: 마감 시간을 맞출 수 있으시겠어요?
W: _____
(a) 물론이죠. 거기서 만나요.
(b) 지금으로선 장담할 수 없네요.
(c) 전 몹시 피곤해요.
(d) 이것을 당신에게 보여 드릴게요.

어휘 deadline 마감 시간 / at this point 현시점에서 / dead tired 완전히 지친
해설 마감 시간 안에 일을 끝마칠 수 있냐는 남자의 물음에 지금 상황에서는 확답을 줄 수 없다며 대답을 미루는 (b)가 가장 적절하다.

3 (a)
W: Can I have a word with you?
M: _____
(a) Sure. What is it?
(b) Long time no see.
(c) I'll try to be nice to her.
(d) She just stepped out.

W: 잠깐 이야기 좀 나눌 수 있을까요?
M: _____
(a) 물론이죠. 무슨 일이지요?
(b) 오랜만이군요.
(c) 그녀에게 친절하게 대하도록 노력할게요.
(d) 그녀는 지금 막 나갔어요.

어휘 have a word with ~와 잠깐 이야기를 하다 / step out 나가다, 자리를 뜨다
해설 할 이야기가 있으니 시간을 내어줄 수 있냐는 여자의 부탁에 물론이라고 답하며 무슨 일인지를 묻는 (a)가 적절한 응답이다.

4 (d)
M: Would you like to come to my party?
W: _____
(a) Yes, you are always welcome.
(b) Of course you can.
(c) Tell me where you are.
(d) Sure, when is the party?

M: 제 파티에 오시겠어요?
W: _____
(a) 네, 당신은 언제든 환영이죠.
(b) 물론 당신은 할 수 있어요.
(c) 당신이 어디에 있는지 말씀해 주세요.
(d) 물론이죠, 파티가 언제인가요?

해설 파티에 오기를 권유하고 있으므로 물론 가겠다고 응답하며 파티가 언제냐고 묻는 (d)가 적절하다.

5 (a)
W: Please do me a favor.
M: It depends on what you want.
W: I need you to go to the grocery store.
M: _____
(a) Oh, sure. That isn't a problem.
(b) Do you want to take a walk?
(c) Don't be shy! You look great today.
(d) I have an allergy to dairy products.

W: 제 부탁 좀 들어주세요.
M: 무슨 부탁인지 들어 보고요.
W: 당신이 식료품점에 가줬으면 해요.
M: _____
(a) 오, 물론이죠. 문제 없어요.
(b) 산책을 하고 싶으세요?
(c) 부끄러워 말아요! 오늘 멋져 보여요.
(d) 전 유제품에 알레르기가 있어요.

어휘 depend on ~에 달려 있다 / grocery store 식료품점 / take a walk 산책하다 / have an allergy to ~에 알레르기가 있다 / dairy products 유제품
해설 식료품점에 다녀와 달라는 여자의 '부탁'에 흔쾌히 수락하는 (a)가 정답이다.

6 (d)
M: I need some help putting this toy together.
W: I think you just need to move that part to the right.
M: Sorry, but I don't follow you. Can you be more specific?
W: _____
(a) Follow me this way.
(b) I'll tell you how to get there.
(c) I'm in such a hurry.
(d) Okay, I'll show you how to do it myself.

M: 이 장난감을 조립하는 데 도움이 좀 필요해.
W: 내가 보기엔 저 부분을 오른쪽으로 옮기기만 하면 될 것 같은데.
M: 미안하지만, 무슨 말인지 모르겠어. 좀 더 자세히 설명해줄래?
W: _____
(a) 이쪽으로 따라와.
(b) 거기에 가는 방법을 알려줄게.
(c) 난 너무 급해.
(d) 좋아, 어떻게 하는지 내가 직접 보여줄게.

어휘 put ~ together 만들다, 조립하다 / I don't follow you. 무슨 말인지 모르겠다. / specific 구체적인, 명확한
해설 장난감 조립에 대한 여자의 조언을 정확히 이해하지 못한 남자가 다시 한번 구체적으로 설명해달라고 부탁하고 있다. 이에 직접 보

여 주겠다고 말하는 (d)가 가장 적절하다. I don't follow you.는 상대방의 말을 이해하지 못했을 경우 쓰는 관용 표현임을 알아두자.

7 (b)
W: Jesse is leaving the company.
M: I told you! You didn't believe me.
W: Please tell me how you found out about it.
M: ▨▨▨▨▨▨▨▨▨▨▨▨▨▨▨▨
(a) My grandfather founded this company.
(b) Sorry, but I can't tell you that.
(c) Why were you looking for me?
(d) I'm trying to get a job.

W: 제시가 회사를 그만둔다며.
M: 내가 말했잖아! 내 말을 믿지 않았구나.
W: 제발 네가 어떻게 그걸 알아냈는지 말해줘.
M: ▨▨▨▨▨▨▨▨▨▨▨▨▨▨▨▨
(a) 우리 할아버지께서 이 회사를 세우셨어.
(b) 미안하지만, 그건 알려줄 수 없어.
(c) 왜 나를 찾고 있었어?
(d) 직장을 구하려고 노력 중이야.

어휘 find out ~을 알아내다 / found 설립하다, 세우다
해설 제시가 회사를 그만둔다는 사실을 나중에야 알게 된 여자가 남자에게 그 사실을 어떻게 먼저 알았는지 말해 달라고 말하고 있으므로, 미안하지만 알려 줄 수 없다고 거절하는 (b)가 정답이다.

8 (b)
M: Mom, may I leave the table?
W: You haven't finished your dinner.
M: I know, but I have to watch a TV show at 7.
W: ▨▨▨▨▨▨▨▨▨▨▨▨▨▨▨▨
(a) I didn't know you lived around here.
(b) Finish your meal first and then go.
(c) Can you do the dishes?
(d) I'd like to book a table for four.

M: 엄마, 저 먼저 식탁에서 일어나도 될까요?
W: 아직 저녁 식사를 마치지 않았잖니.
M: 알아요, 하지만 7시에 TV 쇼를 봐야 해요.
W: ▨▨▨▨▨▨▨▨▨▨▨▨▨▨▨▨
(a) 네가 이 근처에 사는지 몰랐어.
(b) 먼저 식사를 끝내고 일어나도록 해라.
(c) 설거지를 해 줄 수 있겠니?
(d) 네 명이 앉을 자리를 예약하고 싶습니다.

어휘 do the dishes 설거지하다 / book 예약하다
해설 아이가 저녁 식사를 다 마치지 않은 채 먼저 식탁에서 일어나도 되는지를 묻자 식사를 다 마치고 일어날 것을 명령하는 (b)가 정답이다.

Part 1&2 unit 04
대화 내용별 탐구
의견 제시 & 동의·반대

Basic Drill
p. 46

1 thought 2 How 3 idea 4 suggest
5 against 6 What 7 disagree 8 decided
9 agree 10 say

1 A: 그것에 관해서 어떻게 생각하는지 말씀해 주시겠어요?
   B: 그것에 대해 아직 생각해 본 적이 없어요.
해설 즉각적인 답변을 미루는 표현인 I haven't thought about it.을 덩어리로 학습해 두자.

2 A: 휴가는 어떠셨어요?
   B: 꿈만 같았죠.
해설 휴가를 '어떻게' 보냈는지 묻고 있으므로 How로 질문하는 것이 적절하다.

3 A: 우리가 먼저 무엇을 해야 한다고 생각하세요?
   B: 잘 모르겠어요.
해설 의견을 묻는 질문에 대해 잘 모르겠다는 대답으로는 I have no idea.가 알맞다.

4 A: 네가 그 파티에 저 드레스를 입는 게 좋겠어.
   B: 나도 그게 좋아.
해설 상대방이 입을 옷에 대한 자신의 의견을 '제안'하고 있으므로 suggest가 적절하다.

5 A: 정리 해고에 대한 당신의 의견을 알려주시겠어요?
   B: 전 그것에 반대합니다.
해설 상대방의 의견에 대해 '반대'를 나타낼 때 against를 쓴다.

6 A: 학교에서의 따돌림에 대해 어떻게 생각하세요?
   B: 어떤 상황에서도 허용되어서는 안된다고 생각합니다.
해설 What do you think of ~?는 상대방의 의견을 물을 때 사용하는 표현이다.

7 A: 그녀는 그 강의가 매우 유익했다고 말했어.
   B: 나는 그녀에게 동의하지 않아. 그건 쓸모 없었어.
해설 강의가 유익했다는 의견에 쓸모 없었다고 반박하고 있으므로 '동의하지 않는다'는 의미의 disagree가 와야 한다.

8 A: 회의에 참석하실 건가요?
   B: 아직 결정하지 못했어요.

해설 즉각적인 응답을 미루는 표현인 I haven't decided yet.을 익혀 둔다.

9 A: 내 생각엔 그건 잘못됐어!
B: 전적으로 동의해.
해설 I couldn't agree more.는 '전적으로 동의한다.'는 의미의 관용적인 표현이다.

10 A: 공공장소에서의 흡연은 금지되어야 한다고들 하잖아.
B: 나도 그렇게 생각해.
해설 일반적으로 널리 쓰이는 의견을 언급할 때 쓰이는 관용적 표현인 people say ~를 알아두자.

Practice TEST p. 47

| 1 (a) | 2 (a) | 3 (b) | 4 (b) |
| 5 (c) | 6 (d) | 7 (d) | 8 (a) |

1 (a)
W: How was the seminar you attended?
M: _____
(a) Not bad. Why do you ask?
(b) Those flight attendants were very kind.
(c) I would like to introduce myself.
(d) I'm going to join a gym.

W: 당신이 참석했던 세미나는 어땠나요?
M: _____
(a) 나쁘지 않았어요. 왜 물으시죠?
(b) 그 항공 승무원들은 정말 친절했어요.
(c) 제 소개를 하겠습니다.
(d) 전 체육관에 다니려고 해요.

어휘 attend 참석하다 / flight attendant 항공 승무원 / gym 체육관, 헬스클럽
해설 세미나에 대한 의견을 묻고 있으므로 나쁘지 않았다고 답하며 질문한 의도를 되묻는 (a)가 정답이다.

2 (a)
M: What do you think of the new chair?
W: _____
(a) It is very comfortable.
(b) I asked for a press conference.
(c) Never mind.
(d) They are great!

M: 새 의자에 대해 어떻게 생각하세요?
W: _____
(a) 정말 편해요.
(b) 제가 기자회견을 요청했어요.
(c) 신경쓰지 마세요(괜찮아요).
(d) 그것들은 근사해요!

어휘 press conference 기자회견
해설 새 의자에 관한 의견을 묻는 질문에 편하다고 답하는 (a)가 가장 적절하다. (d)의 경우 복수인 They를 사용했으므로 오답이다.

3 (b)
W: Are you thinking of buying a house?
M: _____
(a) I liked the movie *Home Alone*.
(b) I haven't decided yet.
(c) We are going through a difficult time.
(d) I'm not thinking about meeting him right now.

W: 집을 살 생각이니?
M: _____
(a) 난 "나 홀로 집에" 영화가 좋았어.
(b) 아직 결정하지 못했어.
(c) 우리는 힘든 시기를 겪고 있어.
(d) 난 지금 당장은 그를 만날 생각을 안하고 있어.

해설 집을 구매할 의사가 있는지를 물었으므로 구매할 것이다, 하지 않을 것이다, 혹은 즉답을 피하는 답변이 가능하다. 아직 결정하지 못했다고 대답한 (b)가 정답이다.

4 (b)
M: Let me tell you the decision we made.
W: _____
(a) Let's go on a picnic.
(b) Sure, go ahead.
(c) It is very difficult to tell you.
(d) We didn't know detailed information.

M: 저희가 내린 결정을 말씀 드릴게요.
W: _____
(a) 우리 소풍을 가죠.
(b) 좋아요, 어서 말씀해보세요.
(c) 당신에게 말하는 것은 매우 어려운 일이에요.
(d) 우리는 상세한 정보를 알지 못했어요.

어휘 go ahead 앞으로 나아가다; *(망설이지 않고) 〈이야기·일 등을〉 진행시키다 / detailed 상세한
해설 let me tell you ~는 '당신에게 ~을 말해 보겠다'는 의미로 자신의 의견을 말할 때 쓰는 표현이다. 따라서 어서 말해보라고 하는 (b)가 가장 적절한 응답이다.

5 (c)

W: I think I told you almost everything about it.
M: Nothing else?
W: Well, there's one more thing. Do you agree with the deadline?
M: ▒▒▒▒▒▒▒▒▒▒▒▒▒▒▒▒▒▒▒▒▒▒▒▒▒▒▒▒▒▒
(a) I have to stay up all night.
(b) You look pretty today.
(c) Yes, I agree with it.
(d) There is nothing else to talk about.

W: 그것에 대해 거의 다 말씀 드린 것 같군요.
M: 다른 사항은 없나요?
W: 음, 하나 더요. 마감 기한에는 동의하시나요?
M: ▒▒▒▒▒▒▒▒▒▒▒▒▒▒▒▒▒▒▒▒▒▒▒▒▒▒▒▒▒▒
(a) 전 밤을 꼬박 새워야 해요.
(b) 오늘 예뻐 보이시네요.
(c) 네, 동의합니다.
(d) 더 이야기할 사항이 없습니다.

어휘 deadline 마감, 마감 기한 / stay up all night 밤을 새우다
해설 마감 기한에 대해서 동의를 하는지 의견을 묻고 있으므로 정해진 마감 기한에 대해 동의한다고 응답하는 (c)가 정답이다.

6 (d)

M: I heard you went through a difficult time.
W: I did, but I'm fine now.
M: How did you get through it?
W: ▒▒▒▒▒▒▒▒▒▒▒▒▒▒▒▒▒▒▒▒▒▒▒▒▒▒▒▒▒▒
(a) I'm sorry to bother you.
(b) I'll go over it as soon as possible.
(c) You should come to my place.
(d) People say time heals all wounds.

M: 힘든 시간을 보내셨다고 들었습니다.
W: 그랬지만, 지금은 괜찮습니다.
M: 어떻게 이겨내셨나요?
W: ▒▒▒▒▒▒▒▒▒▒▒▒▒▒▒▒▒▒▒▒▒▒▒▒▒▒▒▒▒▒
(a) 방해해서 죄송합니다.
(b) 가능한 한 빨리 검토해 볼게요.
(c) 우리 집에 오셔야 해요.
(d) 사람들이 말하듯이 시간이 약이더군요.

어휘 go through 겪다, 경험하다 / get through 극복하다 / bother 괴롭히다, 귀찮게 하다 / go over 검토하다 / Time heals all wounds. 시간이 약이다.
해설 힘든 시간을 어떻게 극복했는지 묻는 남자의 말에 일반적으로 널리 쓰이는 이야기를 언급할 때 자주 쓰는 people say ~를 이용하여 관용적인 문구로 응답한 (d)가 가장 적절한 응답이다.

7 (d)

W: How do you spend your spare time?
M: I like reading. What about you?
W: Me, too. What do you think of the new book by John Grisham?
M: ▒▒▒▒▒▒▒▒▒▒▒▒▒▒▒▒▒▒▒▒▒▒▒▒▒▒▒▒▒▒
(a) Let's borrow it.
(b) Didn't you go to the concert last weekend?
(c) Please, spare me.
(d) I think it's awesome.

W: 여가 시간을 어떻게 보내세요?
M: 전 독서를 좋아해요. 당신은요?
W: 저도요. 존 그리샴의 새 책에 대해 어떻게 생각하세요?
M: ▒▒▒▒▒▒▒▒▒▒▒▒▒▒▒▒▒▒▒▒▒▒▒▒▒▒▒▒▒▒
(a) 그것을 빌리죠.
(b) 지난 주말에 콘서트에 가지 않으셨나요?
(c) 제발, 좀 봐주세요.
(d) 전 굉장하다고 생각해요.

어휘 spare time 여가시간 / borrow 빌리다 / Spare me. 봐주세요. / awesome 굉장한, 멋진
해설 남자가 독서를 좋아한다고 말하자 여자가 특정 작가의 새 책에 관한 의견을 묻고 있다. 따라서, 그 책이 굉장하다고 생각한다며 의견을 밝히는 (d)가 정답이다.

8 (a)

M: Can I have a word with you?
W: Of course. What is it?
M: I need to know what you think of Cathy as manager.
W: ▒▒▒▒▒▒▒▒▒▒▒▒▒▒▒▒▒▒▒▒▒▒▒▒▒▒▒▒▒▒
(a) Well, I haven't thought about it.
(b) Are you good at word processing?
(c) That restaurant is now under the new management.
(d) You can say that again.

M: 잠시 대화를 나눌 수 있을까요?
W: 물론이죠. 무슨 일인가요?
M: 캐시를 매니저로서 어떻게 생각하는지 알고 싶어서요..
W: ▒▒▒▒▒▒▒▒▒▒▒▒▒▒▒▒▒▒▒▒▒▒▒▒▒▒▒▒▒▒
(a) 글쎄요, 그것에 관해 생각해 본 적이 없어요.
(b) 문서 작성에 능숙하신가요?
(c) 그 식당은 새로운 주인이 운영하고 있어요.
(d) 당신 말이 맞아요.

어휘 have a word with ~와 대화를 나누다 / under the new management 새로운 경영진으로, 새 주인이 운영하는

해설 캐시라는 사람에 관한 의견을 묻고 있으므로 그에 관해 특별히 생각해 본 적이 없다고 답변을 미루는 (a)가 정답이다.

Part 1&2 unit 05 대화 상황별 탐구
전화 & 길 안내 상황

Basic Drill   p. 54

1 stepped out 2 through 3 wrong 4 corner
5 leave 6 missed 7 who 8 connection 9 by
10 How

1 A: 데이비드와 통화하려고 합니다.
B: 죄송합니다만, 그는 방금 나갔어요.
해설 통화 요청에 대해 그 사람이 자리에 없음을 나타내는 표현은 step out이다. run out은 '(물품 등이) 바닥나다'라는 의미이므로 답이 될 수 없다.

2 A: 맥켄 씨와 통화할 수 있을까요?
B: 그분께 연결해 드리겠습니다.
해설 '~에게 전화를 연결하다'라는 표현은 put you through to ~이다.

3 A: 여보세요, 사라와 통화하고 싶습니다.
B: 전화를 잘못 거신 것 같습니다.
해설 '전화를 잘못 걸다'의 의미의 관용 표현은 you've dialed the wrong number이다. different number는 다른 번호라는 의미이므로 답이 될 수 없다.

4 A: 여기서 가장 가까운 태국 음식점이 어디에 있나요?
B: 모퉁이를 돌면 바로 있어요.
해설 길 안내 시 '길 모퉁이를 돌아서'라는 의미의 표현은 just around the corner이다.

5 A: 메모를 남기시겠어요?
B: 괜찮습니다. 제가 다시 걸죠.
해설 괜찮다고 사양하며 다시 걸겠다는 B의 응답으로 보아 메모를 남기겠냐는 질문이 자연스러우므로 leave가 알맞다.

6 A: 거기 탐 있나요? 그와 통화를 하고 싶습니다.
B: 유감입니다만 그는 방금 나갔어요.
해설 '간발의 차이로 놓치다'는 의미의 just missed를 써서 부재중임을 나타낼 수 있다.

7 A: 에이미는 지금 다른 전화를 받고 있습니다. 전화 거신 분이 누구신지 여쭤봐도 될까요?
B: 전 뉴욕 지사의 댄 험프리라고 합니다.
해설 전화를 건 사람이 누구인지 물어보는 표현은 May I ask who is calling?이다.

8 A: 잘 안 들려요. 전화 연결 상태가 좋지 못하네요.
B: 알겠습니다. 제가 다시 걸죠.
해설 전화 연결 상태가 좋지 못한 경우 a bad connection을 쓴다.

9 A: 엘렌과 통화할 수 있을까요?
B: 그런 이름을 가지신 분은 여기 안 계시는데요.
해설 특정인과의 통화 요청에 대해 그런 사람이 없음을 전달할 경우에는 There is no one here by that name.이라고 한다.

10 A: 당신 사무실로 어떻게 가면 될까요?
B: 택시를 타는 편이 나으실 거예요.
해설 사무실까지 가는 방법을 묻고 있으므로 의문사 How를 써서 질문해야 한다.

Practice TEST   p. 55

1 (b)   2 (a)   3 (d)   4 (c)
5 (c)   6 (a)   7 (d)   8 (b)

1 (b)
W: May I speak to Rachel?
M: ▓▓▓▓▓▓▓▓
(a) You can visit me anytime.
(b) I'll transfer you to her.
(c) Sure, I can.
(d) Jamie speaking.

W: 레이첼과 통화할 수 있을까요?
M: ▓▓▓▓▓▓▓▓
(a) 언제든지 방문해 주세요.
(b) 그녀에게 연결해 드리겠습니다.
(c) 물론 제가 할 수 있습니다.
(d) 제이미 입니다.

어휘 anytime 언제든지 / transfer 옮기다; *전하다
해설 특정인과의 통화 요청에 대해 그 사람에게 연결해주겠다는 (b)가 적절한 응답이다. (d)는 전화를 받은 사람이 스스로를 밝히는 표현으로 함께 알아두도록 한다.

2 (a)
M: How do I get to your place?

W: ▓▓▓▓▓▓▓▓▓▓▓▓▓▓▓▓▓▓▓▓▓▓▓▓▓▓▓▓
(a) Take bus number two from the bus stop.
(b) It's not very far.
(c) Let's meet at your place.
(d) Get me a cup of coffee, please.

M: 당신한테 가려면 어떻게 가야 하나요?
W: ▓▓▓▓▓▓▓▓▓▓▓▓▓▓▓▓▓▓▓▓▓▓▓▓▓▓▓▓
(a) 버스 정류장에서 2번 버스를 타세요.
(b) 아주 멀진 않아요.
(c) 당신 쪽에서 만나죠.
(d) 커피 한 잔만 주세요.

해설 목적지까지 가는 방법을 묻고 있으므로, 2번 버스를 타라고 알려주는 (a)가 정답이다.

3 (d)
W: I'm calling to speak to Jake. Is he there?
M: ▓▓▓▓▓▓▓▓▓▓▓▓▓▓▓▓▓▓▓▓▓▓▓▓▓▓▓▓
(a) I have to take a rain check.
(b) He is calling for help.
(c) There are many people.
(d) He is on another line.

W: 제이크와 통화하고 싶습니다. 그가 거기에 있나요?
M: ▓▓▓▓▓▓▓▓▓▓▓▓▓▓▓▓▓▓▓▓▓▓▓▓▓▓▓▓
(a) 저는 다음 기회에 해야 겠군요.
(b) 그는 도움을 요청하고 있어요.
(c) 많은 사람들이 있습니다.
(d) 그는 다른 전화를 받고 있습니다.

어휘 rain check 우천 교환권(실외 경기가 비로 중지될 때 관람객에게 주는 다음 회의 유효표) / call for (도움을) 요청하다 / on another line 다른 전화를 받고 있는 중인
해설 특정인과의 통화를 요청하면서 그 사람이 있는지 확인하고 있으므로 그가 다른 전화를 받고 있다고 말하는 (d)가 적절하다.

4 (c)
M: Hello, this is Chris. Can I speak to Jerry?
W: ▓▓▓▓▓▓▓▓▓▓▓▓▓▓▓▓▓▓▓▓▓▓▓▓▓▓▓▓
(a) Yes, you can tell me.
(b) I was not there.
(c) Hold the line, please.
(d) No, I can't see him very often.

M: 여보세요, 저는 크리스입니다. 제리와 통화할 수 있을까요?
W: ▓▓▓▓▓▓▓▓▓▓▓▓▓▓▓▓▓▓▓▓▓▓▓▓▓▓▓▓
(a) 네, 제게 말씀하시면 됩니다.
(b) 전 거기에 없었어요.
(c) 잠시만 기다려주세요.

(d) 아니요, 전 그를 자주 못 봐요.

해설 남자가 자신이 누구인지를 밝히며 제리와의 통화를 요청하고 있다. 따라서 잠시만 기다려 달라고 응답하는 (c)가 정답이다.

5 (c)
W: Can you hear me well?
M: No, I can't. I think we have a bad connection.
W: Then I'll call you right back.
M: ▓▓▓▓▓▓▓▓▓▓▓▓▓▓▓▓▓▓▓▓▓▓▓▓▓▓▓▓
(a) Did you change your phone number?
(b) Don't worry. I'll be back soon.
(c) Sorry, but I have to go now. I'll call you later.
(d) Hold on, please.

W: 잘 들리세요?
M: 아니요, 잘 안 들려요. 전화 연결 상태가 좋지 않은 것 같아요.
W: 그러면 제가 바로 다시 걸게요.
M: ▓▓▓▓▓▓▓▓▓▓▓▓▓▓▓▓▓▓▓▓▓▓▓▓▓▓▓▓
(a) 당신 전화번호를 바꾸셨나요?
(b) 걱정 마세요. 곧 돌아올게요.
(c) 미안하지만, 지금 가봐야 해서요. 제가 나중에 전화할게요.
(d) 기다려 주세요.

해설 전화 상태가 좋지 않아 다시 전화하겠다는 여자에게 미안하지만 지금 볼일이 있어 자신이 나중에 전화하겠다는 답변인 (c)가 적절한 응답이다.

6 (a)
M: Is Hyde Park Station far from here?
W: It's just a ten-minute drive.
M: Is there a bus stop around here?
W: ▓▓▓▓▓▓▓▓▓▓▓▓▓▓▓▓▓▓▓▓▓▓▓▓▓▓▓▓
(a) I can drive you there if you want.
(b) I'm a stranger here.
(c) I don't know how far it is.
(d) You can't just walk.

M: 하이드 파크역이 여기서 먼가요?
W: 차로 겨우 10분 거리에요.
M: 이 근처에 버스 정류장이 있나요?
W: ▓▓▓▓▓▓▓▓▓▓▓▓▓▓▓▓▓▓▓▓▓▓▓▓▓▓▓▓
(a) 당신이 원하시면 제가 차로 태워다 드릴게요.
(b) 저는 여기가 처음이에요.
(c) 얼마나 먼지는 잘 몰라요.
(d) 걸어서는 못가요.

해설 하이드 파크역이 차로 10분 거리라고 설명해준 여자에게 남자가 주변에 버스 정류장이 있는지 묻고 있다. 이에 자신의 차로 태워다 주겠다고 제안하는 (a)가 정답이다. (b)는 길 안내를 요청받았을 때

자신도 이곳 지리를 잘 모른다는 의미의 표현으로 함께 알아두도록 한다.

7 (d)
W: I'm calling to speak to Mr. Brown.
M: I'm afraid he already left the office.
W: Then can I talk to his assistant?
M: _____
(a) He assisted me very well.
(b) I love brownies.
(c) You don't want to go there.
(d) Yes, I'll put you through to him.

W: 브라운 씨와 통화하려고 합니다.
M: 유감스럽지만 그는 이미 퇴근했어요.
W: 그럼 그의 비서와 통화할 수 있을까요?
M: _____
(a) 그는 저를 아주 잘 도와줬어요.
(b) 전 브라우니가 좋아요.
(c) 당신은 거기 가고 싶지 않을 거예요.
(d) 네, 연결해 드릴게요.

어휘 leave the office 사무실을 나가다, 퇴근하다 / assistant *조수; 조교 / assist 돕다 / brownie 과자의 일종
해설 원래 통화를 하려던 사람이 이미 퇴근해서 없다고 하자 그의 비서와 통화가 가능한지 묻고 있다. 따라서, 그 비서도 퇴근했다거나 (d)와 같이 연결해 주겠다는 응답이 가능하다.

8 (b)
M: I have a headache. Do you have any aspirins?
W: I'm afraid not.
M: Then can you tell me where I can find a drugstore?
W: _____
(a) I went to see a doctor yesterday.
(b) Just across the street.
(c) You need to take a rest.
(d) I used to have a headache.

M: 제가 두통이 있어요. 아스피린 있으세요?
W: 안타깝지만 없는데요.
M: 그러면 약국이 어디에 있는지 말씀해 주시겠어요?
W: _____
(a) 어제 의사에게 진찰을 받았어요.
(b) 바로 길 건너편이에요.
(c) 좀 쉬세요.
(d) 전 두통이 있곤 했어요.

어휘 have a headache 두통이 있다 / drugstore 약국 / see a doctor 의사에게 진찰받다 / take a rest 휴식을 취하다 / used to-v ~하곤 했다
해설 약국이 어디냐고 묻고 있으므로 바로 길 건너편이라고 약국의 위치를 설명하는 (b)가 정답이다.

Part 1&2 unit 06 대화 상황별 탐구
교통 & 여행 상황

Basic Drill p. 62

1 check in 2 declare 3 flat 4 wake-up
5 spots 6 make 7 ride 8 towed 9 commute
10 arrested

1 A: 탑승 수속을 하려고 합니다.
B: 알겠습니다. 표를 보여 주시겠습니까?
해설 '탑승 수속을 하다'의 표현은 check in이다.

2 A: 세관에 신고하실 물품이 있으신가요?
B: 아니요, 없습니다.
해설 세관에 신고할 물품이 있냐는 질문에서 '신고하다'의 의미로 동사 declare를 쓴다.

3 A: 어떻게 해야 하지? 타이어가 펑크났어!
B: 당황하지마. 진정해!
해설 '펑크가 난 타이어'라는 표현은 a flat tire이다.

4 A: 모닝콜을 부탁드려도 될까요?
B: 물론입니다. 저희가 몇 시에 전화를 드릴까요?
해설 모닝콜의 올바른 영어 표현은 wake-up call이다.

5 A: 만리장성은 중국에서 가장 인기 있는 장소 중 하나예요.
B: 굉장하군요! 그곳을 제 일정에 포함시켜야 겠어요.
해설 가장 인기 있는 '장소'라는 의미가 자연스러우므로 '(특정) 장소'를 의미하는 spot이 알맞다. species 종(種), 종류

6 A: 다음 주 월요일에 예약 가능한 1인실이 있나요?
B: 네, 있습니다. 예약을 하시겠습니까?
해설 '예약을 하다'라는 표현은 make a reservation이다. 그 외에 '방을 예약하다'라는 의미의 book a room도 함께 알아두자.

7 A: 학교까지 태워다 줄까?
B: 고마워요, 엄마. 정말 좋아요.
해설 '차로 데려다 주다'라는 표현은 give a ride이다. 이때, ride는 '타고[태우고]감'이라는 의미의 명사로 쓰였다.

8 A: 내 차가 견인되어 갔어요!
　　B: 당신은 여기에 주차하지 말았어야 했어요.

해설 차가 '견인되다'라는 의미의 표현은 be towed이다.

9 A: 보통 어떻게 출퇴근하세요?
　　B: 회사 셔틀 버스를 이용해요.

해설 commute는 '통근하다'라는 의미로 회사와 집을 오가며 출퇴근하는 것을 뜻한다.

10 A: 한 유명 가수가 음주 운전으로 체포되었대.
　　　B: 얼마나 창피한 일이야! 난 사람들이 왜 음주 운전을 하는지 이해가 안 가.

해설 음주 운전 때문에 '체포되었다'는 의미가 자연스러우므로 arrested가 알맞다.

Practice TEST   p. 63

1 (a)	2 (b)	3 (a)	4 (c)
5 (b)	6 (a)	7 (c)	8 (c)

1 (a)
W: Would you like a window seat or an aisle seat?
M:
(a) I prefer a window seat.
(b) We need to clean the window.
(c) Please fasten your seat belt.
(d) This is a non-smoking area.

W: 창가좌석과 통로 쪽 좌석 중 어느 쪽이 좋으세요?
M:
(a) 전 창가 자리가 더 좋습니다.
(b) 우리는 창문을 깨끗이 닦아야 해요.
(c) 안전벨트를 매시기 바랍니다.
(d) 이곳은 금연 구역입니다.

어휘 aisle 통로, 복도 / fasten one's seat belt 안전벨트를 매다
해설 비행기 탑승 수속 시에 가장 많이 듣는 질문으로 어떤 좌석을 원하는지를 묻고 있다. '선호하다'라는 뜻의 prefer를 사용하여 창가 쪽 자리가 더 좋다고 대답하는 (a)가 가장 적절한 응답이다.

2 (b)
M: How much is the admission fee to the gallery?
W:
(a) It's not that far from here.
(b) It's $5 for adults and $3 for children.
(c) I want five meters of that cloth.
(d) Let's go on a trip!

M: 미술관 입장료가 얼마인가요?
W:
(a) 여기서 그리 멀지 않아요.
(b) 성인은 5달러, 어린이는 3달러입니다.
(c) 그 천으로 5미터 주세요.
(d) 우리 여행을 가요!

어휘 admission fee 입장료 / gallery 미술관 / cloth 천
해설 입장료가 얼마인지를 묻고 있으므로 가격을 알려주는 (b)가 정답이다.

3 (a)
W: How long will it take to get to the opera house?
M:
(a) It's hard to guess. You see the road is packed.
(b) It's behind schedule.
(c) Let's take the other road.
(d) The concert will last about two hours.

W: 오페라 하우스까지 얼마나 걸리나요?
M:
(a) 예상하기가 어렵네요. 도로가 꽉 막힌 것 좀 보세요.
(b) 일정보다 지연되었어요.
(c) 다른 길로 가죠.
(d) 콘서트는 2시간 정도 소요될 예정입니다.

어휘 behind schedule 일정보다 지연된 / last 지속되다
해설 오페라 하우스까지 얼마나 걸리는지를 묻고 있으므로 도로가 막혀 예상하기가 어렵다고 답하는 (a)가 가장 자연스러운 응답이다.

4 (c)
M: I'm wondering whether there is a room available for tonight.
W:
(a) There are many rooms in this house.
(b) I don't want to be alone.
(c) Yes, what kind of room would you like?
(d) Checkout time is 11 a.m.

M: 오늘 밤에 이용 가능한 객실이 있는지 궁금하군요.
W:
(a) 이 집에는 많은 방들이 있습니다.
(b) 전 혼자 있고 싶지 않아요.
(c) 네, 어떤 객실을 원하십니까?
(d) 퇴실 시간은 오전 11시입니다.

어휘 wonder ~을 알고 싶어하다 / available 이용할 수 있는 / checkout *방을 비울 시간; 물건값 계산

해설 오늘 밤 이용 가능한 객실이 있는지를 물었으므로 그렇다고 답하며 원하는 객실의 종류를 되묻는 (c)가 정답이다. 질문의 I'm wondering whether ~ 구문은 '~이 알고 싶다[궁금하다]'라는 의미이므로, 덩어리 채 암기하여 뒤에 이어지는 중요한 정보를 듣는 데 방해가 되지 않도록 하자.

5 (b)
W: Why were you late again?
M: I'm sorry but I got a flat tire.
W: You always have an excuse.
M: ▇▇▇▇▇▇▇▇▇▇
(a) Excuse me. May I sit here?
(b) But I did get a flat tire this time.
(c) I'm sick and tired of your excuses.
(d) I need to talk to the mechanic.

W: 왜 또 늦었나요?
M: 죄송한데요, 타이어가 터졌어요.
W: 당신은 항상 변명이군요.
M: ▇▇▇▇▇▇▇▇▇▇
(a) 실례합니다. 여기에 앉아도 될까요?
(b) 하지만 이번에는 정말 타이어가 터졌어요.
(c) 당신의 변명들에 진절머리가 나는군요.
(d) 난 정비사와 얘기를 해봐야겠어요.

어휘 excuse 변명 / be sick and tired of ~에 진절머리가 나다 / mechanic 정비사
해설 타이어가 터져서 늦었다고 말하는 남자에게 항상 변명을 한다며 여자가 나무라고 있다. 이에 대해 이번에는 정말이라며 강조하는 (b)가 가장 자연스러운 응답이다.

6 (a)
M: Excuse me. You shouldn't park your car here.
W: I'm sorry, officer. But I didn't mean to stop here.
M: Is there any problem?
W: ▇▇▇▇▇▇▇▇▇▇
(a) My car won't start.
(b) There is no park in this neighborhood.
(c) I didn't drive the car.
(d) I can see the parking lot there.

M: 실례합니다. 여기에 주차하시면 안됩니다.
W: 죄송합니다, 경찰관님. 하지만 여기에 주차하려던 것은 아니었어요.
M: 문제라도 있습니까?
W: ▇▇▇▇▇▇▇▇▇▇
(a) 제 차가 시동이 안 걸려서요.
(b) 이 근처에는 공원이 없어요.
(c) 저는 그 차를 운전하지 않았습니다.
(d) 저쪽에 주차장이 보이네요.

어휘 neighborhood 근처, 이웃 / parking lot 주차장
해설 경찰관이 주차 금지 구역에 차를 세운 여자에게 무슨 문제가 있는지 물어 보고 있으므로 차가 시동이 걸리지 않는다고 답하는 (a)가 정답이다.

7 (c)
W: May I see your passport please?
M: Yes, here it is.
W: Do you have any bags to check in?
M: ▇▇▇▇▇▇▇▇▇▇
(a) Okay. Enjoy your trip.
(b) Go to the baggage claim area.
(c) Yes, just one backpack.
(d) No problem. I'll show you the way.

W: 여권을 보여 주시겠어요?
M: 네, 여기 있습니다.
W: 부치실 짐이 있으신가요?
M: ▇▇▇▇▇▇▇▇▇▇
(a) 좋습니다. 즐거운 여행 되세요.
(b) 짐 찾는 곳으로 가세요.
(c) 네, 배낭 하나 뿐이에요.
(d) 문제 없습니다. 제가 길을 알려 드릴게요.

어휘 passport 여권 / baggage claim area (공항에서) 짐 찾는 곳 / backpack 배낭
해설 탑승 수속 중에 부칠 짐이 있는지 묻고 있다. 따라서 배낭 하나 뿐이라고 답하는 (c)가 정답이다.

8 (c)
M: Good afternoon. May I help you?
W: Yes, I'd like to check in, please.
M: Do you have a reservation?
W: ▇▇▇▇▇▇▇▇▇▇
(a) This table is reserved.
(b) You should make a reservation in advance.
(c) Yes. It's under the name of Karen Murphy.
(d) I'll check out those books.

M: 안녕하세요. 무엇을 도와드릴까요?
W: 네, 체크인을 하려고 합니다.
M: 예약을 하셨습니까?
W: ▇▇▇▇▇▇▇▇▇▇
(a) 이 테이블은 예약되어 있습니다.
(b) 미리 예약을 하셔야 합니다.
(c) 네, 캐런 머피라는 이름으로 했어요.
(d) 전 그 책들을 대출할 거에요.

어휘 reserved 보류한; *예약된 / in advance 미리, 먼저 / under the name of ~라는 이름으로 / check out (호텔 등에서) 계산하고 나오다; *(도서관 등에서) 책을 대출하다

해설 여자가 체크인을 하려고 하자 남자는 예약을 했는지 묻고 있다. 따라서 캐런 머피라는 이름으로 예약을 했다고 답하는 (c)가 가장 적절한 응답이다. check in은 '(공항에서) 탑승 수속을 하다'라는 뜻과 '(숙소에) 입실하다'는 의미를 가진다.

Part 1&2 unit 07 대화 상황별 탐구
상점 & 식당 상황

Basic Drill p. 70

1 No thanks   2 show   3 what   4 sorry
5 discount   6 check with   7 reserve
8 looking for   9 exchange   10 time

1 A: 디저트를 드시겠습니까?
   B: 고맙지만 괜찮습니다. 배가 부르네요.
해설 후식을 먹겠냐는 제안에 배가 부르다고 대답했으므로 제안을 부드럽게 거절하는 No thanks가 적절하다.

2 A: 뭐 찾으시는 것이 있으세요?
   B: 네, 저 바지를 보여주세요.
해설 Can I show you something?은 상점에서 점원이 고객에게 찾는 것이 있는지 물어보는 표현으로 May I help you?와 비슷한 의미의 표현이다.

3 A: 이 MP3 플레이어는 제게 너무 비싸군요.
   B: 그럼 생각하시는 가격대는 어느 정도신가요?
해설 고객에게 생각해 둔 가격대가 있는지 물어보는 질문은 What is your price range?이다.

4 A: 이 셔츠로 6 사이즈가 있습니까?
   B: 죄송합니다. 그 사이즈는 재고가 없네요.
해설 물건의 재고가 없다는 답변으로 미루어보아 사과의 sorry가 오는 것이 알맞다.

5 A: 가격을 할인해 주실 수 있나요?
   B: 음, 세 개를 구매하시면, 한 개를 무료로 더 받으실 거에요.
해설 '~에게 할인을 해주다'라는 표현은 give ~ a discount이다.

6 A: 이건 제가 주문한 것이 아닌데요.
   B: 정말 죄송합니다. 제가 주방에 바로 알아보겠습니다.

해설 식당에서 손님이 주문하지 않은 음식이 나온 것에 불만을 제기하고 있으므로 주방에 알아보겠다는 의미의 check with가 적절하다.

7 A: 저녁 7시에 3인석을 예약하고 싶습니다.
   B: 알겠습니다. 선호하는 좌석이 있으신가요?
해설 I'd like to reserve ~는 식당을 예약할 때 흔히 사용하는 표현이므로 알아두도록 한다.

8 A: 여성용 코트를 찾고 있습니다.
   B: 특별히 생각해 두신 디자인이 있으십니까?
해설 상점에서 어떠한 물건을 찾는다고 할 때 look for를 쓴다.

9 A: 이 카메라가 작동이 잘 안 돼요.
   B: 영수증이 있으시면 교환해 드리겠습니다.
해설 제품에 문제가 있다며 고객이 불만을 제기하고 있으므로 점원이 교환해 주겠다고 응대하는 것이 자연스럽다. 따라서 exchange를 써야 한다.

10 A: 주문하시겠습니까?
   B: 아직 결정하지 못했어요. 시간이 좀 더 필요해요.
해설 주문을 하겠냐는 질문에 아직 결정하지 못해서 생각할 시간이 더 필요하다는 응답이 오는 것이 자연스럽다. 따라서 time이 적절하다.

Practice TEST p. 71

1 (c)   2 (c)   3 (a)   4 (a)
5 (b)   6 (b)   7 (a)   8 (b)

1 (c)
W: Can you give me a discount?
M:
(a) I'm sorry. They're all sold out.
(b) It's not what I asked for.
(c) I'm afraid not. That's a new arrival.
(d) Certainly you can.

W: 가격을 할인해 주실 수 있나요?
M:
(a) 죄송합니다. 그것들은 모두 품절되었습니다.
(b) 이건 제가 요청한 것이 아니에요.
(c) 유감스럽지만 안 되겠네요. 그건 신제품이라서요.
(d) 물론 당신은 할 수 있어요.

어휘 new arrival 신제품 / certainly 확실히; *물론이죠
해설 가격 할인 요청에 대해 승낙하거나 거절하는 응답이 가능하다.

신제품이기 때문에 할인해 줄 수 없다는 (c)가 가장 적절하다.

2 (c)
M: Would you like something to drink?
W: _____
(a) Okay. Anything to drink?
(b) You'd better take care of your pet.
(c) Coffee, please.
(d) Drunk driving is a crime.

M: 음료를 드시겠어요?
W: _____
(a) 알겠습니다. 음료는요?
(b) 당신의 애완동물을 돌보는 것이 좋아보겠어요.
(c) 커피로 주세요.
(d) 음주 운전은 범죄입니다.

어휘 take care of 돌보다 / drunk driving 음주 운전 / crime 범죄
해설 음료를 마시겠냐는 질문에는 '마시겠다', '마시지 않겠다' 혹은 '생각해 보겠다'는 답변이 가능하다. 따라서 커피를 요청하는 (c)가 정답이다.

3 (a)
W: I haven't got what I ordered.
M: _____
(a) I'm terribly sorry. I'll check with the kitchen.
(b) Arrange them in alphabetical order.
(c) I haven't thought about it yet.
(d) Let's take a break.

W: 제가 주문한 음식이 안 나왔어요.
M: _____
(a) 정말 죄송합니다. 제가 주방에 알아보겠습니다.
(b) 그것들을 알파벳 순서로 배열하세요.
(c) 그것에 관해 아직 생각해 본 적이 없어요.
(d) 좀 쉬도록 하죠.

어휘 arrange 배열하다 / in alphabetical order 알파벳 순서로 / take a break 휴식을 취하다
해설 주문한 음식을 아직 받지 못했다는 고객의 불평에 대한 가장 적절한 응답은 사과와 후속 조치를 알리는 (a)이다.

4 (a)
M: Can I show you something?
W: _____
(a) I'm fine. I'm just looking around.
(b) Show me the way to the meeting room please.
(c) I'd like to make a reservation.
(d) Something is wrong!

M: 뭐 찾으시는 것이 있으세요?
W: _____
(a) 괜찮아요. 그냥 둘러보는 중이에요.
(b) 회의실로 가는 길을 알려주세요.
(c) 예약을 하고 싶습니다.
(d) 뭔가 잘못되었어요!

해설 찾는 물건이 있냐는 점원의 질문에 그냥 구경 중이라고 대답하는 (a)가 가장 자연스럽다.

5 (b)
W: Are you ready to order?
M: Yes, I'd like to have the T-bone steak.
W: How would you like your steak?
M: _____
(a) It was fantastic.
(b) Medium, please.
(c) I like steak very much.
(d) It is not done yet.

W: 주문하시겠습니까?
M: 네, 티본 스테이크로 하겠습니다.
W: 스테이크는 어떻게 해 드릴까요?
M: _____
(a) 정말 훌륭했어요.
(b) 미디엄으로 해 주세요.
(c) 전 스테이크를 정말 좋아해요.
(d) 그건 아직 끝나지 않았어요.

어휘 T-bone steak 티본 스테이크 / medium 중간 정도로 구워진
해설 How would you like your steak?는 스테이크를 주문할 때 항상 물어보는 질문으로 굽기의 정도를 묻는 표현이다. 따라서 중간 정도의 굽기를 요청하는 (b)가 알맞다. (a)의 경우 스테이크가 마음에 들었는지를 묻는 질문에 어울릴 만한 답변이다.

6 (b)
M: I'd like to exchange this tray.
W: What's wrong with that?
M: It is chipped.
W: _____
(a) I need you to chop this onion.
(b) Okay. I'll get you a new one.
(c) Yes, it's very cheap.
(d) Where is an ashtray?

M: 이 쟁반을 교환하고 싶어요.
W: 그것에 어떤 문제가 있나요?
M: 이가 빠졌어요.
W: _____

(a) 당신이 이 양파를 썰어 주었으면 해요.
(b) 알겠습니다. 새것으로 드릴게요.
(c) 네, 정말 싸네요.
(d) 재떨이가 어디 있나요?

어휘 tray 쟁반 / chip 이가 빠지다, 깨지다 / chop 썰다, 자르다 / ashtray 재떨이
해설 고객이 이가 빠진 쟁반을 교환 요청하자 점원이 교환해 주겠다고 대답하는 (b)가 가장 적절하다.

7 (a)
W: How is your food, sir?
M: Um ... it's a little bit overcooked, I think.
W: I'm so sorry. I'll replace it.
M: _____
(a) I appreciate that.
(b) The cook is excellent.
(c) It's your turn to do the dishes.
(d) I love cookies.

W: 음식이 어떠신가요, 손님?
M: 음, 약간 너무 익은 것 같아요.
W: 정말 죄송합니다. 새로 가져다 드리겠습니다.
M: _____
(a) 감사합니다.
(b) 그 요리사는 훌륭하군요.
(c) 이번은 당신이 설거지를 할 차례에요.
(d) 전 쿠키를 매우 좋아해요.

어휘 overcooked 너무 오래 조리된 / appreciate 감사하다 / cook *요리사; 요리하다 / do the dishes 설거지를 하다
해설 음식이 너무 익었다는 고객의 불평에 대해 종업원이 사과하며 새로 가져다 주겠다고 제안하고 있으므로 그에 대한 감사를 나타내는 (a)가 가장 적절하다.

8 (b)
M: I'm very sorry but we are out of French fries today.
W: Then what would you recommend instead?
M: We have great oven-baked potatoes.
W: _____
(a) Do you have French fries?
(b) I'll try those.
(c) It is one of the best places for French food.
(d) Would you write me a recommendation letter?

M: 정말 죄송합니다만, 오늘 감자튀김이 다 떨어졌습니다.
W: 그럼 대신에 뭘 추천하시겠어요?
M: 오븐에 구운 감자가 맛있습니다.
W: _____
(a) 감자튀김이 있나요?
(b) 그걸로 할게요.
(c) 이곳은 프랑스 요리로 가장 훌륭한 음식점 중 하나입니다.
(d) 제게 추천장을 써 주실 수 있을까요?

어휘 be out of ~이 다 떨어지다 / French fries 감자튀김 / recommend 추천하다 / instead 대신에 / oven-baked 오븐에 구운 / recommendation letter 추천서
해설 식당 종업원이 감자튀김이 다 팔리고 없다며 다른 음식을 추천하고 있다. 이에 그 추천 요리로 주문하겠다는 (b)가 자연스럽다.

Part 1&2 unit 08 대화 상황별 탐구
학교, 직장 & 가정 상황

Basic Drill   p. 78

1 Not yet   2 in   3 after   4 order   5 held
6 filled   7 called   8 prepared   9 promotion
10 strengths

1 A: 숙제는 다 끝냈니?
B: 아직이요. 지금 하려고 해요.
해설 숙제를 마쳤냐는 질문에 지금 하려고 한다고 대답했으므로 '아직 하지 않았다'는 Not yet이 와야 한다.

2 A: 난 화학에서 F를 받았어.
B: 넌 공부를 더 열심히 했었어야 했어.
해설 '(어떤) 과목에서 ~ 성적을 받다'는 표현에서 과목 앞에 전치사 in을 쓴다.

3 A: 네 방 청소를 하도록 해라.
B: 아빠, 축구를 하고 나서 해도 될까요?
해설 청소를 하라는 아버지의 말씀에 축구를 한 '후에' 하면 안되는지를 묻는 것이 자연스럽다. 따라서 after가 정답이다.

4 A: 감기에 걸렸어요. 저녁 준비는 못할 것 같아요.
B: 괜찮아요. 피자를 주문할게요.
해설 감기로 인해 식사 준비를 못하겠다고 했으므로 피자를 주문하겠다는 답변이 내용상 적절하다. 따라서 '주문하다'라는 의미의 동사 order가 와야 한다.

5 A: 직원회의가 언제 열리는지 아세요?
B: 오후 3시입니다.
해설 직원회의가 '열리게 되는' 것이므로 수동태인 be held가 되어

야 한다.

6 A: 당신 회사에 일자리가 났다고 들었어요.
B: 유감스럽게도 그 자리는 이미 충원되었습니다.
해설 일자리가 났다는 소식을 들었다는 말에 I'm afraid로 응답을 시작하고 있으므로 일자리가 이미 충원되었다는 내용이 오는 것이 자연스럽다. 따라서 filled가 정답이다.

7 A: 에디가 회의에 오지 않았더군요.
B: 아파서 못 온다고 전화가 왔어요.
해설 '아파서 출근이나 출석을 할 수 없다고 알리다'라는 표현은 call in sick이다.

8 A: 재시험 준비는 했니?
B: 응, 하지만 여전히 긴장돼.
해설 '~에 대비[준비]하다'는 의미의 동사는 prepare이다. preserve 보호[보존]하다

9 A: 있잖아, 나 승진했어.
B: 와! 축하해.
해설 '승진하다'라는 표현으로 get promoted와 get a promotion 둘 다 가능한데, 이 문제에서는 관사 a가 왔으므로 promotion이 정답이다.

10 A: 자신의 장점이 뭐라고 생각하십니까?
B: 전 긍정적인 사람입니다.
해설 자신이 긍정적인 사람이라고 답한 것으로 보아 장점을 묻는 질문이 자연스러우므로 strengths가 정답이다. weakness는 '약점'이라는 의미이다.

Practice TEST   p. 79

| 1 (b) | 2 (c) | 3 (a) | 4 (a) |
| 5 (d) | 6 (a) | 7 (c) | 8 (d) |

1 (b)
W: How about eating out today? I feel like spaghetti.
M: ▭
(a) Italian food is good for your health.
(b) That sounds nice. I love spaghetti.
(c) I need to eat less meat.
(d) Today is Wednesday.

W: 오늘 외식하는 게 어때요? 난 스파게티가 먹고 싶네요.
M: ▭
(a) 이탈리아 음식은 건강에 좋아요.
(b) 괜찮은 생각이에요. 난 스파게티를 좋아해요.
(c) 전 고기를 덜 먹어야 해요.
(d) 오늘은 수요일이군요.

어휘 eat out 외식하다 / meat 고기
해설 외식을 제안하면서 스파게티를 먹고 싶다고 했으므로 좋은 생각이라며 외식에 찬성하는 (b)가 정답이다.

2 (c)
M: We'd like you to come in for a job interview.
W: ▭
(a) I already reviewed the document.
(b) The interview will last two hours.
(c) Thank you for giving me this opportunity.
(d) When was the event held?

M: 당신이 면접을 보러 와 주시면 좋겠군요.
W: ▭
(a) 저는 이미 그 문서를 검토했습니다.
(b) 면접은 2시간 동안 진행될 것입니다.
(c) 제게 이러한 기회를 주셔서 감사합니다.
(d) 그 행사가 언제 열렸죠?

어휘 review 검토하다 / document 문서 / last *계속하다; 견디다 / opportunity 기회
해설 면접을 보러 오라는 회사 관계자의 말에 기회를 주셔서 감사하다고 응답하는 (c)가 가장 적절하다.

3 (a)
W: I'm tired. There were too many household chores to do.
M: ▭
(a) You need some rest.
(b) I don't want to do anything.
(c) Let's buy some milk.
(d) Do you have house wine?

W: 피곤해요. 해야 할 집안 일이 너무 많았어요.
M: ▭
(a) 당신은 좀 쉬어야 해요.
(b) 난 아무것도 하고 싶지 않아요.
(c) 우유를 좀 사죠.
(d) 하우스 와인 있나요?

어휘 household chores 집안일
해설 집안일이 너무 많아 피곤하다는 여자에게 좀 쉴 것을 제안하는 (a)가 가장 적절한 응답이다. 가정 생활에서는 요리나 설거지, 세탁 등의 집안일에 싫증이 난 상황이 자주 출제되고 있으므로 이들을 잘 알아두도록 한다.

4 (a)
M: There will be a history quiz tomorrow.
W: _____
(a) I know. Why don't we study together?
(b) I think tomorrow is good.
(c) You should go to the library.
(d) I'll wait for you there.

M: 내일 역사 시험이 있을 거야.
W: _____
(a) 알아. 같이 공부하는 게 어때?
(b) 내일이 좋겠어.
(c) 넌 도서관에 가야 해.
(d) 거기서 널 기다릴게.

해설 남자가 내일 역사 시험이 있을 거라고 하자 여자가 알고 있다며 함께 공부할 것을 제안하는 (a)가 정답이다.

5 (d)
W: Where is the staff meeting being held?
M: In the conference room, I guess.
W: There is no one there.
M: _____
(a) Who called the meeting?
(b) I'm going to change my job.
(c) Nice meeting you.
(d) Then I don't know.

W: 직원회의가 어디서 열리고 있나요?
M: 회의실일 거에요.
W: 거기엔 아무도 없어요.
M: _____
(a) 누가 회의를 소집했어요?
(b) 전 직장을 옮기려고 해요.
(c) 만나서 반가웠어요.
(d) 그렇다면 저도 모르겠네요.

어휘 staff meeting 직원회의

해설 직원회의 장소를 묻는 여자에게 남자는 회의실이라며 추측하고 있다. 하지만 여자는 회의실에 아무도 없다며 의문을 제기하고 있다. 이에 처음에 추측한 회의실 말고는 아는 바가 없다고 응답한 (d)가 가장 적절하다.

6 (a)
M: Did you know that Mr. Graham will retire next month?
W: Yes, I heard the news from his secretary.
M: Who do you think will take his place?
W: _____
(a) It will be discussed at the board meeting.
(b) Come to my place anytime.
(c) It's a big loss to the company.
(d) He is such a great person!

M: 그램 씨가 다음 달에 퇴직하신다는 거 알고 있었어요?
W: 네, 그의 비서로부터 그 소식을 들었어요.
M: 누가 그의 자리를 맡게 될 것 같아요?
W: _____
(a) 이사회에서 결정될 거에요.
(b) 언제든 저희 집으로 오세요.
(c) 회사에 큰 손실이에요.
(d) 그는 정말 멋진 분이세요!

어휘 retire 퇴직하다 / secretary 비서 / board meeting 이사회 / loss 손실

해설 퇴직하는 그램 씨의 자리를 대신할 사람이 누구일 것 같은지를 물었으므로 이사회에서 결정될 것이라고 답하는 (a)가 정답이다.

7 (c)
W: Dad, can I play computer games?
M: Did you finish your homework?
W: Not yet, but I can do it later.
M: _____
(a) You need to clean your room.
(b) It's already time to go to bed.
(c) Do your homework first.
(d) Let's catch up sometime.

W: 아빠, 저 컴퓨터 게임 해도 되나요?
M: 숙제는 다 했니?
W: 아직요, 나중에 해도 돼요.
M: _____
(a) 넌 네 방을 치워라.
(b) 벌써 자야 할 시간이야.
(c) 숙제부터 먼저 하거라.
(d) 언제 만나서 밀린 얘기를 나누자.

어휘 catch up (오랫만에 만난 사람과 소식·안부 등을) 이야기하다

해설 컴퓨터 게임을 한 뒤에 숙제를 하겠다는 딸의 말에 숙제부터 먼저 하라고 명령하는 (c)가 가장 적절하다.

8 (d)
M: I got an A in English.
W: Good for you! I need to take a make-up test for English. I got a D.
M: I can help you study for it anytime.
W: _____
(a) I'm sorry to hear that.

(b) We can make up for the loss.
(c) No thanks, I've already finished the report.
(d) That would be very helpful.

M: 난 영어 과목에서 A를 받았어.
W: 잘 됐구나! 난 영어 재시험을 봐야 해. D를 받았거든.
M: 언제든 내가 너 영어 공부하는 것을 도와줄 수 있어.
W: ▨▨▨▨▨▨▨▨▨▨▨▨▨▨▨
(a) 그렇다니 안됐구나.
(b) 우리는 그 손실을 만회할 수 있어요.
(c) 고맙지만 괜찮아, 난 벌써 그 보고서를 끝냈어.
(d) 그러면 정말 도움이 될 거야.

어휘 make-up test 보충시험, 재시험 / make up for 만회하다
해설 영어에서 D를 받아 재시험을 봐야 하는 여자에게 남자는 언제든지 공부를 도와주겠다고 제안하고 있다. 따라서 정말 도움이 되겠다며 남자의 제안을 받아들이는 (d)가 가장 적절하다.

Part 1&2 / unit 09 문장 형태별 탐구

Basic Drill p. 86

1 No 2 What 3 No 4 What 5 No
6 How long 7 wasn't it 8 regret 9 to go
10 isn't he

1 A: 넌 여동생이 있니?
B: 아니, 난 외동이야.
해설 여동생이 있냐는 물음에 외동이라고 대답하고 있으므로 여동생이 없다는 응답인 No가 알맞다.

2 A: 어떤 영화를 가장 좋아하세요?
B: 전 액션 영화를 좋아해요.
해설 What kind of는 관용적인 표현으로 '어떤 종류의'라는 의미이다.

3 A: 유럽에 가보지 않으셨나요?
B: 안 가봤어요, 그렇지만 계획 중이에요.
해설 계획 중이라는 답변은 아직 유럽에 가보지 못했다는 의미이므로 No가 알맞다.

4 A: 네 생일에 무엇을 받고 싶니?
B: 새 휴대전화면 좋겠어요.
해설 A new cell phone을 원한다고 대답했으므로 '무엇'을 원하냐는 질문이 되어야 한다. 따라서 What이 정답이다.

5 A: 커피 좀 드시겠어요?
B: 아뇨, 이미 마셨어요.
해설 이미 커피를 마셨다는 응답으로 미루어 보아 커피를 거절하는 No가 알맞다.

6 A: 시청까지 얼마나 걸리나요?
B: 차로 20분 정도요.
해설 20분 거리라는 답변이 왔으므로 '얼마나 걸리는지' 시간적 소요를 물어보는 How long이 적절하다.

7 A: 오늘 밤 공연은 훌륭했어요, 그렇지 않았나요?
B: 네, 정말 좋았어요.
해설 부가 의문문의 형태는 앞의 평서문이 긍정이면 부정형으로, 부정이면 긍정형이 되어야 한다.

8 A: 그 자리에 지원하지 않았던 것이 후회되네요.
B: 걱정 마세요. 다른 기회가 있을 거에요.
해설 다른 기회가 있을 것이니 걱정 말라고 위로하는 답변이 이어지고 있으므로, 지원을 하지 않았던 것을 '후회한다'는 regret이 와야 자연스럽다.

9 A: 햄 샌드위치 하나 주세요.
B: 여기서 드실 건가요, 아니면 가져 가실 건가요?
해설 음식점에서 주문을 받는 점원이 자주 하는 질문이다. '먹고 갈 것인지, 포장을 해갈 것인지'를 물을 때 For here or to go?라고 표현한다.

10 A: 와! 루카스는 훌륭한 요리사야, 그렇지 않니?
B: 맞아. 난 이전에 그렇게 훌륭한 요리사를 본 적이 없어.
해설 평서문이 긍정이므로 부정형으로 부가 의문문을 만들어야 한다.

Practice TEST p. 87

1 (c) 2 (a) 3 (d) 4 (c)
5 (a) 6 (b) 7 (a) 8 (c)

1 (c)
W: Did you turn off all the computers in the meeting room?
M: ▨▨▨▨▨▨▨▨▨▨▨▨▨▨▨
(a) Don't worry. I'll meet him.
(b) No, I didn't have a meeting with her.
(c) Yes, I double-checked yesterday.
(d) I think you should buy a computer.

W: 회의실에 있는 모든 컴퓨터를 끄셨나요?
M:
(a) 걱정 마세요. 제가 그를 만날 거예요.
(b) 아니요, 전 그녀와 회의를 하지 않았어요.
(c) 네, 제가 어제 두 번이나 확인했어요.
(d) 당신은 컴퓨터를 하나 사야겠어요.

어휘 double-check 재확인하다
해설 회의실의 컴퓨터를 껐는지 여자가 묻고 있으므로 Yes로 대답하면서 추가 정보를 덧붙인 (c)가 가장 적절한 응답이다.

2 (a)
M: Where do you want this dresser?
W:
(a) Please put it in the bedroom.
(b) It's too expensive.
(c) I want this book.
(d) What did you do to your dresser?

M: 이 서랍장을 어디에 두고 싶으세요?
W:
(a) 침실에 놓아 주세요.
(b) 그건 너무 비싸군요.
(c) 전 이 책으로 하겠어요.
(d) 서랍장에 뭘 한 건가요?

해설 남자는 의문사 Where를 사용하여 서랍장을 어디에 두면 좋을지를 묻고 있다. 따라서 장소를 언급하는 응답인 (a)가 가장 자연스럽다.

3 (d)
W: What sports are you interested in, Jayden?
M:
(a) The game was so close.
(b) No, I'm not good at baseball.
(c) Every weekend.
(d) I like swimming.

W: 제이든, 넌 어떤 스포츠에 관심이 있니?
M:
(a) 그 경기는 정말 막상막하였어.
(b) 아니, 난 야구를 잘하지 못해.
(c) 매주 주말마다.
(d) 난 수영을 좋아해.

해설 여자는 의문사 What을 사용하여 남자가 '무슨' 스포츠를 좋아하는지를 묻고 있다. 따라서 수영을 좋아한다고 대답하는 (d)가 정답이다.

4 (c)
M: I'm sorry I was late.

W:
(a) We're going to be late.
(b) What time will you be here?
(c) Please be on time tomorrow.
(d) Can I leave this with you?

M: 늦어서 죄송해요.
W:
(a) 우리는 늦을 것 같아요.
(b) 몇 시에 여기에 오실 거예요?
(c) 제발 내일은 제시간에 오세요.
(d) 이걸 당신께 맡겨도 될까요?

해설 늦어서 미안하다는 사과에 대해 수긍을 하거나 질책을 할 수 있다. 여기서는 질책의 하나로 내일은 제시간에 오라며 당부하는 (c)가 가장 적절하다.

5 (a)
W: When is Mina returning to work?
M: She should be back next week, I think.
W: So she has been out for three months, hasn't she?
M:
(a) Yes, she is on maternity leave.
(b) Yes, she was fired.
(c) No, she isn't pregnant.
(d) Three months are enough.

W: 미나는 언제 회사로 돌아오는 거야?
M: 내 생각으로는 그녀는 다음 주에 돌아올 거야.
W: 그럼 그녀는 석 달 동안 없었던 거구나, 그렇지 않아?
M:
(a) 응, 그녀는 출산 휴가 중이야.
(b) 응, 그녀는 해고 되었어.
(c) 아니, 그녀는 임신하지 않았어.
(d) 석 달이면 충분해.

어휘 maternity leave 출산 휴가 / fire 해고하다 / pregnant 임신한
해설 휴가 중인 동료 직원에 대해 대화를 나누고 있다. 휴가 기간을 확인하는 부가 의문문에 그렇다며 출산 휴가 중이라는 정보를 덧붙인 (a)가 가장 적절하다.

6 (b)
M: I saw the notice about Jose's promotion.
W: Yes, it's great news for him.
M: Well, when does he start in his new role?
W:
(a) He started his own company.
(b) Next month.
(c) Two years ago.

(d) As soon as he finds a job.

M: 호세의 승진에 관한 공지를 봤어요.
W: 네, 그에게 좋은 소식이네요.
M: 그럼 그는 언제부터 새로운 임무를 시작하는 건가요?
W: ▒▒▒▒▒▒▒▒▒▒▒▒▒▒
(a) 그는 자신의 회사를 시작했어요.
(b) 다음달에요.
(c) 지금부터 2년 전에요.
(d) 그가 직장을 잡자마자요.

해설 질문의 요지는 when이므로 (b), (c), (d) 모두 가능하다. 그러나 '언제부터 새로운 일을 시작하냐'는 질문에 가장 적절한 응답은 (b)이다. 가까운 미래의 일을 이야기하고 있으므로 과거시점으로 대답한 (c)는 오답이다.

7 (a)
W: Let's go on a trip this weekend.
M: That's a good idea.
W: Which do you prefer, the beach or the mountains?
M: ▒▒▒▒▒▒▒▒▒▒▒▒▒▒
(a) I'd rather go to the beach.
(b) He likes mountain climbing, doesn't he?
(c) I don't have a passport.
(d) I'm very busy at the moment.

W: 이번 주말에 여행가자.
M: 좋은 생각이야.
W: 해변과 산 중에서 어디가 더 좋아?
M: ▒▒▒▒▒▒▒▒▒▒▒▒▒▒
(a) 난 해변으로 가고 싶어.
(b) 그는 등산을 좋아하지, 그렇지 않니?
(c) 난 여권이 없어.
(d) 지금은 정말 바빠.

어휘 prefer 선호하다 / would rather 오히려 ~하고 싶다
해설 여자가 여행을 가자고 제안하며 해변과 산 중에서 어디가 더 나은지를 남자에게 질문하고 있다. 따라서, 해변을 선택한 (a)가 정답이다.

8 (c)
M: I'm sorry I forgot your birthday.
W: Well, I was a bit disappointed.
M: I'll buy you dinner this Friday.
W: ▒▒▒▒▒▒▒▒▒▒▒▒▒▒
(a) I bought him a present.
(b) I thought it was your birthday.
(c) Okay, let's meet then.
(d) My birthday is next week.

M: 네 생일을 잊어버려서 미안해.
W: 그래, 좀 실망했었어.
M: 이번 주 금요일에 내가 저녁을 살게.
W: ▒▒▒▒▒▒▒▒▒▒▒▒▒▒
(a) 그에게 선물을 사 줬어.
(b) 난 네 생일인줄 알았어.
(c) 좋아, 그럼 그때 만나자.
(d) 내 생일은 다음 주야.

어휘 disappointed 실망한
해설 남자가 여자의 생일을 잊어버리고 지나가서 미안하다며 금요일 저녁 식사 대접을 제안하고 있다. 따라서, 그 제안을 받아들이며 그때 만나자고 대답하는 (c)가 가장 적절하다.

Part 3&4 unit 10 주제 찾기

Practice TEST p. 95

| 1 (b) | 2 (d) | 3 (b) | 4 (c) |
| 5 (d) | 6 (d) | 7 (b) | 8 (a) |

1 (b)
W: Did you read that new book, *The Timeless Man*?
M: No, but I read a book review of it. Did you read it?
W: Yes, I just finished it. You can borrow it if you want. It's about a man who travels through time.
M: Was it good? Would you recommend it?
W: It was terrific. It has so many interesting historical details.
M: That sounds great. It's like a mix of science fiction and history.
W: Exactly. That's why I liked it so much.
Q What is the main topic of the conversation?
(a) A science fiction movie
(b) A new book
(c) A new book review
(d) A literature class

W: 새로 나온 책, "The Timeless Man" 읽어 봤어요?
M: 아니오, 그렇지만 그 책에 대한 서평은 봤어요. 당신은 읽어 봤나요?
W: 네, 막 다 읽었어요. 원하시면 빌려 드릴게요. 시간을 여행하는 한 남자에 관한 이야기에요.
M: 괜찮았나요? 추천할 만한가요?
W: 정말 훌륭했어요. 여러 가지 흥미로운 역사적인 세부 내용들을 담

고 있거든요.
M: 아주 괜찮은 것 같네요. 공상 과학과 역사가 합쳐진 것 같군요.
W: 그거예요. 그래서 제가 이 책이 정말 재미있었답니다.
Q 이 대화의 주제는 무엇인가?
(a) 공상 과학 영화
(b) 신간 서적
(c) 신간 서평
(d) 문학 수업

어휘 book review 서평 / recommend 추천하다 / terrific 굉장한; *훌륭한 / historical 역사상의 / detail 세부 사항 / science fiction 공상 과학 소설 / literature 문학

해설 대화에서 언급된 read, new book, book review, science fiction and history 등의 표현을 통해 두 사람은 새로 나온 책에 대한 이야기를 하고 있음을 알 수 있다. 따라서 이 글의 주제는 (b) '신간 서적'이다.

2 (d)

M: I notice you're keeping your arms up near your chest when you run.
W: Yes, I always do that.
M: You should keep your arms hanging down near your hips.
W: Why? What does that do?
M: It reduces the amount of energy you need to hold your arms up, so you can focus on leg movement.
W: Wow, I never thought about that. Thanks, coach.
Q What are the speakers talking about?
(a) The result of a game
(b) A dance lesson
(c) A lack of exercise
(d) Running form

M: 보니까 네가 달릴 때 팔을 가슴 높이까지 올린 상태를 유지하더구나.
W: 네, 전 항상 그렇게 해요.
M: 팔을 엉덩이 가까이로 내려야 해.
W: 왜요? 그렇게 하는 것이 어떤 작용을 하나요?
M: 그것은 네가 팔을 위로 들고 있는 데 필요한 힘의 양을 줄여서 네가 다리 운동에 집중할 수 있게 된단다.
W: 와, 그것에 대해서는 전혀 생각해 보지 못했어요. 감사합니다, 코치님.
Q 화자들은 무엇에 대해 주로 이야기하고 있는가?
(a) 경기 결과
(b) 춤 강습
(c) 운동 부족
(d) 달리기 자세

어휘 notice 주의하다; *알아채다 / hang down *늘어지다; 전해지다 / reduce 줄이다 / movement 운동, 움직임 / lack 부족, 결핍 / form 형식, 방식; *자세

해설 운동 선수와 코치 간의 대화이다. 코치는 여자가 달릴 때 팔 위치의 수정을 권하면서 힘을 더 효율적으로 사용하여 달리기에 집중할 수 있는 방법을 알려 주고 있다. 즉, 여자의 달리는 자세에 대한 조언을 해 주고 있으므로 정답은 (d)이다.

3 (b)

W: You've recently changed your major, right?
M: Yes, I changed it from psychology to biology.
W: What made you change?
M: I chose biology because I decided I want to go to medical school later.
W: Wow, that's great. Isn't your mother a doctor?
M: Yes, she's a dentist. She's very happy about my new major.
W: I am, too. I think you'll be a great doctor.
Q What are the man and woman mainly talking about?
(a) Changing a doctor's appointment
(b) Changing a field of study
(c) Choosing a hospital
(d) Having a regular checkup

W: 너 최근에 전공을 바꿨지, 맞지?
M: 맞아, 심리학에서 생물학으로 바꿨어.
W: 바꾸기로 결심한 이유가 뭐야?
M: 나중에 의대에 진학하기로 결심해서 생물학을 선택했어.
W: 와, 그거 멋진걸. 너희 어머님도 의사 아니시니?
M: 응, 치과 의사셔. 엄마는 내 새로운 전공에 아주 기뻐하고 계셔.
W: 나도 그래. 넌 분명 훌륭한 의사가 될 거야.
Q 남자와 여자가 주로 무엇에 관해 이야기하고 있는가?
(a) 진료 예약 변경하기
(b) 공부 분야 변경하기
(c) 병원 선택하기
(d) 건강 검진 받기

어휘 major 전공 과목 / psychology 심리학 / biology 생물학 / medical school 의과 대학 / appointment 약속, 예약 / field 들판; *분야 / regular checkup 정기 검진

해설 여자가 남자에게 전공을 바꾼 이유에 대해 물어보자 후에 의대에 진학하기 위해 생물학을 선택했다고 말하고 있다. 따라서 이 대화의 주제는 전공 변경 즉, (b) '공부 분야 변경하기'이다.

4 (c)

M: Michael told me about this restaurant. Wow! Look at all the people in line to get in.
W: Yeah, we were so lucky to get seated so quickly. What are you going to eat?

M: I had chicken for lunch, so I'm going to go for the lamb.
W: The seafood pasta sounds good to me.
M: How about ordering a bottle of wine?
W: Sounds great. Let's also order an appetizer and share it.
Q What are the speakers doing in the conversation?
(a) Serving food
(b) Searching for a new restaurant
(c) Having dinner together
(d) Opening a new restaurant

M: 마이클이 이 음식점에 대해 내게 알려 줬어. 와! 들어오려고 줄 서 있는 사람들 좀 봐.
W: 그래, 이렇게 빨리 앉게 되다니 우린 참 운이 좋은걸. 넌 뭘 먹을래?
M: 난 점심 때 닭고기를 먹어서, 양고기로 할래.
W: 난 해산물 파스타가 괜찮은 것 같아.
M: 와인을 한 병 주문하는 건 어때?
W: 좋아. 에피타이저도 하나 시켜서 나눠 먹자.
Q 대화에서 화자들은 무엇을 하고 있는가?
(a) 요리 서빙하기
(b) 새로운 음식점 찾기
(c) 함께 저녁 먹기
(d) 식당 개업하기

어휘 in line 줄을 서서 / lamb 양고기 / order 명령하다 ; *주문하다 / appetizer 식욕을 돋우는 것, 전채 요리 / serve 섬기다 ; *시중들다
해설 두 사람은 유명한 음식점에서 무엇을 먹을지 고르고 있다. 점심 때 닭고기를 먹어서 양고기를 택한다는 남자의 말로 미루어 보아 이들이 저녁 식사를 하러 왔음을 추론 할 수 있다. 따라서 정답은 (c)이다.

5 (d)
Hello, my name is Jasmine Singer. I am a patient of Dr. Jones. I have an appointment with the doctor on Tuesday at 3 p.m. but I need to reschedule my appointment as soon as possible. My toothache got so much worse that I cannot stand it any longer. It hurts a lot and I can barely sleep because of the pain. Can you call me right back when you get this message?
Q What is the main topic of this message?
(a) A sleeping disorder
(b) Insurance coverage
(c) The cause of toothache
(d) An appointment change

안녕하세요, 제 이름은 쟈스민 싱어입니다. 저는 존스 선생님의 환자예요. 선생님과 화요일 오후 3시로 진료 예약이 되어 있는데 그 예약을 가능한 빠른 시간에 변경하고 싶어요. 제 치통이 너무 심해져서 더 이상 참을 수가 없거든요. 너무 아파서 통증 때문에 거의 잘 수가 없답니다. 이 메시지를 들으시면 바로 연락해 주시겠어요?
Q 이 메시지의 주제는 무엇인가?
(a) 수면 장애
(b) 보험의 보상 범위
(c) 치통의 원인
(d) 예약 변경

어휘 patient 환자 / reschedule 예정을 다시 세우다 / toothache 치통 / barely 거의 ~아니게 / disorder 무질서 ; *장애 / insurance coverage 보험 혜택, 보험의 보상 범위
해설 여자가 치과에 전화를 걸어 자신의 통증이 심해졌기 때문에 진료 예약을 앞당기고 싶다고 말하고 있다. 결국, '예약을 변경'하는 것이 여자가 전화를 건 목적이므로 메시지의 주제로 적절한 것은 (d)이다.

6 (d)
Before we start today's class, let's talk about the quiz next week. As I mentioned last week, it'll include both multiple choice questions and short answer questions. Fifteen multiple choice questions will be asked from chapter 1, "Motivation in Class" and chapter 2, "Teaching Across Age". Five short answer questions will come from chapter 4, "Interactive Language Teaching". Please bear in mind that this quiz counts for 20% of your total grade.
Q What's the main topic of the talk?
(a) The introduction of a class
(b) The materials needed for a class
(c) A teacher's new policy
(d) The contents of a quiz

오늘의 수업을 시작하기에 앞서, 다음 주에 있을 퀴즈에 대해 이야기 해봅시다. 제가 지난 주에 언급했듯이, 퀴즈에는 객관식과 단답형 문항이 모두 포함될 것입니다. 15개의 객관식 문항들은 1과, '수업에서의 동기 부여'와 2과, '연령에 따른 교수'에서 출제될 예정입니다. 5개의 단답형 문항들은 4과, '상호적인 언어 교수'에서 출제될 것입니다. 이번 퀴즈는 여러분의 전체 성적의 20%를 차지함을 명심하세요.
Q 이 담화의 주제는 무엇인가?
(a) 수업 소개
(b) 수업에 필요한 자료
(c) 교사의 새로운 방침
(d) 퀴즈의 내용

어휘 mention 언급하다 / multiple choice question 객관식 문항 / short answer question 단답형 문항 / motivation 동기 부여 / interactive 서로 작용하는, 상호적인 / bear in mind ~을 명심하다 / count for (~의) 가치가 있다 / grade 등급 ; *성적 / material 재료 ; *자료 / policy 정책
해설 수업을 시작하기에 앞서 다음 주에 있을 퀴즈의 구성 방식과 출

제 범위 및 전체 성적에서의 비중을 설명하고 있으므로, 이 담화의 주제로는 (d) '퀴즈의 내용'이 알맞다.

7 (b)

Contrary to popular beliefs, taking vitamin supplements may not be effective for improving your health. According to a recent study, vitamin C and E had no effect on decreasing the risk of cancer as well as heart disease. In addition, the study suggested that taking large amounts of vitamins can even be harmful to the body.

Q What is the main idea of the talk?
(a) Where to get cheap food supplements
(b) Doubts on the effectiveness of vitamin supplements
(c) The function of vitamin C in the human body
(d) The proper amount of vitamin supplements per day

일반적인 믿음과 달리 비타민 보충제를 복용하는 것은 건강을 개선시키는 데 효과가 없을지도 모릅니다. 최근 한 연구 결과에 따르면, 비타민 C와 E는 심장병은 물론이고 암에 걸릴 위험을 낮추는 데 전혀 효과가 없다고 합니다. 게다가 이 연구는 비타민을 과다 복용하는 것이 심지어 인체에 해로울 수도 있다고 시사했습니다.

Q 이 담화의 요지는 무엇인가?
(a) 저렴한 건강 보조식품을 구할 수 있는 곳
(b) 비타민 보충제의 효력에 대한 의심
(c) 인체 내에서의 비타민 C의 기능
(d) 비타민 보충제의 적절한 하루치 양

어휘 vitamin supplement 비타민 보충제 / effective 효과가 있는 / improve 개선하다, 향상시키다 / recent 최근의 / effect 영향; *효과 / decrease 줄이다 / risk 위험 / cancer 암 / … as well as ~ ~뿐만 아니라 …도 / heart disease 심장병 / suggest 제안하다; *시사하다 / amount 양 / harmful 해로운 / doubt *의심; 의심하다 / effectiveness 유효성 / function *기능; 작용하다 / proper 적당한

해설 비타민 보충제가 건강을 증진시킨다는 일반적인 생각에 반대되는 한 연구 결과를 제시하고 있다. 이 연구는 비타민이 일부 질병을 예방하는 효과가 없을 뿐만 아니라 비타민 보충제를 과다 복용 했을 시의 발생 가능한 위험성에 대해 경고하며 그 효능에 대해 부정적인 견해를 제시하고 있다. 따라서 이 담화의 요지는 (b)이다.

8 (a)

A recent study showed that hot weather increases the risk of severe headaches. Researchers studied air temperature and atmospheric conditions causing headaches. They have found that hotter weather and lower air pressure were related to more headaches. The headache risk increased by 7.5 percent with each 5 degrees Celsius increase in temperature.

Q What is the main topic of the talk?
(a) Headaches and weather conditions
(b) A cure for severe headaches
(c) A reason for air pollution
(d) The effects of a new headache pill

최근의 연구에서는 더운 날씨가 심한 두통의 위험을 증가시킨다고 합니다. 연구원들은 두통을 일으키는 온도와 대기 조건들을 조사했습니다. 그들은 날씨가 더 덥고 기압이 더 낮을수록 더 많은 두통과 관계가 있었음을 발견했습니다. 두통은 온도가 섭씨 5도 올라갈 때마다 7.5%가 증가했습니다.

Q 이 담화의 주제는 무엇인가?
(a) 두통과 기상 조건
(b) 심한 두통의 치료
(c) 대기 오염의 이유
(d) 새 두통약의 효능

어휘 risk 위험 / severe 엄한; *심한 / headache 두통 / temperature 온도 / atmospheric 대기[공기]중의 / air pressure 기압 / be related to ~와 관계가 있다 / Celsius 섭씨의 / pollution 오염 / pill 환약, 알약

해설 두통과 날씨와의 관계에 관한 최근 연구 결과에 대해 이야기하고 있다. 두통과 온도 및 대기 조건과의 비교를 통해 온도가 높아지고 기압이 낮아질수록 두통이 심해질 수 있다고 말하고 있으므로 주제로 가장 적절한 것은 (a)이다.

Part 3 & 4 unit 11 세부 정보 찾기

Practice TEST p. 105

| 1 (b) | 2 (d) | 3 (b) | 4 (c) |
| 5 (b) | 6 (c) | 7 (b) | 8 (d) |

1 (b)

W: Hi, I was wondering how to get to your shop?
M: Are you driving or taking the subway?
W: I was going to drive. But, hmm … is there a parking lot over there?
M: The parking is very limited. If I were you, I'd take the subway. Our shop is a 5-minute walk from the Washington stop on line number two.
W: That's great. Then I'll take the subway. By the way, I wonder if you provide a free home delivery service.

M: Sure we do. It depends on the items you buy, though.
Q What does the man suggest the woman do?
(a) Drive her automobile
(b) Take public transportation
(c) Purchase several items at once
(d) Park her car in the basement

W: 안녕하세요, 그쪽 매장을 어떻게 가는지 몰라서요.
M: 운전을 하시나요, 아니면 지하철을 이용하시나요?
W: 운전해서 갈까 했는데요. 그런데음⋯ 거기에 주차장이 있나요?
M: 주차 공간이 굉장히 협소합니다. 저라면 지하철을 이용하겠습니다. 저희 매장은 2호선 워싱턴 역에서 걸어서 5분 거리에 있습니다.
W: 잘 되었군요. 그러면 지하철을 타야겠네요. 그런데 무료 배송 서비스를 제공하는지 궁금해요.
M: 물론 제공하고 있습니다. 구입하시는 품목에 따라 다르기는 하지만요.
Q 남자는 여자에게 무엇을 제안하고 있는가?
(a) 여자의 차를 운전하기
(b) 대중교통을 이용하기
(c) 한꺼번에 여러 품목을 구매하기
(d) 여자의 차를 지하에 주차하기

어휘 get to ~에 도착하다 / limited 한정된 / delivery 배달 / depend on ~에 달려있다 / automobile 자동차 / public transportation 대중교통 / basement 지하

해설 여자가 상점의 남자 직원에게 그곳에 어떻게 가야 하는지를 물으며 차를 운전할 생각이라고 말하자 주차할 공간이 협소하다며 지하철 이용을 제안하고 있다. 또한 상점과 가까운 곳에 지하철 역이 있다고 덧붙이며 지하철 이용을 권장하고 있으므로 남자가 제안하고 있는 것은 (b) '대중교통을 이용하기'이다.

2 (d)
M: Windsor Suites, may I help you?
W: Hi, our whole family is staying at the hotel next weekend. I wanted to check if all of our rooms will be on the same floor.
M: Whose name is the reservation under?
W: My husband's name, Charlie Pier. P-i-e-r.
M: Yes, it looks like you have five rooms booked for that weekend. Four rooms are on the 14th floor, and one is on the 15th floor.
W: Well, I'd prefer it if all five rooms were on the same floor. Can you do that for me?
M: Okay, the room on the 15th floor has been changed to 1456.
Q What does the woman request?
(a) Free meal coupons
(b) Ocean view rooms
(c) Room reservation
(d) Floor change

M: 윈저 스위트입니다, 무엇을 도와드릴까요?
W: 안녕하세요, 저희 가족 전체가 다음 주말에 그 호텔에서 머무를 예정이거든요. 저희 방들이 모두 같은 층인지 확인하고 싶어요.
M: 어느 분 성함으로 예약하셨나요?
W: 제 남편 이름인 찰리 피에르로 했어요. P-i-e-r이요.
M: 네, 손님께서는 그 주 주말에 객실 다섯 개를 예약하신 걸로 확인됩니다. 4개의 객실은 14층에, 한 개의 객실은 15층에 예약되어 있습니다.
W: 음, 5개의 모든 방이 같은 층에 있으면 더 좋겠네요. 그렇게 해 주실 수 있을까요?
M: 알겠습니다. 15층의 방을 1456호로 변경해 드렸습니다.
Q 여자가 요청하는 것은?
(a) 무료 식사권
(b) 바다 전망 객실
(c) 객실 예약
(d) 층 변경

어휘 reservation 예약 / book 예약하다 / prefer 오히려 ~을 좋아하다

해설 다음 주말에 가족들과 해당 호텔에 투숙할 예정인 여자가 호텔 측에 예약 사항을 확인하고 있는 상황이다. 예약한 5개의 객실 중 한 개가 다른 층으로 배정되어 있자 그 객실도 같은 층으로 변경해 달라고 요청하고 있으므로 정답은 (d)이다.

3 (b)
W: I heard that flight 231 to San Diego is delayed. Can I get another flight then?
M: Yes, flight 231 has a problem with the landing gear. We might have one seat on flight 56 but you'd have a stopover in Phoenix. Would that be okay?
W: What time does it arrive at San Diego?
M: That one arrives at 7:30 p.m., which is about 30 minutes later than your original flight.
W: Okay, I'll take it. Can I have an aisle seat by any chance?
M: I'm sorry, ma'am. There's only one seat left, which is a window seat.
Q Why can't the woman take her original flight?
(a) Because airline workers are on strike.
(b) Because there is a mechanical problem.
(c) Because there is a weather delay.
(d) Because the crew is late.

W: 샌디에고행 231편이 지연된다고 하던데요. 그럼 다른 항공편을 이용할 수 있을까요?
M: 네, 231편의 착륙 장치에 문제가 있어서요. 56편에 한 자리가 있기는 한데 피닉스에서 경유해야 합니다. 그래도 괜찮으시겠어요?
W: 그 항공편은 샌디에고에 언제 도착하나요?
M: 오후 7시 30분에 도착하는데, 이것은 손님이 원래 이용하시려던 항공편보다 30분이 늦습니다.
W: 알겠어요, 그걸로 하지요. 혹시 복도 쪽 자리로 앉을 수 있을까요?
M: 죄송합니다, 손님. 한 좌석만 남았는데 창가 자리네요.
Q 여자가 원래 타려던 항공편을 이용할 수 없는 이유는?
(a) 항공사 직원들이 파업 중이어서
(b) 기계적인 문제가 있어서
(c) 기상 문제로 지연되어서
(d) 승무원들이 늦어서

어휘 flight 항공편 / delay 연기하다; 지연 / landing gear 착륙 장치 / stopover 중간 기착지 / aisle seat 통로 쪽 좌석 / by any chance 만일, 혹시 / window seat 창가 쪽 좌석 / on strike 파업 중인 / mechanical 기계(상)의 / crew 승무원

해설 여자가 원래 탑승하기로 했던 항공편이 지연되자 다른 항공편을 알아보고 있는 상황이다. 남자 직원은 착륙 장치의 문제로 원래 비행기가 지연되고 있다고 말하며 여자가 다른 비행기를 이용할 수 있도록 도와주고 있다. 따라서 여자가 타려던 비행기를 이용할 수 없는 이유는 착륙 장치의 문제, 즉 (b) '기계적인 문제'이다.

4 (c)
M: Jenny, I heard you were in a bicycle accident. Are you all right?
W: Yeah. I'm okay except for my elbow and knee. They were injured pretty badly.
M: How did the accident happen?
W: A truck ran a red light and hit me.
M: It's fortunate that your injuries weren't even more serious. What about the bike?
W: I'll have to get a new one. It's almost broken.
Q What happened to the woman's bike?
(a) It got a flat tire.
(b) It was stolen.
(c) It was destroyed.
(d) It was fixed.

M: 제니, 너 자전거 사고를 당했다며. 괜찮니?
W: 응. 팔꿈치랑 무릎만 빼면 괜찮아. 거긴 좀 심하게 다쳤거든.
M: 어쩌다 사고가 난 거야?
W: 트럭이 빨간 불에 달리다가 나를 쳤어.
M: 부상이 더 심각하지 않은게 정말 다행이다. 자전거는 어떻게 됐어?
W: 새로 하나 장만해야 해. 거의 부서졌거든.
Q 여자의 자전거는 어떻게 되었나?
(a) 타이어의 바람이 빠졌다.
(b) 도둑 맞았다.
(c) 훼손되었다.
(d) 수리되었다.

어휘 accident 사고 / except for ~을 제외하고는 / elbow 팔꿈치 / injure 상처를 입히다, 다치게 하다 / badly 나쁘게; *몹시, 대단히 / run a red light 정지 신호를 무시하고 달리다 / fortunate 운이 좋은 / injury 상해, 부상 / flat tire 바람 빠진 타이어 / steal 훔치다 / destroy 파괴하다 / fix 고정시키다; *수리하다

해설 자전거를 타고 가다가 사고를 당한 여자의 소식을 접한 남자가 여자에게 부상 상태와 사고 경위를 물어보고 있다. 대화 후반부에 자전거에 대해 묻자 여자는 거의 망가져서 새로 사야 한다고 대답했으므로 정답은 (c)이다.

5 (b)
Our popular secondhand store, Kitty's Closet, specializes in women's clothing, offers a wide range of unique items and has great customer service. In addition, we have very strict quality standards for the items that are on sale. We always try to make sure the items are suitable for reuse and meet our standards. Moreover, you can buy fine and stylish clothes at a good price.
Q What is the biggest characteristic of Kitty's Closet according to the advertisement?
(a) A wide selection of brand-new items
(b) Good quality used items
(c) Free repair service
(d) Luxurious items at a reduced price

인기 있는 중고 상점인 저희 키티의 옷장은 여성 의류를 전문으로 하며, 다양한 종류의 독특한 상품을 제공하고, 훌륭한 고객 서비스를 제공합니다. 이와 더불어 판매되는 상품들에 대해 매우 엄격한 품질 기준을 가지고 있습니다. 저희는 제품들이 재사용에 적합한지, 저희의 기준에 적합한지 등을 확실히 하기 위해 항상 노력하고 있습니다. 뿐만 아니라, 여러분은 훌륭하고 멋스러운 옷들을 좋은 가격에 구매하실 수 있습니다.
Q 광고에 따르면 키티의 옷장의 가장 큰 특징은?
(a) 다양한 종류의 새 상품
(b) 좋은 품질의 중고품
(c) 무료 수선 서비스
(d) 할인된 가격의 고급 상품

어휘 popular 인기 있는 / secondhand 중고의 / specialize in ~을 전문으로 하다 / offer 제공하다 / a wide range of 다양한 / unique 독특한 / strict 엄격한 / quality 질 / standard 기준 / on sale 팔려고 내놓은 / suitable 적절한 / fine 멋진 / stylish 유행의; *멋진 / at a good price 좋은 가격으로 / selection 선택, *선

택물 / brand-new 신상품의 / luxurious 사치스러운, 호화로운 / reduced 할인한

해설 키티의 옷장을 인기 있는 중고 상점이라고 소개하며 다양한 중고 제품의 구성과 좋은 품질을 광고하고 있으므로 키티의 옷장의 가장 큰 특징은 (b) '좋은 품질의 중고품'임을 알 수 있다.

6 (c)
Right after Christmas, year-end and clearance sales are surely a great chance to get good products at good prices. But you need to be careful not to buy wrong or unnecessary items. One of the best selling writers, Jay Kim's new release *Shopping Pal* offers 10 brilliant tips to be a smart shopper during those big sales periods.
Q What is mainly described in the new book?
(a) Where to get helpful information on sale
(b) Ten things to buy during big sales
(c) How to be a clever shopper
(d) When you can buy things at a good price

크리스마스 직후의 연말, 그리고 재고 처리 세일은 분명 좋은 물건을 저렴한 가격에 살 수 있는 좋은 기회입니다. 하지만 여러분은 잘못되거나 불필요한 물건을 사지 않도록 주의해야 합니다. 베스트셀러 작가 중 한 사람인 제이 킴의 신간, "Shopping Pal"은 이러한 큰 세일 기간 동안 현명한 소비자가 될 수 있는 10가지 성공적인 비결을 알려줍니다.
Q 신간에 주로 설명된 내용은?
(a) 도움이 되는 할인 정보를 얻을 수 있는 곳
(b) 큰 세일 동안 사야 할 10가지 품목
(c) 현명한 소비자가 되는 방법
(d) 좋은 가격에 물건들을 살 수 있는 시기

어휘 year-end 연말의 / clearance sale 창고 정리 판매 / release 출시(물) / brilliant 훌륭한 / tip 조언 ; *비결, 비법 / period 기간
해설 큰 세일 기간에 현명한 소비를 할 수 있는 비결을 제시하는 신간을 소개하고 있다. 따라서 책이 포함하는 내용은 (c) '현명한 소비자가 되는 방법'이다.

7 (b)
Hello! You've reached Amy's Coffee World. In order to provide customers with a more pleasant environment, we have decided to remodel our place. The construction will be completed by April 30th and we will be back in business as of May 1st. Please note that our business hours will be from 8:30 a.m. to 5 p.m. on weekdays, and 10 a.m. to 4 p.m. on weekends and holidays for your future convenience. Thank you very much for calling Amy's Coffee World.
Q What information is the message notifying of?
(a) A Change of business hours
(b) A temporary closedown
(c) A sales promotion
(d) New sales policies

안녕하세요! 에이미의 커피 세상입니다. 손님들께 더 쾌적한 환경을 제공하고자 저희는 내부 개조를 하기로 결정하였습니다. 공사는 4월 30일까지 완료될 예정이며 5월 1일부터 정상 영업에 들어갑니다. 저희 영업 시간은 평일 오전 8시 30분에서 오후 5시까지이며, 주말 및 휴일에는 오전 10시부터 오후 4시까지이니 추후 이용에 불편함이 없도록 유념해 주시기 바랍니다. 에이미의 커피 세상에 전화해 주셔서 진심으로 감사 드립니다.
Q 이 메시지가 알리고 있는 정보는 무엇인가?
(a) 영업 시간 변경
(b) 일시 영업 중지
(c) 판매 홍보 활동
(d) 새로운 판매 방침

어휘 reach ~에 도달하다 / provide ~ with … ~에게 …을 공급하다 / pleasant 즐거운, 유쾌한 / remodel 개조하다 / construction 건축; *공사 / complete 완료하다 / in business 영업 중인 / as of ~로부터 / note 주의하다, 유념하다 / convenience 편의 / temporary 일시적인 / closedown 영업 [작업] 중지 / sales promotion 판매 홍보 / policy 정책
해설 에이미의 커피 세상에서는 더 좋은 실내 환경을 위해 개조 공사가 진행되는데 그 공사는 4월 30일에 완료되어 5월 1일부터 다시 정상 영업을 시작한다고 이야기하고 있다. 이를 통해 이 메시지는 공사 기간 동안 가게로 전화한 손님들에게 공사로 인해 가게가 일시적으로 영업을 중단하고 있음을 알리고 영업 재개일을 공지하기 위해 녹음된 것임을 알 수 있다. 따라서 정답은 (b)이다.

8 (d)
Your image that you hold in your mind possibly determines your future life. Therefore, visualizing your image positively can be a powerful tool to change your future. Positive visualization is the process of imagining the best image of yourself and future situations that you desire. If you want to be both successful and happy, start practicing positive visualization today!
Q What is encouraged to do by the speaker according to the talk?
(a) To make one's own future plan
(b) To stay positive by depending on religion
(c) To work out regularly
(d) To create positive self images in mind

여러분이 마음 속에 품고 있는 여러분의 이미지가 앞으로 여러분 미래의 삶을 결정할 수도 있습니다. 그래서 여러분의 이미지를 긍정적으로 시각화하는 것은 여러분의 미래를 바꾸기 위한 강력한 도구가 될 수 있습니다. 긍정적 시각화는 여러분이 소망하는 여러분 자신과 미래 상황의 최상의 모습을 상상하는 과정입니다. 만약 여러분이 성공적이고 행복하고 싶다면 오늘부터 긍정적인 시각화를 실천해 보세요!

Q 담화에 따르면 화자는 무엇을 하기를 권장하는가?
(a) 자신만의 미래 계획을 세우기
(b) 종교에 의지하여 긍정적인 마음을 갖기
(c) 정기적으로 운동하기
(d) 마음 속으로 긍정적인 자신의 이미지를 만들기

어휘 determine *결심하다, 결정하다 / positively 명확하게; *긍정적으로 / visualize 시각화하다 / visualization 시각화 / desire 갈망하다 / depending on ~에 따라, ~에 의지하여 / religion 종교 / regularly 정기적으로 / create 만들어내다

해설 미래의 긍정적인 모습을 마음속으로 그려내는 긍정적인 시각화가 실제로 그러한 결과를 낳게 하는 힘이 될 수 있음을 강조하고 있다. 담화의 마지막에 인생의 성공과 행복을 원한다면 오늘부터 긍정적인 시각화를 시작하라고 당부하고 있으므로 결국 화자가 권장하는 것은 마음 속으로 자신의 긍정적인 이미지를 그리라는 (d)이다.

Part 3 & 4 unit 12 진위 확인하기

Practice TEST p. 115

1 (a) 2 (b) 3 (b) 4 (a)
5 (d) 6 (c) 7 (a) 8 (c)

1 (a)
W: Hello. I'm Marsha Broxham. I'm new to Simmons & Company.
M: Oh, nice to meet you, Marsha. I'm Jack Michaels. You must be the new employee in Human Resources.
W: Yes, I am. I've been here a week.
M: Where were you before Simmons?
W: I used to work for a large consulting firm.
M: Wow, were you in Human Resources there, too?
W: Yes, I was a manager in Human Resources.
Q Which is correct according to the conversation?
(a) The woman has work experience.
(b) The man has met the woman before.
(c) The woman is a recent college graduate.
(d) The woman will be working in marketing.

W: 안녕하세요. 전 마사 브록샘이라고 해요. 시몬스 앤 컴퍼니에 새로 왔어요.
M: 아, 만나서 반가워요, 마사. 저는 잭 마이클스예요. 당신이 인사팀에 새로 오신 분이시군요.
W: 네, 저예요. 여기서 일한 지 일주일이 되었어요.
M: 시몬스 전에는 어디에 계셨었나요?
W: 대형 컨설팅 회사에서 근무했어요.
M: 와, 그곳에서도 인사팀에 있었나요?
W: 네, 인사팀의 과장이었어요.
Q 다음 중 이 대화와 일치하는 것은?
(a) 여자는 업무 경력이 있다.
(b) 남자는 여자를 전에 본 적이 있다.
(c) 여자는 대학을 갓 졸업하였다.
(d) 여자는 마케팅팀에서 일하게 될 것이다.

어휘 Human Resources 인적 자원; *(기업 등의) 인사과 / firm 회사 / graduate 졸업하다; *졸업생

해설 시몬스 앤 컴퍼니의 인사팀에서 새로 일하게 된 직원이 처음 만난 기존 남자 직원과 대화를 나누고 있다. 전에 있던 회사에서도 인사팀 업무를 했냐는 남자의 질문에 여자는 그곳에서 인사팀 과장이었다고 대답하고 있다. 따라서 여자가 업무 경험을 가지고 있다고 할 수 있으므로 정답은 (a)이다.

2 (b)
M: What is the purpose of your visit to the United States, ma'am?
W: I'm here for sightseeing and to visit my sister living in Ohio.
M: How long will you be staying in the United States?
W: This visit will be short, only 10 days.
M: Will you be visiting any other states besides Ohio?
W: Yes, my sister and I are going to New York.
M: Okay. Here's your passport. Please enjoy your stay in the States.
Q Which is correct according to the conversation?
(a) The woman has never visited the United States before.
(b) The woman has family in the United States.
(c) The woman will be staying two weeks.
(d) The woman will only visit Ohio.

M: 미국 방문 목적이 무엇인가요?
W: 관광도 할 겸 오하이오에 사는 언니를 보러 왔어요.

M: 미국에는 얼마나 머무르실 건가요?
W: 짧게 있을 거예요, 10일 정도만요.
M: 오하이오 외에 다른 주도 방문하실 건가요?
W: 네, 언니와 뉴욕에 갈 예정이에요.
M: 알겠습니다. 여권 여기 있습니다. 미국에서 즐거운 시간 보내시기 바랍니다.
Q 다음 중 이 대화와 일치하는 것은?
(a) 여자는 이전에 미국을 방문해 본 적이 없다.
(b) 여자의 가족이 미국에 산다.
(c) 여자는 2주 동안 머무를 것이다.
(d) 여자는 오하이오만 방문할 것이다.

어휘 sightseeing 관광 / besides ~외에 / passport 여권
해설 입국 목적과 체류 일정 등을 묻고 답하는 내용으로 보아 입국 심사관과 방문객 간의 대화임을 알 수 있다. 여자는 미국에 사는 언니를 만나기 위해 미국을 방문했다고 말하고 있으므로 (b) '여자의 가족이 미국에 산다'가 대화의 내용과 일치한다. 여자가 이번에 처음으로 미국을 방문했는지 여부는 주어진 대화만으로 판단하기 어려우며, 10일 간의 체류 기간 동안 오하이오 외에 뉴욕에도 들를 예정이라는 그녀의 말로 볼 때 (a), (c), (d)는 모두 오답이다.

3 (b)
W: Cool! I just got my first issue of *Earth First* magazine.
M: Did you subscribe to it?
W: Yes, I signed up last month at the Earth Fair.
M: What kind of articles are there? Environmentally friendly stuff?
W: Yes. This month's issue has a great article entitled Run Your Car on Veggie Oil.
M: That's pretty interesting.
W: I'm already looking forward to the next month's issue.
Q Which is correct according to the conversation?
(a) The woman works for a publishing company.
(b) The woman subscribes to a monthly magazine.
(c) The man isn't interested in *Earth First* magazine.
(d) The woman is interviewing the man for an article.

W: 신난다! 지금 막 "Earth First" 잡지를 처음 받아봤어.
M: 정기 구독한 거야?
W: 응, 지난 달에 지구 박람회에서 신청했어.
M: 어떤 종류의 글들이 있는 건데? 환경 친화적인 것들?
W: 맞아. 이번 달 호에서는 '식물성 기름으로 당신의 차를 달리게 하라.'라는 제목의 훌륭한 기사가 있어.
M: 참 흥미로운걸.
W: 난 벌써부터 다음 달 호가 기대돼.
Q 다음 중 이 대화와 일치하는 것은?
(a) 여자는 출판사에서 일한다.
(b) 여자는 월간 잡지를 정기 구독한다.
(c) 남자는 "Earth First" 잡지에 관심이 없다.
(d) 여자는 기사를 쓰기 위해 남자를 취재 중이다.

어휘 issue 발행물 / subscribe (신문·잡지 등을) 예약[정기] 구독하다 / sign up 신청하다 / fair 박람회 / article (신문·잡지 등의) 기사 / environmentally friendly 환경 친화적인 / entitle ~의 칭호를 주다; *표제를 붙이다 / veggie 채식주의자; *채소 / publishing company 출판사 / monthly 매달의
해설 여자가 정기 구독을 신청한 잡지인 "Earth First"를 받고 그 안에 실린 기사에 관해 대화를 나누고 있다. this month's issue(이번 달 호), looking forward to the next month's issue(다음 달 호가 기대된다) 등을 통해 (b) '여자는 월간 잡지를 구독한다'가 내용과 일치함을 알 수 있다.

4 (a)
M: I can't wait until this semester ends. I'm sick and tired of so much homework.
W: I thought you were doing great this semester.
M: I'm doing well and getting good grades but now I'm fed up with all the work.
W: You sound very stressed out.
M: Yeah, I've got two big term papers and one huge final left.
W: Well, look on the bright side. It'll all be over in just two weeks.
Q Which is correct according to the conversation?
(a) The man is getting good grades.
(b) Term papers are due next week.
(c) The woman is in hospital now.
(d) The semester has finally ended.

M: 이번 학기가 빨리 끝나면 좋겠어. 너무 많은 숙제가 정말 지긋지긋해.
W: 난 네가 이번 학기 동안 잘하고 있다고 생각했는데.
M: 잘하고 있고 성적도 괜찮게 나오고 있긴 하지만, 사실 난 이제 그 모든 과제들에 신물이 나.
W: 스트레스를 많이 받나 보구나.
M: 응, 학기말 보고서 큰 것 두 개와 중요한 기말시험 한 개가 남았거든.
W: 음, 좋은 쪽으로 생각해. 2주만 지나면 다 끝나잖아.
Q 다음 중 이 대화와 일치하는 것은?
(a) 남자는 좋은 성적을 받고 있다.
(b) 기말 보고서는 다음 주까지이다.
(c) 여자는 현재 병원에 있다.
(d) 학기가 마침내 끝났다.

어휘 semester 한 학기 / be sick and tired of ~에 아주 넌더리가

나다 / be fed up ~에 싫증이 나다, 신물이 나다 / stressed out 스트레스로 지친 / term paper 학기말 보고서 / final 기말고사 / due ~하기로 되어 있는, 예정된

해설 남자는 많은 과제와 시험 준비로 극심한 스트레스를 받고 있지만, 성적도 우수하고 학교에서도 잘하고 있다. 따라서 (a) '남자는 좋은 성적을 받고 있다'가 대화와 일치한다.

5 (d)

In our lecture today, we'll discuss the importance of first impressions. A study shows that it takes only three seconds for someone to evaluate you. In this short time, he or she forms an opinion about you simply based on your overall image including appearance, fashion, and so on. Once a first impression is formed, it is extremely difficult to change it.

Q Which is correct according to the lecture?
(a) First impressions have nothing to do with looks.
(b) It is easy to change first impressions.
(c) Fashion plays an important role nowadays.
(d) First impressions are decided in a few seconds.

오늘 강의에서는 첫인상의 중요성에 대해서 논의해 보려고 합니다. 연구에 따르면 누군가가 당신을 평가하는 데는 고작 3초밖에 걸리지 않는다고 합니다. 이 짧은 시간에 상대방은 외모, 패션 등을 포함한 당신의 종합적인 이미지를 토대로 여러분에 대한 의견을 형성하게 되지요. 일단 첫인상이 형성되면, 그것을 바꾸기란 매우 어렵습니다.

Q 다음 중 이 강의와 일치하는 것은?
(a) 첫인상은 외모와 전혀 상관없다.
(b) 첫인상을 바꾸기는 쉽다.
(c) 오늘날 패션은 중요한 역할을 한다.
(d) 첫인상은 몇 초 안에 결정된다.

어휘 lecture 강의 / first impression 첫인상 / evaluate 평가하다 / form 형성하다 / based on ~에 근거하여 / overall 전체적인 / including ~을 포함하여 / appearance 출현; *외관 / extremely 극단적으로; *매우, 몹시 / have nothing to do with ~와는 전혀 상관없다 / look 《보통 pl.》 용모 / play a role 역할을 하다

해설 첫 문장에서 담화의 중심 소재가 첫인상이라는 것을 알 수 있다. 이어서 첫인상이 결정되는 데 3초밖에 걸리지 않으며 주로 외모나 패션 등의 외부적 이미지에 의해 첫인상이 형성된다고 언급하였다. 따라서 (d) '첫인상은 몇 초 안에 결정된다'가 대화 내용과 일치한다.

6 (c)

Thank you for calling Jenny's Driving School. We are sorry to inform you that our driving school is temporarily closed because of damage caused by a fire last week. The repair work will take about two weeks starting from May 10th, and our school will reopen on June 1st. Therefore, all the courses scheduled for May will be cancelled. We apologize for the inconvenience. If you want to know more details, please visit our website, www.jennysdriving.com.

Q Which is correct according to the voice message?
(a) The driving school is closed for the year.
(b) The hours of the driving school have been changed.
(c) The driving school's reopening will be in June.
(d) The driving school will be closed because of a big loss.

제니의 운전 학원에 전화 주셔서 감사합니다. 유감스럽게도 지난주의 화재로 인한 손상으로 저희 운전 학원이 임시로 문을 닫게 된 점을 알려드립니다. 이 수리 작업은 5월 10일에 시작하여 2주 정도 걸릴 예정이고, 학원은 6월 1일에 다시 문을 열 예정입니다. 따라서 5월에 예정된 모든 수업들은 취소됩니다. 불편을 끼쳐 드리게 된 점에 양해를 구합니다. 더 자세한 사항을 알고 싶으시다면 저희 홈페이지, www.jennysdriving.com을 방문해주세요.

Q 이 음성 메시지 내용과 일치하는 것은?
(a) 운전 학원은 일 년간 문을 닫는다.
(b) 운전 학원의 운영 시간이 바뀌었다.
(c) 운전 학원은 6월에 다시 문을 열 것이다.
(d) 운전 학원은 큰 손실로 문을 닫을 것이다.

어휘 driving school 운전 학원 / inform 알리다, 통지하다 / temporarily 임시로 / damage 손해, 손상 / repair 수선[수리]하다 / reopen 다시 열다 / cancel 취소하다 / apologize 사과하다 / inconvenience 불편 / detail 세부, 항목

해설 학원이 화재로 인한 수리 작업으로 인해 임시로 문을 닫게 되었음을 알리는 자동 응답 녹음 메시지이다. 6월 1일에 다시 문을 연다고 했으므로 정답은 (c) '학원은 6월에 다시 문을 열 것이다.'이다.

7 (a)

The marketing report from the Maryland branch shows the results of our recent customer satisfaction surveys. You can see that about 65 percent of our consumers in California and Arizona are not happy with our stores there. On the other hand over 70 percent of our customers in New York and Chicago are satisfied with our stores. Interestingly, the stores in New York and Chicago have been renovated, but the ones in California and Arizona haven't. From this fact we can learn that the internal facilities and interior of a store can be some of the factors in customer satisfaction.

Q Which is correct according to the talk?
(a) More than half of the customers in Arizona are

not happy with the stores there.
(b) The marketing report was provided by California branch.
(c) The stores in Maryland went through renovation.
(d) A wide selection is the key factor giving customers satisfaction.

메릴랜드 지점의 시장보고서를 통해 최근 실시한 고객 만족도 조사의 결과를 보실 수 있습니다. 캘리포니아와 애리조나의 약 65%의 소비자들이 그곳의 우리 매장에 만족하지 않음을 확인하실 수 있습니다. 반면에 뉴욕과 시카고에서는 70% 이상의 소비자들이 우리의 매장에 만족하였습니다. 흥미롭게도 뉴욕과 시카고의 매장들은 내부 수리를 했지만 캘리포니아와 애리조나의 매장들은 그렇지 않았습니다. 이 사실로부터 우리는 매장의 내부 시설과 인테리어가 고객 만족의 요인들 중 일부가 될 수 있다는 점을 알 수 있습니다.

Q 다음 중 이 담화와 일치하는 것은?
(a) 애리조나의 절반 이상의 소비자들은 그곳의 매장에 만족하지 않는다.
(b) 시장 보고서는 캘리포니아 지점에 의해 제공되었다.
(c) 메릴랜드의 매장들은 내부 수리를 했다.
(d) 다양한 선택권이 고객에게 만족감을 주는 주요 요인이다.

어휘 marketing report 시장 보고서 / branch 가지; *지점 / recent 최근의 / customer satisfaction 고객 만족 / survey (설문)조사 / consumer 소비자 / on the other hand 반면에 / be satisfied with ~에 만족하다 / interestingly 흥미롭게도 / renovate (청소·보수·개조 등을 하여) 수선[수리]하다 / internal 내부의 / facility 설비, 시설 / interior 내부의 / key 기본적인, 중요한

해설 화자는 메릴랜드 지점에서 작성한 시장 보고서 결과를 발표하고 있는 중이다. 이 보고서는 뉴욕과 시카고의 매장과는 달리 보수 공사를 하지 않은 캘리포니아와 애리조나의 매장들에서는 절반이 넘는 고객들의 만족도가 낮다고 하였다. 따라서 (a) '애리조나의 절반 이상의 소비자들은 그곳의 매장에 만족하지 않는다'가 정답이다.

8 (c)
Many people think that oil companies simply decide the price of gasoline, but in reality that's only partially true. The price of gasoline is highly dependent on the price of crude oil and that price is set by the international oil market. In addition to the price of crude oil, gasoline prices are set by the cost of the refining process and of transportation to gas stations. Like this, several factors are involved in setting the price of gasoline.

Q Which is correct according to the talk?
(a) Only oil companies can determine the price of gasoline.
(b) The international oil market has been very unstable these days.
(c) Various factors affect the gasoline prices.
(d) The refining process has no connection with the price of gasoline.

많은 사람들은 단순히 석유 회사가 기름값을 정한다고 생각하지만 실제로 이는 단지 부분적으로만 사실일 뿐입니다. 휘발유 가격은 원유 가격에 의해 크게 좌우되며, 그 가격은 국제 석유 시장에 의해 결정됩니다. 휘발유 가격은 원유 가격뿐만 아니라, 정제 과정 비용 및 주유소로 운반하는 비용들에 의해서도 결정됩니다. 이처럼, 휘발유 가격을 결정하는 데는 여러 가지 요인들이 관여됩니다.

Q 다음 중 이 담화와 일치하는 것은?
(a) 석유 회사만이 휘발유 가격을 정할 수 있다.
(b) 요즘 국제 석유 시장은 매우 불안정하다.
(c) 다양한 요인들이 휘발유 가격에 영향을 미친다.
(d) 정제 과정은 휘발유 가격과는 아무런 관련이 없다.

어휘 gasoline 휘발유 / partially 부분적으로 / highly 몹시 / dependent 의존하는 / crude oil 원유 / refine 정제하다 / process 과정, 처리 / transportation 수송 / gas station 주유소 / be involved with ~에 관여하다 / determine 결정하다 / unstable 불안정한 / have a connection ~와 관계가 있다

해설 휘발유 가격이 결정되는 요인들에 대해 설명하고 있다. 휘발유 가격은 정유사, 국제 석유 시장에서 결정되는 원유 가격, 정제비용, 주유소까지의 운반 비용 등이 그 결정 요소로 작용한다고 언급하고 있으므로 정답은 (c) '다양한 요인들이 휘발유 가격에 영향을 미친다'이다.

Part 3 & 4 unit 13 추론하기

Practice TEST   p. 125

| 1 (d) | 2 (c) | 3 (b) | 4 (d) |
| 5 (a) | 6 (c) | 7 (b) | 8 (b) |

1 (d)
W: How may I help you?
M: Hi, my name is Jerry Smith, and I have an appointment with Mr. Carl Thomson at 1:30.
W: Mr. Smith, I'm sorry but Mr. Thomson is in a meeting now. The meeting should be over in 20 minutes.
M: Well, I can wait. Do you know where I can use my laptop while waiting?
W: Yes, the guest lounge downstairs is available.

M: Thanks. Could you give me a call when he comes back?
W: Sure, I can do that.
Q What can be inferred from the conversation?
(a) Jerry Smith cancelled the appointment.
(b) Carl Thomson is on a business trip.
(c) The woman is Jerry Smith's personal secretary.
(d) Carl Thomson will return to his office soon.

W: 무엇을 도와 드릴까요?
M: 안녕하세요, 제 이름은 제리 스미스입니다. 1시 30분에 칼 톰슨 씨와 만나기로 했습니다.
W: 스미스 씨, 죄송하지만 톰슨 씨는 지금 회의 중이세요. 회의는 20분 후면 끝날 겁니다.
M: 그럼, 기다리지요. 기다리는 동안 제가 노트북을 쓸 수 있는 곳이 있나요?
W: 네, 아래층에 마련된 손님용 휴게실을 사용하시면 됩니다.
M: 고맙습니다. 톰슨 씨가 돌아오시면 저에게 전화를 주시겠어요?
W: 물론이죠. 그렇게 하겠습니다.
Q 이 대화에서 추론할 수 있는 것은?
(a) 제리 스미스는 약속을 취소했다.
(b) 칼 톰슨은 출장 중이다.
(c) 여자는 제리 스미스의 개인 비서이다.
(d) 칼 톰슨은 자신의 사무실로 곧 돌아올 것이다.

어휘 laptop 휴대용 컴퓨터, 노트북 / guest lounge 손님용 휴게실 / downstairs 아래층에 / cancel 취소하다 / on a business trip 출장 중인 / personal 개인의 / secretary 비서

해설 남자는 칼 톰슨 씨와의 약속을 위해 그의 사무실을 찾았지만 톰슨 씨는 회의 중이다. 20분 후면 회의가 끝날 거라는 비서의 말을 바탕으로 곧 그가 사무실로 돌아올 것임을 추론할 수 있다. 따라서 정답은 (d)이다. 여자는 제리 스미스 씨의 개인 비서가 아니라 칼 톰슨 씨의 비서이므로 (c)는 오답이다.

2 (c)

M: You should not let your head move while you swing.
W: Well, I know, but I can't help it. What am I supposed to do?
M: Don't take your eyes off the ball at the moment of impact.
W: Okay, I'll keep that in mind. Any other tips for me?
M: After hitting the ball, count one, and then look in the direction that the ball goes.
W: Thanks for the advice. I'll try not to make the same mistakes in my next tee shot.
Q What can be inferred about the man and woman from the conversation?
(a) The woman is purchasing golf clubs.
(b) The woman is a professional golfer.
(c) They are out on the golf course.
(d) They are watching a golf match on TV.

M: 스윙을 하면서 머리를 움직이면 안돼요.
W: 음, 저도 아는데 잘 안 돼요. 어떻게 해야 하죠?
M: 공을 치는 순간 공에서 눈을 떼지 마세요.
W: 알겠어요, 명심할게요. 저에게 뭐 다른 조언할 건 없으세요?
M: 공을 친 후에 하나를 센 다음 공이 가는 방향을 보세요.
W: 조언 고마워요. 다음 티 샷에서는 같은 실수를 안 하도록 노력할게요.
Q 이 대화로부터 남자와 여자에 대해 추론할 수 있는 것은 무엇인가?
(a) 여자는 골프채를 구입하고 있다.
(b) 여자는 프로 골프 선수다.
(c) 그들은 골프장에 나와 있다.
(d) 그들은 TV로 골프 경기를 보고 있다.

어휘 swing 휘두르다 / be supposed to-v ~하기로 되어 있다 / take one's eyes off ~에서 눈을 떼다 / impact 충돌, 충격 / keep ~ in mind ~을 기억하다[명심하다] / tip 조언 / count 세다 / tee 골프 공을 올려 놓는 자리 / shot 발사, 발포 / purchase 구입하다 / golf club 골프채 / professional 전문적인; *프로의 / golf course 골프장 / match 경기

해설 스윙(swing), 샷(shot), 티 샷(tee shot) 등의 단어를 통해 골프와 관련된 대화를 하고 있음을 알 수 있다. 여자의 스윙 모습을 본 남자가 그녀의 자세에 대한 문제점을 지적하며 조언하는 것으로 보아 두 사람은 지금 골프장에서 골프를 연습하는 중임을 추론할 수 있다. 따라서 정답은 (c)이다.

3 (b)

W: Hello! I placed an order through the Internet and need to pick it up.
M: Do you have the order number?
W: No, I didn't write it down. Would that be a problem?
M: Uh, no, that's fine. Can I have your name and the title of the book?
W: I'm Alice Rogan and its title is *Style Up*.
M: Let me look at our online order list. Hold on please.
Q Where is the conversation probably taking place?
(a) Post office
(b) Bookstore
(c) Department store
(d) Library

W: 안녕하세요! 제가 인터넷으로 주문을 하고 그걸 찾으러 왔어요.
M: 주문 번호를 알고 계신가요?
W: 아니요, 적어 두지를 않았어요. 그게 문제가 되나요?
M: 오, 아뇨, 괜찮아요. 손님의 성함과 책 이름을 말씀해 주시겠어요?
W: 제 이름은 앨리스 로건이고 책 이름은 "Style Up" 이에요.

M: 저희 온라인 주문 리스트를 살펴보겠습니다. 잠시만 기다려 주세요.
Q 이 대화가 일어난 장소는?
(a) 우체국
(b) 서점
(c) 백화점
(d) 도서관

어휘 place an order 주문하다 / pick up ~을 찾아오다 / department store 백화점

해설 인터넷으로 상품을 주문한 여자가 물건을 찾으러 와서 주문 번호 대신 자신의 이름과 주문한 책 제목을 직원에게 알려주고 있다. 따라서 위의 대화가 일어난 장소로 가장 적절한 곳은 (b) '서점'임을 추론할 수 있다.

4 (d)

M: Rachel, did you hear back from anyone about your novel? You sent it to a few publishers last month.
W: Yes. Actually, I got a phone call yesterday from a guy who seems to be interested in it.
M: Really? That's awesome! So, what did he say?
W: He said my work needs to be rewritten a little bit to meet the taste of readers.
M: Hmm... that's still great news.
W: Yes, it is. And now I'm rewriting it.
Q What can be inferred from the conversation?
(a) The man is giving his opinion about her novel.
(b) The woman has signed a contract with a major publisher.
(c) The man has good connections with publishers.
(d) The woman will send her novel again.

M: 레이첼, 네 소설과 관련해서 연락 받은 거 있어? 지난 달에 몇몇 출판사에 그것을 보냈잖아.
W: 응. 사실 내 작품에 관심이 있는 것 같은 어떤 남자에게서 어제 전화를 받았어.
M: 진짜? 정말 잘됐다! 그 남자가 뭐라고 했어?
W: 그가 말하기를 독자들의 입맛을 맞추려면 내 소설을 조금 고쳐 써야 할 필요가 있대.
M: 음... 그래도 좋은 소식인걸.
W: 응, 좋은 소식이지. 그래서 지금 고쳐 쓰는 중이야.
Q 이 대화로부터 추론할 수 있는 것은 무엇인가?
(a) 남자는 여자의 소설에 대해 그의 의견을 주고 있다.
(b) 여자는 주요 출판사와 계약을 맺었다.
(c) 남자는 출판사들과 연줄이 있다.
(d) 여자는 그녀의 소설을 다시 제출할 것이다.

어휘 novel 소설 / publisher 출판사 / awesome 굉장한 / rewrite 다시 쓰다, 고쳐 쓰다 / meet (필요·요구 등을) 만족시키다 / taste 기호 / sign a contract with ~와 계약을 하다 / have a connection with ~와 관계[연줄]가 있다

해설 여자는 독자들의 취향에 맞게 자신의 소설을 수정할 필요가 있다는 출판사의 충고대로 그것을 고쳐 쓰고 있다고 말하고 있다. 따라서 여자는 소설을 수정하여 다시 제출할 것임을 추론할 수 있으므로 정답은 (d)이다.

5 (a)

I'd like to begin today's class by introducing children's literature and its favorite themes. In general, children's literature is the texts written specifically for children under the age of 14. It has both educational and entertainment purposes. The most common theme in children's literature is the battle between good and evil. The idea of what is right and what is not can be naturally acquired by reading stories about good and evil.
Q What can be inferred from the talk?
(a) Children can learn about standards of behaviors through children's literature.
(b) Children's literature is usually boring.
(c) There are a variety of genres in children's literature.
(d) The only purpose of children's literature is to teach children good and evil.

아동 문학과 그것에 자주 등장하는 주제를 소개하면서 오늘 수업을 시작할까 합니다. 일반적으로 아동 문학은 특히 14세 이하의 어린이들을 위해 쓰여진 글을 말합니다. 그것(=아동 문학)은 교육적이고 오락적인 목적 모두를 가집니다. 아동 문학에서 가장 흔한 주제는 선악의 대결입니다. 선과 악에 관한 이야기를 읽음으로써 무엇이 옳고 그른지에 대한 개념이 자연스럽게 습득될 수 있습니다.
Q 이 담화로부터 추론할 수 있는 것은?
(a) 아이들은 아동 문학을 통해 행동의 기준을 배울 수 있다.
(b) 아동 문학은 대개 지루하다.
(c) 아동 문학에는 다양한 장르들이 있다.
(d) 아동 문학의 유일한 목적은 아이들에게 선과 악을 가르치는 것이다.

어휘 children's literature 아동 문학 / theme 주제 / in general 일반적으로 / specifically 명확하게; *특히 / educational 교육적인 / entertainment 오락 / common 흔한 / battle 전투, 싸움 / good and evil 선과 악 / acquire 얻다; *배우다 / standard 기준 / behavior 행동 / genre 장르

해설 아동 문학의 정의와 자주 등장하는 주제에 대해 설명하고 있다. 가장 흔한 주제가 선악의 대결이라고 언급하며 이를 통해 아이들은 옳고 그름을 배울 수 있다고 하였다. 따라서 아이들이 아동 문학을 접함으로써 도덕적 행동 규범을 배울 수 있다는 주장을 추론할 수 있으므로 (a)가 정답이다.

6 (c)

The market is extremely competitive. To survive this competition, effective advertising strategies are needed and a catch phrase is one of them. Catch phrases should be simple, creative, and memorable in order to grab people's attention. Therefore, most companies actually spend a considerable amount of money coming up with excellent catch phrases that can differentiate their items from others.

Q Which statement would the speaker most likely agree with?

(a) It is not wise to spend a lot of money on creating catch phrases.
(b) The most effective way of advertising is to have a great catch phrase.
(c) The essence of catch phrases is a sense of creativity.
(d) Clever advertising strategies don't have to cost much money.

시장은 경쟁이 매우 심합니다. 이러한 경쟁에서 살아남기 위해서는, 효과적인 광고 전략들이 필요한데, 캐치 프레이즈가 바로 그 중 하나입니다. 캐치 프레이즈는 사람들의 이목을 끌기 위해서 간결하고 창의적이면서도 기억에 남아야 합니다. 따라서, 대부분의 기업들은 실제로 그들의 제품을 다른 것들과 차별화시킬 수 있는 탁월한 캐치 프레이즈를 고안해 내는 데 상당히 많은 돈을 사용합니다.

Q 화자가 가장 동의할 만한 진술은?
(a) 캐치 프레이즈를 만드는 데 돈을 많이 쓰는 것은 현명하지 못하다.
(b) 가장 효과적인 광고 방법은 훌륭한 캐치 프레이즈를 갖추는 것이다.
(c) 캐치 프레이즈의 핵심은 창의성이다.
(d) 훌륭한 광고 전략은 많은 비용이 들 필요가 없다.

어휘 extremely 극단적으로; *매우/ competitive 경쟁의, 경쟁적인 / survive 살아남다 / effective 효과적인 / advertising strategy 광고 전략 / catch phrase 이목을 이끄는 기발한 문구 / creative 창의적인 / memorable 기억할 만한 / grab one's attention ~의 관심을 사로잡다 / considerable 상당히 / come up with 생각해내다 / differentiate 구별 짓다 / create 창조하다, 창작하다 / essence 본질, 정수

해설 화자는 캐치 프레이즈가 simple, creative and memorable 해야 한다고 언급했을 뿐만 아니라 마지막에서 자사의 제품을 differentiate 즉, '차별화'할 수 있어야 한다고 말했다. 따라서 화자는 캐치 프레이즈의 핵심이 창의성에 있다는 의견에 동조할 것으로 추론할 수 있으므로 정답은 (c)이다. 캐치 프레이즈가 효과적인 광고 전략 중 하나라고 했을 뿐, 그것이 가장 효과적이라고는 언급되지 않았으므로 (b)는 오답이다.

7 (b)

Hello, I'm Brenda Davis and I'm 23 years old. I'd like to find my biological mother before it's too late. According to my birth records, I was abandoned at birth and sent to an orphanage in Busan, South Korea. Shortly after, I was adopted by an American couple. The only thing I know about my birth mother is that her first name is Soonhee. Even though I have wonderful adoptive parents, I've always wanted to meet my birth mother. If there is anyone who happens to know my biological mother, please contact me at this number.

Q What can be inferred about the speaker according to the talk?
(a) Her adoptive parents were mean to her.
(b) She has little information about her birth mother.
(c) Her birth mother still lives in Busan.
(d) She blames her birth mother for abandoning her.

안녕하세요, 제 이름은 브렌다 데이비스이고 23살이에요. 너무 늦기 전에 제 친어머니를 꼭 찾고 싶습니다. 제 출생 기록에 따르면 전 태어나자마자 버려져 한국의 부산에 있는 한 고아원으로 보내졌습니다. 그리고 얼마 되지 않아 한 미국인 부부에게 입양되었습니다. 제가 친어머니에 대해 알고 있는 것은 그녀의 이름이 순희라는 것 뿐입니다. 좋은 양부모님을 만났음에도 불구하고 전 항상 친어머니를 만나고 싶었습니다. 제 친어머니에 대해 아시는 분이 계시다면, 이 번호로 제게 연락을 주시기 바랍니다.

Q 이 담화로부터 화자에 대해 추론할 수 있는 것은?
(a) 그녀의 양부모는 그녀에게 못되게 굴었다.
(b) 그녀는 자신의 친어머니에 관한 정보를 거의 가지고 있지 않다.
(c) 그녀의 친어머니는 여전히 부산에 살고 있다.
(d) 그녀는 자신을 버린 것에 대해 친어머니를 원망한다.

어휘 biological mother 생모(=birth mother) / birth *출생; 출산 / abandon *버리다; 그만두다 / orphanage 고아원 / shortly after 직후에 / adopt 채택하다; *입양하다 / adoptive parent 양부모 / happen to-v 우연히 ~하다 / mean 비열한, 못된 / blame *비난하다; ~의 탓으로 돌리다

해설 한국에서 태어나 바로 미국으로 입양된 여자가 생모를 찾고 있는 내용이다. 태어나자마자 버려져서 생모의 이름만 알고 있으므로 그녀가 생모에 대해 알고 있는 정보가 거의 없다는 점을 추론할 수 있다. 따라서 정답은 (b)이다.

8 (b)

Showers and thunderstorms are moving to the north. Therefore, heavy rain is expected in the central region including Seoul tonight. It'll continue over the weekend. However the sky in the southern area will clear up in the afternoon. The thick fog in the area

is disappearing gradually, as well. So all flight schedules of the airports in this area returned to normal this morning.
Q What can be inferred from the weather forecast?
(a) A heavy storm is expected in Busan this weekend.
(b) Some people in the southern area couldn't use planes yesterday.
(c) Outdoor activities are highly recommended in Seoul this weekend.
(d) It will rain across the country tomorrow.

소나기와 폭풍우가 북쪽으로 이동하고 있습니다. 이에 따라 강한 비가 오늘 밤 서울을 비롯한 중부 지방에 예상됩니다. 이 비는 주말까지 계속되겠습니다. 그러나 남부 지방의 하늘은 오후 들어 개겠습니다. 짙은 안개 또한 점차 걷혀가고 있습니다. 따라서 이 지역의 공항들의 항공 스케줄은 오늘 아침 정상으로 돌아갔습니다.

Q 이 일기예보로부터 추론할 수 있는 것은?
(a) 이번 주말 부산에 폭풍우가 예상된다.
(b) 남부 지방의 일부 사람들은 어제 비행기를 이용할 수 없었다.
(c) 서울에서는 주말 동안의 야외 활동이 매우 권장된다.
(d) 내일은 전국적으로 비가 내릴 것이다.

어휘 shower 소나기 / thunderstorm 천둥 번개를 동반한 폭우 / region 지방, 지역 / continue 계속하다 / southern 남쪽의 / thick 두꺼운; *짙은, 자욱한 / fog 안개 / disappear 사라지다 / gradually 차차, 점차 / as well ~도 / storm 폭풍우 / highly *아주, 크게

해설 일기예보에서 소나기와 폭풍우가 북상하면서 서울을 비롯한 중부 지방은 오늘 밤부터 주말까지 비가 내릴 예정이며 남부지방은 오후 들어 날씨가 갤 것이라고 알리고 있다. 짙은 안개가 걷히면서 남부 지방의 공항들이 오전부터 정상 운항을 하고 있다는 것으로 보아, 어제까지 비행기의 운행에 차질이 있었음을 추론할 수 있다. 따라서 (b)가 정답이다.

Section 2 실전 Mini TEST

Mini TEST 1   p. 132

1 (b)	2 (d)	3 (b)	4 (a)
5 (c)	6 (d)	7 (c)	8 (b)
9 (d)	10 (a)	11 (b)	12 (c)
13 (b)	14 (c)	15 (c)	16 (b)

Part 1

1 (b)
W: Why are you so happy?
M: _____
(a) I need some rest.
(b) I got an A in math.
(c) You don't get me.
(d) I made a big mistake.

W: 왜 그렇게 기분이 좋니?
M: _____
(a) 난 휴식이 좀 필요해.
(b) 수학 과목에서 A를 받았어.
(c) 넌 날 이해 못해.
(d) 내가 큰 실수를 했어.

어휘 make a mistake 실수를 하다
해설 기분이 왜 좋은지를 묻는 질문에 대해 수학 과목에서 좋은 성적을 받아 기쁘다며 이유를 밝히는 (b)가 가장 적절한 응답이다.

2 (d)
M: They say a table will be ready in five minutes.
W: _____
(a) I didn't reserve seats.
(b) He is on his way.
(c) They're starving.
(d) Let's just wait then.

M: 5분 뒤면 자리가 준비될 거래요.
W: _____
(a) 전 좌석을 예약하지 않았어요.
(b) 그는 오고 있는 중이에요.

(c) 그들은 몹시 배고파해요.
(d) 그럼 그냥 기다리죠.

어휘 reserve (좌석·방 등을) 예약하다 / starve 굶주리다
해설 5분 뒤면 자리가 날 거라고 들었다는 남자의 말에 여자가 '그럼 그냥 기다리자'라고 답변하는 (d)가 가장 적절하다.

3 (b)
W: Is that really you in this picture?
M: ▒▒▒▒▒▒▒▒▒▒▒▒▒▒▒▒▒
(a) I like drawing a lot.
(b) Yeah, it was taken when I was little.
(c) Yes, I had so much fun.
(d) Actually, that's not true.

W: 이 사진 속의 사람이 정말 당신이에요?
M: ▒▒▒▒▒▒▒▒▒▒▒▒▒▒▒▒▒
(a) 저는 그림 그리기를 매우 좋아해요.
(b) 네, 제가 어렸을 때 찍은 거에요.
(c) 네, 정말 재미있었어요.
(d) 사실 그건 사실이 아니에요.

해설 여자는 사진 속 인물이 남자가 맞는지를 물어보고 있다. 이에 '그렇다', '아니다'라는 두 가지 응답이 가능하므로 본인이 어렸을 때 찍은 사진이라고 답하는 (b)가 정답이다.

4 (a)
M: Excuse me, I'd like to check these books out.
W: ▒▒▒▒▒▒▒▒▒▒▒▒▒▒▒▒▒
(a) Of course. May I see your ID?
(b) These books were written by Shakespeare.
(c) They are on the table.
(d) I couldn't agree with you more.

M: 실례합니다만, 이 책들을 대출하고 싶은데요.
W: ▒▒▒▒▒▒▒▒▒▒▒▒▒▒▒▒▒
(a) 네. 학생증을 보여주시겠어요?
(b) 이 책들은 셰익스피어에 의해 쓰여졌어요.
(c) 그것들은 테이블 위에 있어요.
(d) 전적으로 동의합니다.

어휘 check out (책을) 대출하다 / ID 신분증
해설 책을 대출하고 싶다고 말하는 남자에게 학생증 제시를 요청하는 (a)가 가장 적절한 답변이다.

Part 2

5 (c)
W: Can you give me a ride home?
M: Sure, I'd be glad to.
W: Thanks a lot.
M: ▒▒▒▒▒▒▒▒▒▒▒▒▒▒▒▒▒
(a) That's okay.
(b) Don't be shy.
(c) It's my pleasure.
(d) Are you serious?

W: 집까지 태워다 주실 수 있어요?
M: 물론이죠, 기꺼이 그럴게요.
W: 정말 고마워요.
M: ▒▒▒▒▒▒▒▒▒▒▒▒▒▒▒▒▒
(a) 괜찮아요.
(b) 부끄러워하지 마세요.
(c) 천만에요.
(d) 진심이세요?

어휘 give ~ a ride … ~를 …까지 태워주다 / shy *수줍은; 조심성 있는
해설 집까지 태워다 줄 수 있냐는 여자의 '부탁'에 남자가 기꺼이 그러겠다고 대답하자 고마움을 나타내고 있다. 따라서 감사에 대한 관용적 응답 표현인 '천만에요'라고 응답하는 (c)가 가장 적절하다. (a)는 사과에 대한 관용적 응답이므로 오답이다.

6 (d)
M: Is everything all right with you?
W: Actually, no. I'm in big trouble.
M: What happened?
W: ▒▒▒▒▒▒▒▒▒▒▒▒▒▒▒▒▒
(a) I don't think so.
(b) My sister is getting married.
(c) I think I should go.
(d) I made a huge mistake at work.

M: 별일 없이 잘 지내고 있지?
W: 사실은 아니야. 나 큰 곤경에 빠졌어.
M: 무슨 일인데?
W: ▒▒▒▒▒▒▒▒▒▒▒▒▒▒▒▒▒
(a) 난 그렇게 생각하지 않아.
(b) 내 여동생이 결혼해.
(c) 난 이제 가봐야 할 것 같아.
(d) 회사에서 큰 실수를 했어.

어휘 be in trouble 곤경에 처하다 / huge 거대한
해설 곤란한 상황에 빠졌다고 이야기하는 여자에게 남자가 그 이유를 묻고 있다. 따라서 그 이유를 밝히는 (d)가 정답이다.

7 (c)
W: Excuse me, where is the nearest bus stop?

M: Well, it's two blocks away.
W: How long does it take to get there?
M: ▓▓▓▓▓▓▓▓▓▓▓▓▓▓▓▓▓▓▓▓
(a) Downtown is this way.
(b) Sorry, I'm a stranger here myself, too.
(c) Only a few minutes on foot.
(d) You can take the subway.

W: 실례합니다만, 가장 가까운 버스 정류장이 어디인가요?
M: 음, 두 블록 거리에 있어요.
W: 거기까지 가는 데 얼마나 걸리나요?
M: ▓▓▓▓▓▓▓▓▓▓▓▓▓▓▓▓▓▓▓▓
(a) 시내는 이쪽이에요.
(b) 죄송하지만 저도 여기가 처음이에요.
(c) 걸어서 몇 분밖에 안 걸려요.
(d) 지하철을 이용하시면 돼요.

어휘 downtown 도심지 / stranger 낯선 사람; *~에 생소한 사람
해설 가장 가까운 버스 정류장까지 얼마나 걸리는지를 물었으므로 걸어서 몇 분밖에 걸리지 않는다고 대답한 (c)가 정답이다.

8 (b)

M: Greenwood Management. How may I help you?
W: May I speak to Mr. Greenwood?
M: I'm afraid he's just stepped out for lunch. Would you like to leave a message?
W: ▓▓▓▓▓▓▓▓▓▓▓▓▓▓▓▓▓▓▓▓
(a) Sure, go ahead.
(b) No, thanks. I'll call again.
(c) You've dialed the wrong number.
(d) Please let me know.

M: 그린우드 매니지먼트입니다. 무엇을 도와드릴까요?
W: 그린우드 씨와 통화할 수 있을까요?
M: 죄송하지만 방금 점심 식사를 하러 나가셨는데요. 메모를 남기시겠어요?
W: ▓▓▓▓▓▓▓▓▓▓▓▓▓▓▓▓▓▓▓▓
(a) 물론이지요, 그렇게 하세요.
(b) 아니요, 괜찮습니다. 다시 전화할게요.
(c) 전화를 잘못 거셨습니다.
(d) 저에게 알려주세요.

어휘 step out (집·방을) 나가다
해설 여자가 전화를 걸어 특정인과 통화를 요청하자 남자는 그 사람이 부재중이라고 답하며 메모를 남기겠냐고 묻고 있다. 따라서 괜찮다며 나중에 다시 걸겠다는 (b)가 가장 적절하다. (a)는 전화를 건 사람이 메시지를 남겨도 되겠냐는 질문에 어울리는 응답이므로 오답이다.

Part 3

9 (d)

W: Excuse me. Can you help me find a book?
M: Of course. What's the title of the book?
W: Well, I don't know the title, but its author is Susan Lynch.
M: In that case, I need to look it up on the online database first. Wait a moment, please.
W: Okay. Thank you for helping me.
M: My pleasure.
Q Where is the conversation probably taking place?
(a) Shopping mall
(b) Supermarket
(c) Stationery store
(d) Bookstore

W: 실례합니다. 책 찾는 것을 좀 도와주시겠어요?
M: 물론이죠. 책 제목이 뭔가요?
W: 음, 제목은 모르겠는데, 책의 저자는 수잔 린치에요.
M: 그런 경우라면 우선 온라인 자료 검색을 해봐야 해요. 잠시만 기다려주세요.
W: 알겠습니다. 도와주셔서 감사해요.
M: 천만에요.
Q 대화가 이루어지고 있는 장소는?
(a) 쇼핑몰
(b) 슈퍼마켓
(c) 문구점
(d) 서점

어휘 author 저자 / stationery store 문구점
해설 책을 찾는 데 어려움을 겪고 있는 여자가 남자에게 도움을 요청하는 대화이다. 따라서 대화가 이루어지고 있는 장소는 서점이다.

10 (a)

M: My first wedding anniversary is coming up soon.
W: Do you have any special plans?
M: Not yet. I'm thinking about throwing a surprise party for my wife.
W: Well, that sounds great. How romantic!
M: I hope she likes the idea.
W: Trust me. She will love it.
Q What are the speakers mainly discussing?
(a) How to celebrate a special occasion
(b) Who will throw a surprise party
(c) What to buy for his wife's birthday
(d) When to go on a trip

M: 곧 있으면 제 결혼 1주년이에요.
W: 특별한 계획이라도 있으세요?
M: 아직은 없어요. 아내를 위해 깜짝 파티를 열까 생각 중이에요.
W: 음, 그거 괜찮네요. 낭만적인걸요!
M: 아내가 좋아하면 좋겠는데 말이죠.
W: 절 믿으세요. 아내 분이 좋아할 거에요.
Q 화자들은 무엇에 대해 주로 논의하고 있는가?
(a) 특별한 날을 기념할 방법
(b) 누가 깜짝 파티를 열 것인지
(c) 아내의 생일을 위해 무엇을 살 것인지
(d) 언제 여행을 갈 것인지

어휘 wedding anniversary 결혼 기념일 / throw a party 파티를 열다 / occasion (특별한) 경우, 행사 / go on a trip 여행을 가다
해설 첫 번째 결혼 기념일을 앞둔 남자가 그 날을 어떻게 기념할 것인지에 대해 여자와 대화를 나누고 있다. 따라서 (a)가 정답이다.

11 (b)
W: Hey Jeff! What's wrong? You look upset.
M: I am. I had an argument with my sister last night.
W: What did you fight about?
M: She never cleans the house.
W: That's too bad.
M: I'm the one who always takes care of her messes!
Q What is the man complaining about?
(a) A rude houseguest
(b) His untidy sister
(c) His careless landlord
(d) His lazy boss

W: 이봐, 제프! 무슨 일 있어? 화난 것처럼 보이는데.
M: 맞아. 어젯밤에 여동생이랑 다퉜거든.
W: 뭐 때문에 싸웠어?
M: 그 애는 절대 집을 청소하는 법이 없어.
W: 정말 안됐다.
M: 동생이 어질러 놓은 걸 치우는 사람은 항상 나야.
Q 남자가 불평하고 있는 대상은?
(a) 무례한 손님
(b) 말끔하지 못한 여동생
(c) 부주의한 집주인
(d) 게으른 상사

어휘 argument 논의; *말다툼 / take care of ~을 처리하다 / mess 엉망인 상태, 뒤죽박죽 / untidy 단정치 못한, 말끔하지 못한 / careless 부주의한, 무관심한 / landlord (집)주인〈남자〉 / lazy 게으른
해설 지저분해진 집을 늘 혼자서 청소하는 것이 화가 난 남자가 정리를 잘 하지 않는 여동생에 대해 불평을 하고 있으므로 정답은 (b)이다.

12 (c)
M: I'm looking forward to our summer holiday.
W: Me, too. I can't wait to have fun at the beach.
M: Yeah, we can just relax all day long.
W: Oh, I want to go snorkeling, too.
M: Actually I'm excited about trying some local dishes.
W: Just thinking about it makes my mouth water!
Q Which is correct according to the conversation?
(a) The woman has never been to the beach.
(b) The man's favorite season is summer.
(c) The man and the woman are going on a trip together.
(d) The man and the woman are having lunch now.

M: 우리의 여름 휴가가 정말 기대돼요.
W: 저도 그래요. 빨리 해변에서 재미있게 놀고 싶어요.
M: 맞아요, 그냥 하루 종일 쉬어도 되고요.
W: 아, 난 스노클링도 하고 싶어요.
M: 사실 난 현지 음식을 맛볼 생각에 설레요.
W: 생각만 해도 군침이 도네요!
Q 이 대화 내용과 일치하는 것은?
(a) 여자는 해변에 가본 적이 한 번도 없다.
(b) 남자가 가장 좋아하는 계절은 여름이다.
(c) 남자와 여자는 함께 여행을 갈 것이다.
(d) 남자와 여자는 지금 점심을 먹고 있다.

어휘 look forward to ~을 기대하다 / relax (긴장을) 늦추다; *편하게 하다 / all day long 하루 종일 / go snorkeling 스노클링을 하다 / local 현지의, 지역의 / make one's mouth water ~의 군침을 돌게 하다
해설 대화 전반에 걸쳐 남자와 여자 모두 함께 가게 될 여름 휴가에 대한 설렘과 기대를 나타내고 있으므로 정답은 (c)이다.

Part 4

13 (b)
I'd like to thank you all for coming to our annual parents meeting. As you know, one of the characteristics of Maton middle school is well organized extracurricular activities. We offer a wide variety of opportunities for students to expand their experiences. To increase the level of their satisfaction, we've decided to start a new mentoring program. It's aimed at guiding students to the right extracurricular activities based on their interests and talents.
Q What is the speaker mainly talking about?
(a) The history of Maton middle school

(b) Starting a mentoring program
(c) Hiring teachers for extracurricular activities
(d) The appointment of a new school principal

연례 학부모 회의에 오신 모든 여러분께 감사의 말씀을 드리고 싶습니다. 여러분께서 아시다시피 우리 메이튼 중학교의 특징 중 하나가 바로 잘 조직된 특별 활동입니다. 우리 학교에서는 학생들의 경험을 확장시켜줄 수 있는 다양한 기회를 제공합니다. 학생들의 만족도를 높이기 위해 우리는 새로운 조언 프로그램을 시작하기로 결정했습니다. 이것은 학생들의 관심과 소질에 기반하여 그들을 적절한 특별 활동으로 이끄는 것을 목적으로 합니다.

Q 화자가 주로 이야기하고 있는 것은?
(a) 메이튼 중학교의 역사
(b) 조언 프로그램 시작하기
(c) 특별 활동을 위한 선생님 채용하기
(d) 새로운 교장 선생님의 임명

어휘 annual 1년의, 해마다의 / characteristic 특징 / organized 조직된, 계획된 / extracurricular activity 과외 활동, 특별 활동 / a wide variety of 다양한 / expand 넓히다, 확장하다 / mentoring program 조언 프로그램 / aim at ~을 목적으로 하다 / guide 지도하다, 안내하다 / talent 재능, 소질 / hire 고용하다 / appointment 임명 / principal 우두머리; *교장

해설 메이튼 중학교의 학부모 회의에서 학생들의 특별 활동의 선택을 돕는 조언 프로그램을 시작하기로 결정했음을 알리는 내용이다. 따라서 정답은 (b)이다.

14 (c)

As you know, lung cancer can be often fatal, and there are a number of factors causing this illness. Among them, the key factor is smoking. In fact, smoking is the main cause of lung cancer. Particularly heavy smokers are often the victims of lung cancer. People usually try to cut down on smoking, but it doesn't help much. Thus people who want to avoid lung cancer should quit smoking as soon as possible.

Q Which is correct according to the talk?
(a) Lung cancer can be cured if found early.
(b) Regular checkups prevent all kinds of diseases.
(c) The main cause of lung cancer is smoking.
(d) Secondhand smoke is harmful.

여러분이 알고 있듯이 폐암은 종종 치명적일 수 있고, 이 질병을 일으키는 많은 요인들이 있습니다. 그 중에서도 가장 결정적인 요인은 흡연입니다. 사실 흡연은 폐암의 가장 주된 원인이지요. 특히 심각한 흡연자들은 흔히 폐암의 희생자가 됩니다. 사람들은 보통 담배를 줄이려고 노력하지만, 그것은 크게 도움이 되지 않습니다. 따라서 폐암을 예방하고 싶은 사람들은 조속히 담배를 끊어야 합니다.

Q 이 담화의 내용과 일치하는 것은 무엇인가?
(a) 폐암은 초기에 발견되면 치료될 수 있다.
(b) 정기 검진은 모든 질병을 예방해준다.
(c) 폐암의 주요 원인은 흡연이다.
(d) 간접 흡연은 해롭다.

어휘 lung cancer 폐암 / fatal 치명적인 / factor 요인 / key 기본적인, 중요한 / particularly 특히 / heavy smoker 담배를 많이 피우는 사람 / victim 희생자 / cut down (담배 등의) 양을 줄이다 / avoid 피하다 / cure 치료하다 / regular 정기적인 / checkup 점검; *건강진단 / prevent 막다; *예방하다 / secondhand *간접의; 중고의

해설 폐암을 일으키는 주요 원인이 흡연임을 강조하는 담화이므로 정답은 (c)이다.

15 (c)

As women have made every effort to achieve gender equality for a long time, their status has been elevated significantly. Yet women still face many different types of discrimination, even in countries where women's rights are guaranteed under the law. Most women have the right to take part in any kind of social or political activity, but there are still many obstacles that limit their participation. Therefore, we should stand up for our rights and let our voices be heard!

Q What is the main purpose of the talk?
(a) To criticize the gender equality movement
(b) To inform of racial discrimination
(c) To raise awareness about gender equality
(d) To entertain the audience

여성들이 오랫동안 남녀평등을 이루기 위해 많이 노력해 왔기 때문에, 여성들의 지위는 상당히 향상되었습니다. 그러나 여성들은 여성들의 권리가 법적으로 보장되는 국가 안에서조차 여러 가지 다양한 유형의 차별을 여전히 겪고 있습니다. 대부분의 여성들에게는 어떠한 사회, 정치적인 활동에도 참여할 권리가 있지만, 그들의 참여를 제한하는 많은 장애물들이 여전히 있습니다. 그런 이유로, 우리들은 우리의 권리를 옹호하고 우리의 목소리를 내야 합니다.

Q 이 담화의 목적은 무엇인가?
(a) 남녀평등 운동을 비판하기 위해
(b) 인종차별을 알리기 위해
(c) 남녀평등에 대한 자각을 불러일으키기 위해
(d) 청중들을 즐겁게 하기 위해

어휘 make every effort (to-v) (~하기 위해) 온갖 노력을 다하다 / achieve 성취하다 / gender equality 남녀평등 / status 지위 / elevate 올리다, 높이다 / significantly 상당히 / discrimination 차별 / right 권리 / guarantee 보증하다 / take part in ~에 참

여하다 / political 정치적인 / obstacle 장애(물) / limit 제한하다 / participation 참여 / stand up for 옹호하다 / racial 인종의 / awareness 지각, 인식 / entertain 즐겁게 하다 / audience 청중
[해설] 남녀평등과 여성의 지위에 대한 연설이다. 향상된 여성 지위에도 불구하고 여전히 남녀평등이 완전히 이루어지지 못한 점을 지적하며 여성의 권리 획득을 위해 여성 스스로 일어설 것을 촉구하고 있다. 따라서 이 담화의 목적으로 가장 적절한 것은 (c)이다.

16 (b)
Wow, thank you. I never expected to win this prize. This truly means a lot to me. Well, first of all, I would like to express my thanks to my partner, Steve Johnson, for his support and advice. Without his assistance, I would never have completed this project so successfully. Mr. Johnson, thank you again for your encouragement and I enjoyed working with you. I'd like to dedicate this prize to you.
Q What can be inferred from the talk?
(a) The man is showing his thanks to his wife.
(b) Steve Johnson is the man's colleague.
(c) The man failed to complete the project.
(d) The man will get prize money.

아, 감사합니다. 이 상을 받으리라곤 전혀 생각하지 못했는데요. 이 상은 저에게 정말 큰 의미가 있습니다. 음, 우선 저의 파트너인 스티브 존슨의 격려와 조언에 감사를 표하고 싶습니다. 그의 도움이 없었다면 저는 절대 이 프로젝트를 이렇게 성공적으로 마치지 못했을 것입니다. 존슨 씨, 당신의 성원에 다시 한번 감사드리며 당신과 일하면서 즐거웠어요. 이 상을 당신께 바칩니다.
Q 이 담화로부터 추론할 수 있는 것은?
(a) 남자는 자신의 아내에게 고마움을 표하고 있다.
(b) 스티브 존슨은 남자의 동료이다.
(c) 남자는 프로젝트를 완성하는 데 실패했다.
(d) 남자는 상금을 받게 될 것이다.

[어휘] express one's thanks 감사를 표하다 / assistance 조력, 보조 / encouragement 격려, 고무 / dedicate ~ to ... …에게 ~을 바치다 / colleague (직장) 동료 / prize money 상금
[해설] 수상자가 수상 소감을 발표하고 있다. 자신에게 많은 도움을 준 스티브 존슨에게 감사하며 함께 일하면서 즐거웠다고 말하는 것으로 보아 두 사람은 동료 관계였음을 알 수 있다. 따라서 (b)가 정답이다.

Mini TEST 2 p. 134

1 (a)	2 (c)	3 (b)	4 (d)
5 (b)	6 (d)	7 (a)	8 (c)
9 (b)	10 (c)	11 (c)	12 (c)
13 (d)	14 (c)	15 (b)	16 (c)

Part 1

1 (a)
W: I wish I could sing well like you.
M:
(a) Thanks. I'm so flattered.
(b) I'm sorry to hear that.
(c) I had so much fun.
(d) You can count on me.

W: 나도 너처럼 노래를 잘했으면 좋겠어.
M:
(a) 고마워. 과찬인걸.
(b) 참 안타깝군요.
(c) 진짜 재미있었어.
(d) 나만 믿어.

[어휘] count on ~를 믿다, 의지하다
[해설] 남자처럼 노래를 잘했으면 좋겠다는 여자의 칭찬에 감사를 표현하는 (a)가 가장 자연스러운 응답이다. I'm so flattered.는 '과찬이세요.'라는 의미로 상대방의 칭찬에 겸손을 나타낼 때 흔히 사용되는 관용 표현이다.

2 (c)
M: When is this sales report due?
W:
(a) He's coming back this Friday.
(b) I'm really looking forward to it.
(c) No later than May 1st.
(d) Let's make a plan first.

M: 이 영업 보고서의 마감 기한이 언제죠?
W:
(a) 그는 이번 주 금요일에 돌아올 거예요.
(b) 그것이 정말 기대되는데요.
(c) 5월 1일까지예요.
(d) 우리 먼저 계획을 세워 보죠.

[어휘] due (언제까지) ~하기로 되어 있는 / look forward to ~을 기대하다 / no later than 늦어도 ~까지, ~이전에
[해설] 보고서 마감이 언제인지를 묻고 있으므로 정확한 마감일을 알려

주는 (c)가 정답이다. '늦어도 ~까지'라는 뜻의 no later than은 기한을 나타내는 전치사 by와 같은 의미의 표현이다.

3 (b)
W: I'm sorry for being mean the other day.
M:
(a) That's what I'm talking about.
(b) That's okay, but don't ever do that again.
(c) Thanks, you are a lifesaver!
(d) Not that I know of.

W: 지난번에 못되게 굴어서 미안해.
M:
(a) 내 말이 바로 그거야.
(b) 괜찮아, 하지만 다시는 그러지 마.
(c) 고마워, 넌 나의 구세주야!
(d) 내가 알기로는 그렇지 않아.

어휘 mean 못된, 심술궂은 / lifesaver 구원자
해설 여자가 과거에 심술궂게 군 것을 사과하고 있으므로 남자가 사과를 받아들이면서 앞으로는 그러지 말 것을 당부하는 (b)가 가장 자연스럽다.

4 (d)
M: What are the last four digits of Tim's cellphone number?
W:
(a) I have two cellphones.
(b) It's hard to make up my mind.
(c) He's not answering my calls.
(d) They're 2604.

M: 팀의 휴대 전화 번호 끝 네 자리가 뭐지?
W:
(a) 난 휴대 전화가 두 개야.
(b) 결단을 내리기가 힘들어.
(c) 그가 내 전화를 안 받아.
(d) 2604야.

어휘 digit 숫자 / cellphone 휴대 전화 / make up one's mind 결단을 내리다
해설 남자가 팀의 휴대 전화 번호의 마지막 네 자리가 무엇인지 묻고 있으므로 이에 대한 여자의 응답으로 가장 적절한 것은 번호를 알려주는 (d)이다.

Part 2

5 (b)
W: It's such a lovely day, isn't it?
M: It sure is. I think spring has finally come.
W: Yes. So how about going on a picnic tomorrow?
M:
(a) She likes outdoor activities.
(b) That's a good idea. I'd love to.
(c) Why don't you go home and rest?
(d) Good. I like to go to the movies.

W: 날씨 정말 좋다, 그렇지 않니?
M: 정말 그래. 드디어 봄이 온 것 같아.
W: 응. 그럼 내일 소풍 가는 게 어때?
M:
(a) 그녀는 야외 활동을 좋아해.
(b) 좋은 생각이야. 그러자.
(c) 집에 가서 쉬는 게 어떠니?
(d) 좋아. 나도 영화 보고 싶어.

어휘 outdoor activity 야외 활동 / would rather 오히려 ~하는 편이 낫다
해설 여자가 내일 소풍을 가자고 제안하고 있으므로 이를 흔쾌히 승낙하는 (b)가 정답이다.

6 (d)
M: I'd like to make a doctor's appointment for this Friday.
W: I'm afraid he's all booked up this week.
M: Um, then what about next Monday?
W:
(a) We're behind schedule.
(b) I don't believe in doctors.
(c) Don't get me wrong.
(d) Let me check the schedule next week.

M: 이번 주 금요일에 진료 예약을 하고 싶은데요.
W: 죄송하지만 이번 주는 예약이 모두 다 찼습니다.
M: 음, 그럼 다음 주 월요일은 어떤가요?
W:
(a) 우리는 일정보다 뒤쳐져 있어요.
(b) 전 의사들을 믿지 않아요.
(c) 제 말을 오해하지 마세요.
(d) 다음 주 일정을 확인해 보겠습니다.

어휘 appointment 약속, 예약 / be (all) booked up *예약이 다 차다 / behind schedule 일정에 뒤처진
해설 병원에 진료 예약을 하려는 환자에게 담당 직원이 이번 주 예약

이 다 찼다고 말하고 있다. 이에 남자가 다음 주 월요일의 예약 가능 여부를 물었으므로 확답을 주기 전에 먼저 다음 주 일정을 확인해보겠다는 직원의 말이 문맥상 가장 자연스럽다. 따라서 정답은 (d)이다.

7 (a)

W: How would you like your hair done?
M: I'd like to get a haircut.
W: Anything else?
M:

(a) Just don't make it too short, please.
(b) That's very nice of you.
(c) It looks great on you.
(d) I'm just kidding.

W: 머리를 어떻게 해 드릴까요?
M: 머리를 자르고 싶어요.
W: 그 밖에 다른 사항은 없으신가요?
M:

(a) 너무 짧지 않게만 해주세요.
(b) 정말 친절하시군요.
(c) 당신한테 잘 어울리는군요.
(d) 그냥 농담한 거예요.

어휘 get a hair cut 머리를 자르다
해설 남자에게 머리를 자르는 것 외에 추가적인 주문 사항이 없는지를 확인하고 있다. 따라서 너무 짧지 않게 잘라달라고 말하는 (a)가 가장 적절한 응답이다.

8 (c)

M: What do you think is our society's most important issue these days?
W: I would say the environment.
M: I agree. In fact, it's a worldwide problem.
W:

(a) I owe you an apology.
(b) No, it's getting warmer.
(c) You can say that again.
(d) Sure, no problem at all.

M: 요즘 우리 사회의 가장 중요한 문제가 뭐라고 생각하십니까?
W: 제가 보기엔 환경인 것 같아요.
M: 맞아요. 사실, 그것은 전 세계적인 문제죠.
W:

(a) 죄송합니다.
(b) 아니요, 계속 따뜻해지고 있어요.
(c) 당신의 말에 전적으로 동의합니다.
(d) 물론이죠, 전혀 문제없습니다.

어휘 issue 발행물; *논쟁점 / environment 환경 / in fact 사실

상, 실은 / worldwide 세계적인 / owe 빚지다 / apology 사과
해설 환경 문제에 대해 대화를 나누고 있는 상황이다. 남자가 이 문제는 전 세계적인 문제라고 자신의 의견을 말했으므로 전적으로 동의한다는 (c)가 가장 자연스러운 응답이다.

Part 3

9 (b)

W: I heard you got a job recently. Is that true?
M: Yeah, you heard right.
W: How nice! Congratulations! So where do you work now?
M: I work as a physical therapist at Green Hospital.
W: How is it going so far?
M: So far so good.
Q What is the main topic of the conversation?
(a) The man's future goal
(b) The man's new career
(c) The man's summer plan
(d) The man's new resolution

W: 네가 최근에 취업했다고 들었어. 그게 사실이야?
M: 응, 네가 들은 게 맞아.
W: 잘됐다! 축하해! 그럼 지금 어디서 근무해?
M: 그린 병원에서 물리치료사로 일하고 있어.
W: 지금까지는 어때?
M: 지금까지는 괜찮아.
Q 대화의 주제는 무엇인가?
(a) 남자의 미래 목표
(b) 남자의 새로운 직업
(c) 남자의 여름 계획
(d) 남자의 새로운 결심

어휘 physical therapist 물리치료사 / resolution 결심
해설 남자의 취업 소식을 들은 여자가 축하의 인사를 건네며 새 직장에 대한 여러 가지를 묻고 있다. 따라서 대화의 주제는 (b) '남자의 새로운 직업'이다.

10 (c)

M: Hello, Kelly, this is Matt.
W: Hi, Matt! What's up?
M: I'm calling to confirm our meeting tomorrow.
W: Gee, I completely forgot about it.
M: You can still make it, right?
W: Absolutely! Thanks for reminding me.
M: You're welcome. See you tomorrow then.
W: See you, Bye!

Q What can be inferred from the conversation?
(a) The man is forgetful.
(b) The man and the woman are having coffee.
(c) The man and the woman are talking on the phone.
(d) The woman is driving a car.

M: 여보세요, 켈리, 저 매트예요.
W: 안녕하세요, 매트! 무슨 일이에요?
M: 내일 우리의 회의를 확인하려고 전화했어요.
W: 이런, 완전히 잊어버리고 있었어요.
M: 그래도 내일 시간 되는 거죠, 그렇죠?
W: 당연하죠! 상기시켜 줘서 고마워요.
M: 천만에요. 그럼 내일 만나요.
W: 그래요, 안녕히 계세요!
Q 이 대화로부터 추론할 수 있는 것은?
(a) 남자는 건망증이 있다.
(b) 남자와 여자는 커피를 마시고 있다.
(c) 남자와 여자는 전화 통화를 하고 있다.
(d) 여자는 운전 중이다.

어휘 confirm 확인하다 / make it 제시간에 도착하다; 성공하다; *오다 / absolutely 절대적으로, 완전히 / remind 상기시키다 / forgetful 건망증이 있는, 잘 잊어버리는
해설 남자가 this is ~ 구문을 이용해 자신이 누구인지를 밝히고, 뒤이어 약속을 확인하기 위해 전화했다고 말했으므로 전화 통화 중임을 추론할 수 있다. 따라서 정답은 (c)이다. 약속을 잊어버린 사람은 여자이므로 (a)는 오답이다.

11 (c)
W: Hey, Jack! Long time no see!
M: Yeah, it's been a while! How's everything with you?
W: Couldn't be better. What about you?
M: Well, I have no life these days.
W: Why is that?
M: I've been awfully tied up at work for months.
Q Which is correct according to the conversation?
(a) The woman is busy with her work.
(b) The man has been abroad for months.
(c) The man and the woman haven't met for a long time.
(d) The man and the woman have a lot in common.

W: 안녕, 잭! 오랜만이야!
M: 그러게 말야, 오래간만이다! 어떻게 지내?
W: 더할 나위 없이 좋아. 넌 어때?
M: 음, 난 요즘 내 생활이란 게 없어.
W: 왜 그런 거야?
M: 몇 달째 일 때문에 정신 없이 바빴거든.
Q 이 대화와 일치하는 것은?
(a) 여자는 일 때문에 바쁘다.
(b) 남자는 몇 달 동안 해외에 나가 있었다.
(c) 남자와 여자는 오랫동안 만나지 않았다.
(d) 남자와 여자는 서로 공통점이 많다.

어휘 awfully 대단히, 몹시 / be tied up ~에 얽매여 있다
해설 남자와 여자가 서로 오랜만이라고 인사하는 것으로 보아 둘은 상당히 오랫동안 만나지 않았다는 것을 알 수 있다. 따라서 정답은 (c)이다. 일 때문에 바쁜 사람은 남자이므로 (a)는 오답이다.

12 (c)
M: Sue, you look fantastic! You're all dressed up.
W: Well, I have a date tonight. I'm really excited.
M: Wow, with whom?
W: The guy I told you about last time.
M: Oh, you mean the guy you work with?
W: Yes, right. He is so much fun to be with.
Q What will the woman probably do tonight?
(a) Work at the office
(b) Buy a gift for mother's birthday
(c) Have fun with a colleague
(d) Introduce her boyfriend to the man

M: 수, 너 멋져 보여! 잘 차려 입었구나!
W: 음, 오늘 밤에 데이트가 있거든. 너무 설레.
M: 와, 누구랑?
W: 지난 번에 너에게 얘기했던 그 남자야.
M: 아, 너랑 같이 일한다는 그 남자 말이야?
W: 응, 맞아. 그 사람과 함께 있으면 정말 재미있어.
Q 여자가 오늘 밤에 할 것 같은 것은?
(a) 사무실에서 일하기
(b) 어머니의 생일 선물 사기
(c) 직장 동료와 즐거운 시간 보내기
(d) 남자친구를 남자에게 소개시키기

어휘 dress up 옷을 차려 입다 / colleague 동료
해설 여자는 오늘 밤 직장 동료와의 데이트를 기대하며 그 동료에 대해 남자와 이야기를 나누고 있다. 따라서 여자가 오늘 밤 할 일은 (c)이다.

Part 4

13 (d)
Let me briefly give you an outline of this class. This course is designed to introduce students to a variety of cultures through films, TV shows and literature. In this course, we will focus on the characteristics

of American culture. Since this is a required course for English majors, exams will be given entirely in English.
Q What is the purpose of the talk?
(a) To announce students final grades
(b) To advertise a new book
(c) To guide students on how to select courses
(d) To introduce a course

이 수업의 개요를 간단히 말씀드릴게요. 이 강의는 학생들에게 영화, TV 프로그램, 그리고 문학을 통해 다양한 문화를 경험하게 하기 위해 개설되었습니다. 이 과정에서, 우리는 미국 문화의 특징에 초점을 맞출 것입니다. 이 수업은 영어 전공 학생들의 필수 과목이므로 시험은 전부 영어로 진행될 예정입니다.
Q 이 담화의 목적은 무엇인가?
(a) 학생들에게 최종 성적을 공지하기 위해
(b) 새 책을 광고하기 위해
(c) 학생들에게 수업 선택하는 방법을 안내하기 위해
(d) 수업을 소개하기 위해

어휘 briefly 간단히 / outline 개요 / a variety of 다양한 / characteristic 특징 / required 필수의 / major 전공과목; *전공 학생 / entirely 완전히 / announce 알리다 / advertise 광고하다 / select 선택하다
해설 교수가 새 학기를 맞아 학생들에게 간략하게 강의 내용과 진행 방식을 소개하고 있으므로 이 담화의 목적은 (d) '강의 소개'이다.

14 (c)

Greg Powell is one of the most important writers in the world. His most famous book, *The Sunflower in Moscow*, has sold nearly eight million copies and has been translated into more than 50 languages. He is also the winner of the 2010 Wiz Award for Science Fiction. Please welcome our special guest for today, Greg Powell!
Q What is the main topic of the talk?
(a) A bookstore's publicity
(b) A new book release
(c) An author's profile
(d) The advantages of reading

그렉 파웰은 세계에서 가장 영향력 있는 작가 중 한 분입니다. 그의 가장 유명한 작품인 '모스크바의 해바라기'는 약 8백만 부 가까이 판매되었으며 50개 이상의 언어로 번역되었습니다. 그는 또한 공상 과학 부문의 2010 위즈 상 수상자이기도 합니다. 오늘의 특별 초대 손님, 그렉 파웰을 환영해주십시오!
Q 이 담화의 주제는 무엇인가?
(a) 서점 홍보
(b) 신간 출시
(c) 작가 약력
(d) 독서의 장점

어휘 nearly 거의 / translate 번역하다 / publicity 홍보 / release 출시, 발매 / author 저자, 작가 / profile 약력 / advantage 이점
해설 행사의 초대 손님을 소개하면서 그의 유명 작품과 수상 이력 등을 밝히고 있으므로 작가의 약력이 이 담화의 주제임을 알 수 있다. 따라서 정답은 (c)이다.

15 (b)

First of all, I'd like to start off by bringing up the concept of parody. We already talked about it in our previous class. As you all know, the essence of parody is to mock people, society or a serious piece of news through humor. Dose that refresh your memory? Then I assume that everybody in this room has fully understood the idea of parody. I'm going to show you some examples of parody now. Please watch this video clip.
Q What is correct according to the lecture?
(a) The woman is wrapping up the class.
(b) The woman is reviewing the idea of parody.
(c) Parody is a form of serious art.
(d) Parody pays respect to original texts.

우선 패러디의 개념에 대해서 이야기하는 것으로 시작해볼까 합니다. 이미 지난 시간에 그것에 관해 이야기 했었지요. 여러분 모두가 알다시피, 패러디의 본질은 인물, 사회 혹은 뉴스의 진지한 부분을 유머를 통해 조롱하는 것입니다. 기억이 되살아나나요? 그럼 여기 모든 사람이 패러디의 개념을 완전하게 이해했다고 가정하겠어요. 이제 패러디의 예를 몇 가지 보여 드리겠어요. 이 비디오를 한번 보세요.
Q 이 강의와 일치하는 것은?
(a) 여자는 수업을 마무리하고 있다.
(b) 여자는 패러디의 내용을 되짚어주고 있다.
(c) 패러디는 진지한 예술의 한 형태이다.
(d) 패러디는 원문에 경의를 표한다.

어휘 start off 시작하다 / bring up (화제를) 꺼내다 / parody 원본을 풍자 및 조롱하는 것 / previous 이전의 / essence 본질, 정수 / mock 조롱하다, 놀리다 / refresh one's memory ~의 기억을 새롭게 하다 / assume 가정하다 / wrap up ~을 마무리 짓다 / pay respect to ~에게 존경을 표하다
해설 담화 초반에 start off라는 표현을 사용한 것으로 보아 수업이 이제 막 시작되었음을 알 수 있다. 패러디의 개념을 되짚어 주며 지난 수업 내용을 복습하고 있다. 따라서 정답은 (b)이다.

16 (c)

Writing a book is hard, but selling it can be even

harder. Although many writers underestimate the value of publicity, it is the most crucial element for commercial success. Also, publicity is an effective tool for drawing the public's attention and plays an important role in connecting your book with readers. Without it, people have no way of knowing your work, and then your book becomes just another book on bookstore's shelves.

Q What can be inferred from the speech?
(a) Publishers are only interested in making money.
(b) Book marketing costs a lot of money.
(c) Publicity should not be underestimated.
(d) Writers should not worry about commercial success.

책을 쓰는 것은 어렵지만, 그것을 판매하는 것은 훨씬 더 어렵습니다. 많은 작가들이 홍보의 가치를 과소평가함에도 불구하고 홍보는 상업적인 성공을 위한 가장 결정적인 요인입니다. 또한 홍보는 대중의 관심을 끄는 효과적인 도구이며 당신의 책과 독자들을 연결하는 데 중요한 역할을 합니다. 홍보가 없다면 사람들이 당신의 작품을 알 수 있는 길이 없고, 그러면 당신의 책은 서점 선반 위의 또 다른 그저 그런 책이 됩니다.

Q 이 연설로부터 추론할 수 있는 것은?
(a) 출판사들은 수익을 내는 데에만 관심이 있다.
(b) 책 마케팅에는 돈이 많이 든다.
(c) 홍보가 과소평가되어서는 안 된다.
(d) 작가가 상업적인 성공을 걱정해서는 안 된다.

어휘 underestimate 과소평가하다 / value 가치 / publicity 홍보 / crucial 결정적인 / element 요소 / commercial 상업상의 / effective 효과적인 / tool 도구 / draw one's attention ~의 관심을 끌다 / make money 돈을 벌다

해설 출판에 있어서 독자들에게 책을 홍보하는 일이 상업적인 성공을 가져오는 가장 중요한 요소라고 강조하고 있으므로 홍보를 과소평가해서는 안 된다는 내용이 추론 가능하다. 따라서 정답은 (c)이다.

Mini TEST 3   p. 136

1 (b)	2 (c)	3 (b)	4 (a)
5 (d)	6 (b)	7 (b)	8 (d)
9 (d)	10 (b)	11 (c)	12 (b)
13 (c)	14 (d)	15 (a)	16 (c)

Part 1

1 (b)
W: How was your first day at school?
M: _____
(a) I didn't do that.
(b) Everything was great.
(c) She's very good at math.
(d) I want to hang out with my friends.

W: 학교에서의 첫날은 어땠니?
M: _____
(a) 제가 한 게 아니에요.
(b) 모든 게 좋았어요.
(c) 그녀는 수학을 정말 잘해요.
(d) 전 친구들과 어울려 놀고 싶어요.

어휘 be good at ~을 잘하다 / hang out (함께) 어울리다
해설 여자는 남자에게 학교에서의 첫날을 어떻게 보냈는지 묻고 있으므로 모든 것이 좋았다는 (b)가 가장 적절하다.

2 (c)
M: How did you get so fluent in Spanish?
W: _____
(a) I've never been to Spain.
(b) I prefer French to Spanish.
(c) I majored in Spanish in college.
(d) I'm so proud of you.

M: 당신은 어떻게 그렇게 스페인어가 유창하게 되셨어요?
W: _____
(a) 스페인에 한 번도 가본 적이 없어요.
(b) 전 스페인어보다 프랑스어가 더 좋아요.
(c) 대학에서 스페인어를 전공했어요.
(d) 당신이 참 자랑스러워요.

어휘 fluent 유창한 / prefer ~ to … …보다 ~을 더 좋아하다, 선호하다 / major in ~을 전공하다
해설 유창한 스페인어 실력의 비결을 물었으므로 대학에서 스페인어를 전공했다는 (c)가 가장 적절한 답변이다.

3 (b)
W: Hey, Bill! What are you going to do this weekend?
M: ▓▓▓▓▓▓▓▓▓▓▓▓▓▓▓▓
(a) Let me see if I can do it.
(b) I'm planning to visit my uncle.
(c) I'm watching TV right now.
(d) I'm just about to leave.

W: 안녕, 빌! 이번 주말에 뭐하니?
M: ▓▓▓▓▓▓▓▓▓▓▓▓▓▓▓▓
(a) 내가 할 수 있는지 한번 볼게.
(b) 삼촌 댁을 방문하려고 해.
(c) 지금 TV를 보는 중이야.
(d) 지금 막 나가려던 참이야.

어휘 be about to-v 막 ~하려고 하다
해설 여자가 남자에게 이번 주말 계획에 대해 묻고 있으므로 삼촌을 찾아 뵐 생각이라는 (b)가 정답이다.

4 (a)
M: Why hasn't Tom shown up yet?
W: ▓▓▓▓▓▓▓▓▓▓▓▓▓▓▓▓
(a) I'm sure he's on his way.
(b) I think the show was great.
(c) Your secret is safe with me.
(d) He's a great team leader.

M: 탐은 왜 아직 나타나지 않는 거죠?
W: ▓▓▓▓▓▓▓▓▓▓▓▓▓▓▓▓
(a) 그는 분명 오고 있는 중일 거예요.
(b) 그 공연은 정말 굉장했어요.
(c) 비밀 꼭 지킬게요.
(d) 그는 훌륭한 지도자예요.

어휘 on one's way 가는 길[도중]에
해설 남자가 탐이 왜 아직까지 오지 않았는지를 궁금해하자 분명 지금 오는 중일 거라고 응답한 (a)가 가장 자연스럽다.

Part 2

5 (d)
W: You look a little tired. Is everything okay?
M: Well, I stayed up all night for my biology exam.
W: So, how did the exam go?
M: ▓▓▓▓▓▓▓▓▓▓▓▓▓▓▓▓
(a) It was amazing! You should have heard it.
(b) I don't mind. Go ahead.
(c) You did such a good job.
(d) It was tough, but I did my best.

W: 너 조금 피곤해 보인다. 괜찮은 거니?
M: 음, 생물 시험 공부를 하느라 밤을 샜거든.
W: 그래서 시험은 어떻게 됐어?
M: ▓▓▓▓▓▓▓▓▓▓▓▓▓▓▓▓
(a) 굉장했어! 너도 그걸 들었어야 했는데.
(b) 난 괜찮아. 어서 하도록 해.
(c) 너 정말 잘했어.
(d) 어려웠지만, 최선을 다했어.

어휘 stay up all night 밤을 꼬박 새우다 / biology 생물학 / tough 질긴; *힘든
해설 밤을 새서 시험 공부를 했다는 남자의 말에 여자가 시험은 잘 봤는지 물어보고 있으므로 시험이 어려웠지만 최선을 다했다고 대답하는 (d)가 정답이다.

6 (b)
M: Mom, can I go outside and play?
W: Not until you finish your homework.
M: I've already done it.
W: ▓▓▓▓▓▓▓▓▓▓▓▓▓▓▓▓
(a) It's raining hard outside.
(b) Okay, then go outside and have fun.
(c) You shouldn't talk back to grown-ups.
(d) Dinner will be ready in five minutes.

M: 엄마, 밖에 나가서 놀아도 돼요?
W: 네 숙제를 마칠 때까진 안 된다.
M: 이미 다 했는걸요.
W: ▓▓▓▓▓▓▓▓▓▓▓▓▓▓▓▓
(a) 밖에 비가 엄청나게 오는구나.
(b) 그래, 그럼 나가서 재미있게 놀아라.
(c) 어른한테 말대답하면 안 된다.
(d) 5분 뒤면 저녁이 준비될 거야.

어휘 talk back to ~에게 말대답하다 / grown-up 어른
해설 엄마는 나가서 놀고 싶어하는 아들에게 숙제를 다 하기 전까지는 안 된다고 하였으나 아들은 이미 숙제를 마쳤다고 말했다. 따라서 아들에게 노는 것을 허락하는 (b)가 가장 적절한 응답이다.

7 (b)
W: Do you have this dress in a smaller size?
M: Yes, we do. Here you are.
W: Thank you. Can I try it on?
M: ▓▓▓▓▓▓▓▓▓▓▓▓▓▓▓▓
(a) It's on sale for 50 percent off.
(b) Sure. The fitting room is over there.
(c) Thanks. That's very nice of you.

(d) I'm afraid they are all sold out.
W: 이 드레스 더 작은 사이즈가 있나요?
M: 네, 여기 있습니다.
W: 고맙습니다. 입어 볼 수 있을까요?
M: ▓▓▓▓▓▓▓▓▓▓▓▓▓▓
(a) 그것은 50% 할인 판매 중이에요.
(b) 물론이지요. 탈의실은 저쪽에 있습니다.
(c) 고마워요. 정말 친절하시군요.
(d) 죄송하지만 그것들은 매진되었습니다.

어휘 try on 입어보다 / on sale 시판 중인; *할인 판매 중인 / fitting room 탈의실 / sold out 매진된
해설 손님이 옷을 한번 입어볼 수 있는지를 묻고 있으므로 입어볼 수 있다고 답하며 탈의실이 어디인지 알려주는 (b)가 정답이다.

8 (d)
M: What seems to be the problem?
W: I have a bad headache.
M: Are there any other symptoms?
W: ▓▓▓▓▓▓▓▓▓▓▓▓▓▓
(a) Be careful not to catch a cold.
(b) Let me take you to the hospital.
(c) I'm on a diet.
(d) I have a runny nose, too.

M: 어디가 아프신가요?
W: 두통이 심해요.
M: 다른 증상은 없으신가요?
W: ▓▓▓▓▓▓▓▓▓▓▓▓▓▓
(a) 감기 안 걸리게 조심하세요.
(b) 제가 당신을 병원까지 데려다 줄게요.
(c) 전 다이어트 중이에요.
(d) 콧물도 나요.

어휘 bad 나쁜; *심한 / symptom 증상 / catch a cold 감기에 걸리다 / be on a diet 다이어트를 하다 / have a runny nose 콧물이 나다
해설 두통으로 병원에 간 여자에게 남자가 다른 증상은 없는지 물어보고 있다. 이에 가장 적절한 응답은 콧물이 나는 증상도 있다고 답하는 (d)이다.

Part 3

9 (d)
W: I'm thinking about quitting my job.
M: Why? What's the problem?
W: Well, my boss is giving me a hard time.

M: Sorry to hear that. Have you done something wrong?
W: Not that I know of. What should I do?
M: Just hang in there and things will turn around.
Q What does the man suggest?
(a) The woman should quit her job as soon as possible
(b) The woman should face her boss.
(c) The woman should change her personality.
(d) The woman should endure her situation.

W: 직장을 그만둘까 생각 중이에요.
M: 왜요? 뭐가 문제인가요?
W: 음, 상사가 저를 힘들게 하고 있어요.
M: 그것 참 유감이네요. 당신이 뭔가를 잘못했나요?
W: 제가 알기론 없어요. 전 어떻게 해야 하죠?
M: 그냥 버텨요, 그러면 상황이 괜찮아질 거예요.
Q 남자가 제안하고 있는 것은?
(a) 여자는 가능한 빨리 직장을 그만둬야 한다.
(b) 여자는 자신의 상사에게 맞서야 한다.
(c) 여자는 자신의 성격을 바꿔야 한다.
(d) 여자는 자신의 상황을 견뎌야 한다.

어휘 hang in (there) 곤란을 견디다, 버티다 / turn around 회전하다; *돌아서다 / face 향하다; *맞서다 / personality 개성; *성격 / endure 견디다
해설 남자는 직장 상사와의 문제로 퇴사를 고민하는 여자에게 참고 견디면 상황이 나아질 거라는 충고를 하고 있으므로 (d)가 정답이다.

10 (b)
M: Julie, what's the matter? Did you cry?
W: My dog died yesterday, so I cried my eyes out all night long.
M: Oh, I'm so sorry. How did that happen?
W: He was killed in a car accident. I miss him so much.
M: Cheer up. I've been there, too. Time heals everything.
W: I hope so. Thanks.
Q What can be inferred from the conversation?
(a) The woman is in a good mood.
(b) The man has lost a pet before.
(c) The man has suffered from an eye disease.
(d) The woman got hurt in a car accident.

M: 줄리, 무슨 일이야? 울었니?
W: 내 개가 어제 죽어서 밤새 펑펑 울었어.
M: 아, 너무 안타깝다. 어쩌다 그렇게 됐어?
W: 교통사고로 죽었어. 난 내 개가 너무 보고 싶어.
M: 힘내. 나도 겪어봤었어. 시간이 지나면 괜찮아져.

W: 그랬으면 좋겠어. 고마워.
Q 이 대화로부터 추론할 수 있는 것은?
(a) 여자는 기분이 좋다.
(b) 남자는 이전에 애완동물을 잃어본 적이 있다.
(c) 남자는 눈병으로 고생하고 있다.
(d) 여자는 교통사고로 다쳤다.

어휘 cry one's eyes out 눈이 붓도록 울다 / suffer from ~으로 고통받다

해설 키우던 개가 교통사고로 죽어 슬퍼하는 여자를 남자가 위로하고 있다. 남자가 자신도 같은 일을 겪어 봤다며 시간이 해결해 줄 것이라고 위로하고 있으므로 이 대화를 통해 추론할 수 있는 것은 (b)이다. I've been there.는 '나도 경험해 본 일이야.'라는 의미의 관용 표현으로 함께 알아두자.

11 (c)

W: Hey, Sam. What are you doing?
M: I'm working on my science homework.
W: I see. Is that a rocket?
M: That's right. I made it myself.
W: How nice! It looks real. If you need a hand, just let me know.
M: Thanks, I will.
Q What are the speakers mainly talking about?
(a) A science journal
(b) A new discovery
(c) A school assignment
(d) A school paper

W: 이봐, 샘. 뭐 하고 있어?
M: 과학 숙제를 하는 중이야.
W: 그렇구나. 그거 로켓이야?
M: 맞아. 내가 직접 만든 거야.
W: 정말 멋지다! 꼭 진짜 같아. 도움이 필요하면, 말만 해.
M: 고마워, 그럴게.
Q 화자들은 주로 무엇에 대해 이야기하고 있는가?
(a) 과학 잡지
(b) 새로운 발견
(c) 학교 과제
(d) 학교 신문

어휘 need a hand 도움이 필요하다 / journal 잡지 / discovery 발견 / assignment *숙제; 할당

해설 대화 초반에 남자가 과학 숙제를 하고 있다고 말했으므로 대화에 등장하는 로켓은 학교 과제임을 알 수 있다. 따라서 정답은 (c)이다.

12 (b)

M: Lindsay, can I have a word with you?
W: Sure, Mr. Simpson. Is there a problem?
M: Yes. I need to know why you were late this morning.
W: I woke up late this morning. I'll make sure it won't happen again.
M: Fine. Don't forget our meeting tomorrow. It starts at 9 o'clock sharp!
W: Yes. I'll definitely be there on time.
Q Which is correct according to the conversation?
(a) The woman is always on time.
(b) The woman showed up late this morning.
(c) The woman will lead tomorrow's meeting.
(d) The woman is getting a promotion.

M: 린지, 잠깐 얘기 좀 할 수 있을까요?
W: 물론이지요, 심슨 씨. 무슨 문제가 있나요?
M: 네. 당신이 오늘 아침에 늦은 이유를 알고 싶어서요.
W: 아침에 늦게 일어났어요. 앞으로 다시는 이런 일이 없을 겁니다.
M: 좋아요. 내일 회의 잊지 마세요. 9시 정각에 시작할 겁니다!
W: 네. 반드시 제시간에 참석하겠습니다.
Q 이 대화 내용과 일치하는 것은?
(a) 여자는 항상 시간을 잘 지킨다.
(b) 여자는 오늘 아침 늦게 왔다.
(c) 여자가 내일 회의를 진행할 것이다.
(d) 여자는 승진하게 될 것이다.

어휘 sharp 날카롭게; *정각에 / definitely 명확히, 확실히 / on time 시간에 맞게, 정각에 / show up 나타나다 / promotion 승진

해설 늦게 출근한 부하 직원에게 상사가 주의를 주고 있다. 여자는 늦잠을 자서 오늘 아침에 지각을 했다고 대답했으므로 대화와 일치하는 내용은 (b)이다.

Part 4

13 (c)

Welcome to Fun English Camp! My name is Jessica Sellek, the program director. For the next two weeks, you will live in a world of English. All your classes and activities will be carried out in English. Don't be afraid of this English-only world. Your teachers will make sure that you enjoy your time here. They have prepared lots of fun activities for you. Every day you will watch a movie, play games and do sports activities in addition to attending classes.
Q Who would be the audience of the talk?
(a) English teachers
(b) Sports players
(c) Camp students
(d) Movie directors

Fun English Camp에 오신 것을 환영합니다! 제 이름은 제시카 셀렉이며 프로그램 책임자입니다. 다음 2주 동안 여러분은 영어의 세상에서 살게 될 것입니다. 모든 수업과 활동은 영어로 진행됩니다. 영어로만 이루어진 이곳 세상을 두려워하지 마세요. 여러분의 선생님들이 이곳에서의 시간을 분명히 재미있게 해 주실 거예요. 선생님들은 여러분을 위해서 재미있는 활동들을 많이 준비하셨습니다. 여러분은 매일 수업에 참여하는 것뿐만 아니라 영화를 보고 게임을 하며 스포츠 활동도 하게 될 것입니다.

Q 이 담화의 청중은 누구인가?
(a) 영어 교사들
(b) 스포츠 선수들
(c) 캠프에 참여한 학생들
(d) 영화 감독들

어휘 director 관리자, 감독 / carry out 수행하다, 실행하다 / be afraid of ~을 두려워하다 / attend 참석하다

해설 영어 캠프의 책임자가 캠프의 진행 사항에 대해서 이야기하고 있다. 특히, 캠프의 선생님들이 캠프 참여자들을 위해 즐거운 활동들을 많이 준비했다고 하였으므로 캠프에 참가한 학생들을 상대로 이야기하고 있다는 것을 알 수 있다. 따라서 정답은 (c)이다.

14 (d)

Nowadays, an increasing number of people practice meditation to relax their body and regain both physical and mental balance. Research has shown that the level of hormones in the blood produced by stress decreases during meditation. Therefore, spending just a few minutes in meditation can bring you inner peace.

Q What is the talk about?
(a) Meditation techniques
(b) Types of meditation
(c) The history of meditation
(d) The benefits of meditation

요즘 점점 더 많은 사람들이 몸을 편안하게 하고, 육체적, 정신적 균형 모두를 회복하기 위해서 명상을 합니다. 연구는 스트레스로 인해 분비되는 혈액 속의 호르몬의 정도가 명상을 하는 동안에 감소함을 보여주었습니다. 그러므로 단지 몇 분간의 명상만으로도 내적 평화를 느낄 수 있는 것입니다.

Q 이 담화는 무엇에 관한 것인가?
(a) 명상의 기술
(b) 명상의 유형
(c) 명상의 역사
(d) 명상의 이점

어휘 practice *실행하다; 연습하다 / meditation 명상 / relax (긴장을) 풀게 하다, 편하게 하다 / regain 되찾다, 회복하다 / physical 육체적인 / mental 정신적인 / decrease 감소하다 / inner peace 내적 평화 / technique 기술 / benefit 이점

해설 명상이 가져다 주는 효용을 강조하고 있으므로 이 글의 주제로 가장 알맞은 것은 (d) '명상의 이점'이다.

15 (a)

One of the most common misunderstandings about color blindness is that color blind people see the world only in black and white. This type of condition actually exists, but it is extremely rare. In other words, only a small percentage of people are unable to see any colors except black and white. Therefore, color blindness is technically not an appropriate term. In this regard, color vision deficiency would be the best term to replace color blindness.

Q What can be inferred from the talk?
(a) Some color blind people can see only black and white.
(b) The term "color vision deficiency" is used by blind people.
(c) People are familiar with the term "color vision deficiency".
(d) Color blindness can be cured easily today.

색맹에 대한 가장 일반적인 오해 중 하나는 색맹인 사람은 흑백으로만 세상을 본다는 것입니다. 이러한 상태가 실제로 존재하기는 하지만 극히 드물지요. 즉, 아주 적은 비율의 색맹인 사람들만이 흑백을 제외한 다른 색을 보지 못한다는 것입니다. 따라서 '색맹(색을 보지 못함)'은 엄밀한 의미에서 적절한 용어가 아닙니다. 이러한 점에서 '색 판별 능력 결핍'이라는 용어가 색맹을 대체하는 최상의 용어가 되겠습니다.

Q 이 담화로부터 추론할 수 있는 것은 무엇인가?
(a) 어떤 색맹 환자들은 검정색과 흰색만을 볼 수 있다.
(b) 색 판별 능력 결핍이라는 용어는 시각 장애인들에 의해 사용된다.
(c) 새로운 용어인 색 판별 능력 결핍은 사람들에게 친숙하다.
(d) 오늘날 색맹은 쉽게 치유된다.

어휘 misunderstanding 오해 / color blindness 색맹 / exist 존재하다 / extremely 극단적으로 / rare 드문 / except ~을 제외하고는 / technically 전문적으로(는); *엄밀히 말하자면 / appropriate 적절한 / term 기간; *용어 / in this regard 이러한 점에서 / vision 시력 / deficiency 결핍, 부족 / replace 제자리에 놓다; *대신하다 / cure 치료하다

해설 색맹에 대한 오해와 진실에 대해 이야기 하고 있다. 색맹인 사람들이 흑백으로만 사물을 본다고 생각되지만 실제 이렇게 흑백을 제외한 다른 색을 전혀 보지 못하는 색맹의 경우는 매우 적다고 밝히고 있다. 따라서 일부 색맹인 사람들은 흑백을 제외한 어떤 색도 볼 수 없다고 진술한 (a)가 정답이다.

16 (c)

Gender stereotyping means creating stereotypes about men and women. Gender stereotypes are based on generalizations and social expectations of gender roles. So where do we get our ideas about gender stereotypes? As we are exposed to the mass media in our everyday lives, no one would deny its influence on our thinking towards gender roles.

Q Which is correct according to the talk?
(a) Gender roles are acquired during childhood.
(b) Gender stereotypes can affect men's and women's performance.
(c) The mass media encourages gender stereotypes.
(d) Women's roles in the mass media are far from the truth.

성 고정관념화라는 것은 남성과 여성에 대한 고정관념을 형성하는 것을 의미합니다. 성 고정관념은 남녀 역할에 대한 일반화와 사회적 기대에 근거를 두고 있습니다. 그렇다면 우리는 성 고정관념에 대한 생각을 어디에서 얻는 것일까요? 우리는 일상생활에서 대중 매체에 노출되어 있기 때문에 성 역할에 대한 우리의 생각에 미치는 이것의 영향에 대해서는 아무도 부정하지 않을 것입니다.

Q 이 담화 내용과 일치하는 것은?
(a) 성 역할은 어린시절에 습득된다.
(b) 성 고정관념은 남자와 여자의 성과에 영향을 끼칠 수 있다.
(c) 대중 매체는 성 고정관념을 조장한다.
(d) 대중 매체 속의 여성들의 역할은 사실과 다르다.

어휘 gender 성(性) / stereotype 고정관념; 고정관념화하다 / generalization 일반화 / expectation 기대 / be exposed to ~에 드러내다, 노출시키다 / mass media 대중매체 / deny 부정하다 / influence 영향 / acquire 획득[습득]하다 / childhood 어린시절 / performance 실행; *성과 / encourage 용기를 복돋우다; *촉진시키다 / far from ~에서 멀리, ~와 거리가 먼

해설 이 담화의 마지막 부분에서 성에 대한 고정관념이 형성되는 주 원인으로 대중 매체를 지목하고 있다. 대중 매체 속의 남녀 성 역할의 모습이 사람들에게 고정관념을 조장한다는 내용의 담화이므로 (c)가 정답이다.

Mini TEST 4
p. 138

1 (d)	2 (a)	3 (c)	4 (c)
5 (b)	6 (b)	7 (c)	8 (b)
9 (a)	10 (c)	11 (a)	12 (b)
13 (c)	14 (b)	15 (b)	16 (d)

Part 1

1 (d)
W: You should get your computer checked. It's not working.
M: ▒▒▒▒▒▒▒▒▒▒▒▒▒▒▒▒▒▒▒▒▒▒▒▒▒▒
(a) His room is really messy.
(b) We should pull over there.
(c) I'm not a computer programmer.
(d) Not again! I'll take it to the service center.

W: 네 컴퓨터 검사를 좀 맡겨봐야겠어. 작동이 안돼.
M: ▒▒▒▒▒▒▒▒▒▒▒▒▒▒▒▒▒▒▒▒▒▒▒▒▒▒
(a) 그의 방은 정말 지저분해.
(b) 저기에 차를 세우자.
(c) 난 컴퓨터 프로그래머가 아니야.
(d) 또야! 내가 서비스 센터에 맡기도록 할게.

어휘 work 작동하다 / messy 지저분한 / pull over 차를 세우다
해설 여자는 남자의 컴퓨터가 작동되지 않는다며 남자에게 점검을 받아 보라고 말하고 있다. 서비스 센터에 맡기겠다는 응답이 가장 적절하므로 정답은 (d)이다.

2 (a)
M: I'd like to reserve a room with a view of the ocean.
W: ▒▒▒▒▒▒▒▒▒▒▒▒▒▒▒▒▒▒▒▒▒▒▒▒▒▒
(a) I'm afraid only city view rooms are available.
(b) Are you ready for the trip?
(c) You can also make online reservations.
(d) This is my first trip to New York.

M: 바다가 보이는 방을 예약하고 싶어요.
W: ▒▒▒▒▒▒▒▒▒▒▒▒▒▒▒▒▒▒▒▒▒▒▒▒▒▒
(a) 죄송합니다만, 도시 전망인 방들만 예약 가능합니다.
(b) 여행갈 준비가 되었나요?
(c) 온라인으로도 예약을 하실 수 있습니다.
(d) 뉴욕 여행은 이번이 처음이에요.

어휘 reserve 예약하다 / view 전망 / available 이용할 수 있는
해설 바다 전망의 방을 원하는 손님에게 그 방들은 이미 다 예약이 되어 있어서 도시 전망의 방만 가능하다고 응답하는 (a)가 정답이다.

3 (c)
W: I'm nervous about my job interview next week.
M: ▒▒▒▒▒▒▒▒▒▒▒▒▒▒▒▒▒▒▒▒▒▒▒▒▒▒
(a) Don't forget to bring your umbrella.
(b) You're not allowed to take pictures here.
(c) Don't worry! You'll do just fine.
(d) I can't thank you enough.

W: 다음 주에 있을 면접 때문에 긴장돼요.
M: _____
(a) 우산을 가져오는 것을 잊지 마세요.
(b) 이곳에서 사진을 찍으시면 안됩니다.
(c) 걱정 말아요! 당신은 잘 해낼 거예요.
(d) 뭐라고 감사의 말씀을 드려야 할지 모르겠군요.

어휘 bring 가져오다 / allow 허가하다 / take a picture 사진 찍다
해설 면접을 앞두고 긴장이 된다는 여자에게 잘 할 수 있는 거라며 용기를 주는 (c)가 가장 적절한 응답이다.

4 (c)
M: Bye, Lisa. I'm going to miss you.
W: _____
(a) I'm so sorry to hear that.
(b) I just missed my bus.
(c) Me, too. Let's keep in touch.
(d) You're always welcome.

M: 잘 가, 리사. 보고 싶을 거야.
W: _____
(a) 그것 참 안됐구나.
(b) 방금 버스를 놓쳤어.
(c) 나도 그래. 연락하고 지내자.
(d) 언제든지 환영이야.

어휘 miss 놓치다; 그리워하다 / keep in touch 연락을 유지하다
해설 작별 인사를 하고 있으므로 헤어지는 인사가 오는 것이 자연스럽다. 따라서 계속 연락하고 지내자는 (c)가 정답이다.

Part 2

5 (b)
W: I found a good Chinese restaurant downtown.
M: Oh, really? We should try it sometime.
W: How about tomorrow night?
M: _____
(a) Because I love Chinese food.
(b) Great! That's fine with me.
(c) Don't be so mean to me.
(d) Please accept my apologies.

W: 시내에서 괜찮은 중국 음식점을 발견했어요.
M: 아, 정말요? 언제 한번 가봐야겠네요.
W: 내일 저녁은 어떠세요?
M: _____
(a) 제가 중국 음식을 정말 좋아하거든요.
(b) 좋아요! 전 괜찮아요.
(c) 저한테 너무 못되게 굴지 마세요.
(d) 부디 제 사과를 받아주세요.

어휘 downtown 시내에 / try 노력하다; *시도하다 / sometime 언젠가 / mean 심술궂은 / accept one's apology ~의 사과를 받아들이다
해설 내일 저녁에 새로 발견한 중국 음식점에 가보자는 여자의 제안에 '승낙', '거절', 혹은 '즉답을 미루는 응답'이 올 수 있다. 이에 시간이 괜찮다며 제안을 받아들이는 (b)가 가장 적절한 응답이다.

6 (b)
M: Wow, you look so different today!
W: I'm glad you noticed. I've got a haircut.
M: It makes you look so much younger.
W: _____
(a) I hope you like it.
(b) Thanks for the compliment.
(c) Actually I'm younger than you are.
(d) I've never dyed my hair before.

M: 와, 너 오늘 아주 달라 보이는구나!
W: 알아봐주니 기쁘네. 머리를 잘랐어.
M: 머리 자르니깐 훨씬 어려 보인다.
W: _____
(a) 네 마음에 들면 좋겠어.
(b) 칭찬 고마워.
(c) 사실 내가 너보다 어려.
(d) 나는 염색을 한 번도 안 해봤어.

어휘 notice 주목하다; *알아채다 / haircut 머리 깎기 / compliment 칭찬 / dye 염색하다
해설 남자가 여자에게 새로운 머리 스타일이 잘 어울린다며 칭찬을 하고 있다. 따라서 칭찬에 대한 '감사'의 응답이 이어져야 자연스러우므로 정답은 (b)이다.

7 (c)
W: Oh, I like this bracelet.
M: You have excellent taste! It's one of the hottest items these days.
W: I'll take this ring, too. How much is it all together?
M: _____
(a) You owe me 20 dollars.
(b) I'm just browsing.
(c) That'll be 40 dollars.
(d) I love accessories so much.

W: 어머, 이 팔찌 마음에 들어요.
M: 감각이 뛰어나시네요! 요즘 아주 잘 나가는 제품 중 하나입니다.
W: 이 반지도 살게요. 전부 다 얼마예요?

M: ▒▒▒▒▒▒▒▒▒▒▒▒▒▒▒▒▒▒▒▒▒▒
(a) 당신은 나한테 20달러를 빚졌어요.
(b) 그냥 둘러보는 중이에요.
(c) 전부 다 해서 40 달러입니다.
(d) 전 액세서리가 정말 좋아요.

어휘 bracelet 팔찌 / taste 감각 / hot 인기있는 / owe 빚지다, 신세지다 / browse (가게 안의 물건들을) 둘러보다
해설 액세서리 상점에서 손님이 팔찌와 반지를 모두 사겠다며 가격을 묻고 있으므로 얼마인지를 알려주는 (c)가 가장 적절한 응답이다. (a)에서도 가격을 언급하고 있지만 빚진 상황은 아니므로 오답이다.

8 (b)
M: Sarah, what happened to your leg?
W: I hurt my ankle while I was jogging this morning.
M: That's too bad. Are you still in pain?
W: ▒▒▒▒▒▒▒▒▒▒▒▒▒▒▒▒▒▒▒▒
(a) I won't jog ever again.
(b) It's okay now. Thanks for asking.
(c) So am I.
(d) I'm so tired of being in the hospital.

M: 사라, 다리는 왜 그런거야?
W: 오늘 아침에 조깅을 하다가 발목을 다쳤어.
M: 안됐다. 아직도 아프니?
W: ▒▒▒▒▒▒▒▒▒▒▒▒▒▒▒▒▒▒▒▒
(a) 난 다시는 조깅을 안 할거야.
(b) 지금은 괜찮아. 물어봐 줘서 고마워.
(c) 나도 그래.
(d) 병원에 있는 게 정말 지겨워.

어휘 ankle 발목 / pain 고통
해설 남자는 조깅을 하다 발목을 다쳤다는 여자에게 아직도 아픈지를 물으며 그녀를 걱정하고 있다. 따라서 이제 괜찮다고 말하며 고마움을 표시하는 (b)가 가장 자연스러운 응답이다

Part 3

9 (a)
W: How did you like the movie?
M: I really enjoyed it! I liked the ending. What about you?
W: Yeah, me too. Thanks for inviting me.
M: You're welcome. I'm glad you liked it. So what should we do next?
W: Well, I'm feeling a little hungry. Why don't we grab a bite?
M: That sounds awesome! Let's find a place to eat.
Q What can be inferred about the speakers?
(a) They will eat something.
(b) They are waiting to see a movie.
(c) They don't like to see movies together.
(d) They both didn't like the movie.

W: 영화 어땠어?
M: 아주 재미있었어! 마지막 부분이 좋더라. 넌 어땠어?
W: 응, 나도 그래. 초대해줘서 고마워.
M: 천만에. 영화가 재미있었다니 다행이다. 그럼 우리 이제 뭐할까?
W: 음, 나 약간 출출해. 간단하게 뭐 좀 먹을까?
M: 그거 좋지! 어디 먹을만한 곳을 찾아보자.
Q 화자들에 대해 추론할 수 있는 것은 무엇인가?
(a) 그들은 뭔가를 먹을 것이다.
(b) 그들은 영화를 보기 위해 기다리고 있다.
(c) 그들은 함께 영화 보는 것을 좋아하지 않는다.
(d) 그들 모두 그 영화를 좋아하지 않았다.

어휘 grab a bite 간단히 먹다 / awesome 아주 멋진, 근사한
해설 함께 영화를 본 두 사람이 배가 고프니 음식점을 찾아보자는 대화를 나누고 있으므로 뭔가를 먹을 것임을 추론할 수 있다. 따라서 (a)가 정답이다.

10 (c)
M: This is so stressful! There's too much work and not enough time!
W: Hey, relax. Getting stressed doesn't help anything.
M: I know, but the situation has never been tough like this before.
W: Why don't you go get some fresh air? It will help you feel better.
M: Maybe I should. Thanks for the advice.
W: You're welcome. What are friends for?
Q Why is the man so upset?
(a) Because the woman didn't help him out.
(b) Because he had an argument with the woman.
(c) Because he doesn't have enough time to finish his work.
(d) Because he had trouble with his boss.

M: 정말 스트레스 받아! 할 일은 너무 많은데 시간이 충분하지 않아!
W: 이봐, 진정해. 스트레스 받는 것은 아무런 도움이 안돼.
M: 나도 알아, 하지만 상황이 이렇게 힘들었던 적은 없었어.
W: 나가서 바람을 좀 쐬고 오는 건 어때? 기분이 좀 나아질 거야.
M: 그래야 할까봐. 조언 고마워.
W: 천만에. 친구 좋다는 게 뭐니?
Q 남자는 왜 기분이 좋지 않은가?

(a) 여자가 남자를 도와주지 않았기 때문이다.
(b) 여자와 말다툼을 벌였기 때문이다.
(c) 일을 마칠 시간이 충분하지 않기 때문이다.
(d) 상사와 문제가 있기 때문이다.

어휘 argument 논쟁
해설 대화의 초반부에서 남자는 일은 많은데 시간이 많지 않은 것에 스트레스를 받고 있다고 했으므로 남자가 기분이 좋지 않은 이유는 (c)이다.

11 (a)

W: Look at your room! What a mess!
M: Mom, I promise I'll clean it up later.
W: You'd better start cleaning it right now.
M: But Mom, I'm in the middle of watching a baseball game!
W: How many times do I have to tell you? Do it now!
M: All right. I'll do it right away.
Q What will the man probably do after the conversation?
(a) He will clean up his room.
(b) He will continue to watch the baseball game.
(c) He will get some sleep in his room.
(d) He will finish his homework.

W: 네 방을 좀 봐라! 엉망이구나!
M: 엄마, 나중에 꼭 치울게요.
W: 지금 당장 청소하는 게 좋을 거야.
M: 하지만 엄마, 지금 한창 야구 경기를 보고 있단 말이에요!
W: 몇 번이나 말해야 하겠니? 당장 해라!
M: 알겠어요. 지금 바로 치울게요.
Q 대화 후 남자는 무엇을 하겠는가?
(a) 자신의 방을 청소할 것이다.
(b) 야구 경기를 계속 볼 것이다.
(c) 자신의 방에서 잠을 잘 것이다.
(d) 숙제를 마칠 것이다.

어휘 mess 엉망진창 / in the middle of ~의 도중에
해설 야구 경기를 보고 있는 아들에게 엄마가 방 정리를 하라고 말하고 있다. 나중에 청소를 하겠다는 아들의 말에 엄마가 당장 하라고 명령하자 알겠다고 대답했으므로 아들은 대화를 마친 후 방 청소를 할 것이다. 따라서 (a)가 정답이다.

12 (b)

M: Jane, who's your favorite musician?
W: Well, I'm a big fan of Jerry Stone.
M: Jerry who? I've never heard of him.
W: I can't believe you don't know Jerry Stone. He's a legendary jazz vocalist!
M: I'd like to listen to his music. Can you lend me a CD?
W: No problem. I'll bring some of his CDs tomorrow.
Q What is the main topic of the conversation?
(a) A CD player
(b) A famous singer
(c) Jazz history
(d) A jazz festival

M: 제인, 제일 좋아하는 음악가가 누구야?
W: 음, 난 제리 스톤의 열렬한 팬이야.
M: 제리 누구? 난 한 번도 못 들어봤는데.
W: 제리 스톤을 모르다니 믿을 수가 없어. 그는 전설적인 재즈가수야!
M: 그의 음악을 들어보고 싶어. CD를 빌려 줄 수 있어?
W: 물론이지. 내일 그의 CD 몇 장을 가져올게.
Q 이 대화의 주제는 무엇인가?
(a) CD 플레이어
(b) 유명한 가수
(c) 재즈의 역사
(d) 재즈 축제

어휘 legendary 전설적인 / vocalist 가수
해설 여자는 자신이 가장 좋아하는 가수인 제리 스톤에 대해 이야기하고 있다. 그 가수를 모르는 남자에게 음악 장르를 알려주며 CD도 빌려주겠다고 말하고 있으므로 대화의 주제는 (b) '유명한 가수'이다.

Part 4

13 (c)

We are always told how important reading is, but have you ever taken time to think about why it is so important? It's not just because it is fun and helps us do well in school. Reading actually gives us the power to lead a better life. For example, we can expand our experience through a variety of books. Indirect experience gained from reading can help us make a better life.
Q What can be inferred from the talk?
(a) Reading skills can be developed through training.
(b) Reading is more boring than computer games.
(c) Reading can help us have better lives.
(d) Indirect experience is less important than direct experience.

우리는 항상 독서가 얼마나 중요한지에 대해 듣지만, 그것이 왜 그렇게 중요한지에 대해 시간을 내어 생각해본 적이 있나요? 독서가 정말

로 중요한 이유는 독서가 재미있고 우리가 학교에서 우수한 성적을 받을 수 있도록 도와주기 때문만은 아닙니다. 독서는 실제로 우리가 더 나은 삶을 영위할 수 있는 힘을 줍니다. 예를 들어, 우리는 다양한 책들을 통해서 경험을 넓힐 수 있습니다. 독서를 통해 얻어진 간접 경험은 우리가 더 나은 삶을 만들어 가도록 도울 수 있습니다.

Q 이 담화로부터 추론할 수 있는 것은?
(a) 훈련을 통해 읽기 능력을 발달시킬 수 있다.
(b) 독서는 컴퓨터 게임보다 더 지루하다.
(c) 독서는 우리가 좀 더 나은 삶을 살아가도록 도울 수 있다.
(d) 간접 경험은 직접 경험보다 덜 중요하다.

어휘 lead 인도하다; *영위하다 / expand 넓히다 / indirect 간접적인 / gain 얻다 / develop 발달시키다 / training 훈련 / enrich 풍요롭게 하다 / direct 직접의

해설 독서가 진정으로 중요한 이유는 독서를 통해 경험을 다양화할 수 있는데, 이런 다양한 경험들이 우리가 더 나은 삶을 이끌어 가도록 도와준다. 따라서 담화로부터 추론할 수 있는 것은 (c)이다.

14 (b)

Hi, Sarah. Surprise! It's me, Peter. The conference I planned to attend got cancelled, so I'm back earlier than scheduled. Thanks for taking care of my dog Willy while I was away on business. I hope he hasn't caused any trouble for you. I'll pick him up first thing tomorrow morning if it's fine with you. Please call me back when you get this message. See you tomorrow. Bye!

Q What is correct according to the voice message?
(a) Peter took his dog on his trip.
(b) Peter came back from his business trip.
(c) Sarah will stop by Peter's house tomorrow.
(d) Sarah is Peter's boss.

안녕, 사라. 놀랐지! 나야, 피터. 내가 참석하려던 회의가 취소되어서 예정보다 일찍 돌아왔어. 내가 업무차 잠시 떠나있는 동안 내 애완견 윌리를 돌봐줘서 고마워. 윌리가 네게 말썽을 부리지 않았기를 바래. 네가 괜찮다면, 내일 아침에 바로 윌리를 데리러 갈게. 이 메시지를 확인하거든 전화 부탁해. 내일 보자, 안녕!

Q 이 음성 메시지의 내용과 일치하는 것은 무엇인가?
(a) 피터는 자신의 개를 여행에 데려갔다.
(b) 피터는 출장에서 돌아왔다.
(c) 내일 사라가 피터의 집에 잠시 들릴 것이다.
(d) 사라는 피터의 상사이다.

어휘 conference 회의 / attend 참석하다 / cancel 취소하다 / take care of ~을 돌보다 / on business 업무상으로 / pick up ~을 데리러 가다 / business trip 출장 / stop by ~에 잠시 들르다

해설 남자는 회의가 취소되어서 일찍 돌아왔다고 이야기한 뒤, 집을 비운 동안 자신의 애완견을 돌봐줘서 고맙다고 여자에게 메시지를 남겼다. 이를 통해 남자가 출장에서 돌아왔다는 사실을 알 수 있으므로 정답은 (b)이다. 남자가 여자의 집으로 개를 데리러 가겠다고 하였으므로 (c)는 오답이다.

15 (b)

Are you looking for a way to make your dry and tired skin soft, but you don't know how? Then here is the answer — Skin Butter, made of the finest natural ingredients. Skin Butter helps you restore the balance of your skin. Thanks to its natural ingredients — grape and raspberry seed oil — Skin Butter relaxes your dry and tired skin.

Q What is the main purpose of the talk?
(a) To recommend organic food
(b) To promote a skin product
(c) To describe symptoms of dry skin
(d) To introduce natural ingredients

당신의 건조하고 지친 피부를 부드럽게 만들어줄 방법을 찾고 있지만 방법을 모르신다고요? 그러면 여기에 그 답이 있습니다. 최고급 천연 재료로 만든 스킨버터입니다. 스킨버터는 여러분의 피부 균형을 바로잡는 데 도움을 줍니다. 포도, 라즈베리 씨 오일과 같은 천연재료 덕분에 스킨버터는 여러분의 건조하고 지친 피부를 진정시켜줍니다.

Q 이 담화의 주된 목적은 무엇인가?
(a) 유기농 식품을 권장하기 위해
(b) 화장품을 홍보하기 위해
(c) 건조한 피부의 증상을 설명하기 위해
(d) 천연 재료를 소개하기 위해

어휘 ingredient 성분 / restore 되찾게[회복하게] 하다 / thanks to ~ 덕분에 / seed 씨앗 / relax 편하게 하다, 쉬게 하다 / recommend 추천하다 / promote 촉진하다, *홍보하다 / symptom 증상

해설 건조하고 지친 피부를 위해 천연 재료로 만들어진 '스킨버터'를 알리고 있다. 스킨버터의 장점만을 부각시켜 이야기하고 있다는 점에서 이 제품의 홍보가 담화의 목적임을 알 수 있다. 따라서 정답은 (b)이다.

16 (d)

Plagiarism can be defined as copying other people's work and presenting it as your own rather than showing that it is someone else's thought or idea. Since it is considered cheating, major universities have established strict rules regarding plagiarism. And we are no exception. Therefore you should know these rules very well. Please refer to the information on plagiarism on our website.

Q Who is this announcement most likely aimed at?

(a) Novelists
(b) Journalists
(c) Editors
(d) University students

표절은 다른 사람의 생각이나 의견이라는 것을 보여주기 보다는 다른 사람들의 연구를 베껴 자신의 것으로 제출하는 것으로 정의될 수 있습니다. 이것은 사기로 간주되므로, 주요 대학들은 표절과 관련하여 엄격한 규칙을 세웠습니다. 우리도 예외는 아닙니다. 그러므로 여러분은 이 규칙에 대해서 충분히 숙지해야 합니다. 홈페이지에 있는 표절에 관한 정보를 참고하세요.

Q 이 공표의 대상으로 가장 적절한 것은?
(a) 소설가
(b) 기자
(c) 편집인
(d) 대학생

어휘 plagiarism 표절 / define 정의하다 / present 제출하다 / cheat 속이다, 사기 치다 / major 주요한 / establish 설립하다; *제정하다 / strict 엄격한 / regarding ~에 관해서 / exception 예외 / refer to 참조하다 / novelist 소설가 / journalist 기자 / editor 편집인

해설 많은 대학들이 표절에 대한 엄격한 방침을 가지고 있으며 우리 대학도 예외가 아니라고 언급하고 있다. 뒤이어 대학 웹사이트에서 표절에 대한 규칙을 숙지할 것을 강조하는 것으로 보아 이 공표의 대상은 (d) '대학생들'일 것이다.

VOCABULARY

TEPS BY STEP

Section 1 TEPS 기본 다지기

unit 01 동사 + 명사 Collocation

Checkup p.143

1 ⓐ   2 ⓐ   3 ⓑ   4 ⓑ   5 ⓐ
6 ⓐ   7 ⓐ   8 ⓑ   9 ⓐ   10 ⓑ

1 내가 이미 클로이에게 여러 번 전화를 걸었지만, 그녀는 전화를 받지 않았다.
해설 '전화를 받다'의 의미를 가지는 collocation은 answer the phone이다.

2 만약 집중 훈련 과정을 수강하면, 하루에 수업을 6개씩 들어야 합니다.
해설 '수업에 들어가다[출석하다]'는 의미의 collocation은 attend a class이다.

3 그 회사는 켈리의 빈 자리를 충원하지 않기로 결정했다.
해설 '공석을 채우다'라는 뜻의 collocation인 fill the position을 알아두자. 여기서의 position은 '근무처, 직장, 일'이라는 의미이다.

4 에바는 미리 런던행 표를 예약했다.
해설 '표를 예약하다'는 의미의 collocation은 book a ticket이다.

5 우리의 신제품 광고가 대중의 관심을 끌었다.
해설 '주의를 끌다, 눈에 띄다'라는 의미의 collocation은 attract one's attention이다. 비슷한 의미의 표현인 catch one's eye(눈에 띄다)도 함께 알아두자.

6 제이크는 집 근처의 은행에서 백 달러짜리 수표를 현금으로 바꿨다.
해설 a check와 함께 쓰여 '수표를 현금으로 바꾸다'는 의미의 collocation을 이루는 동사는 cash이다.

7 그 데이터는 결론을 도출해 내기에 충분하지 않다.
해설 a conclusion과 어울려 '결론을 내다'라는 의미의 collocation을 만드는 동사는 draw이다.

8 그 문제에 대해 귀하의 의견을 망설이지 말고 말씀해주세요.
해설 '의견을 말하다'라는 의미의 collocation인 express (an) opinion을 알아두자. state one's opinion 또한 같은 의미로 쓰인다.

9 관중들은 공연의 마지막을 지켜보는 동안 숨을 죽였다.
해설 '숨을 죽이다[참다]'라는 의미의 collocation은 hold one's breath이다.

10 지역 신문에 우리 신제품의 광고를 게재하자.
해설 '광고를 내다'라는 의미의 collocation은 place (an) advertisement이다.

Checkup p.144

1 ⓑ   2 ⓐ   3 ⓑ   4 ⓐ   5 ⓐ
6 ⓐ   7 ⓐ   8 ⓐ   9 ⓐ   10 ⓑ

1 이 로션을 얼굴에 바르고 10분간 두세요.
해설 '로션을 바르다'는 의미의 collocation은 apply lotion이다. 같은 의미의 표현으로 put lotion 또는 rub lotion도 함께 알아두자.

2 당신의 자녀 앞에서 실수를 인정하는 것은 용기가 필요하다.
해설 '실수를 인정하다'는 의미의 collocation은 admit (a) mistake이다. admit 대신 accept를 쓸 수도 있으니 함께 알아두자.

3 양측의 의견이 너무 달라서 합의에 이르는 데 어려움을 겪었다.
해설 '합의에 도달하다'라는 의미의 collocation은 reach an agreement이다. 같은 의미의 collocation으로 come to an agreement와 arrive at an agreement도 함께 알아두자.

4 코를 풀 휴지를 찾을 수가 없었어요.
해설 '코를 풀다'라는 의미의 collocation은 blow one's nose이다. give one's nose a blow 또한 같은 의미이므로 함께 알아두자.

5 그 회사는 실적이 좋았으나 경쟁사들이 그 격차를 빠르게 줄이고 있다.
해설 the gap을 목적어로 취하면서 '격차를 해소하다'라는 의미의 collocation을 만드는 동사는 close이다.

6 얼마나 많은 사람들이 이 농장에서 일하면서 급여를 벌고 있나요?
해설 '임금[돈]을 벌다'라는 의미의 collocation은 earn (a) wage이다. 같은 의미의 표현인 make[earn] some money도 함께 알아두자.

7 시민들은 도시를 지키기 위해 용감하게 싸웠다.
해설 the battle과 어울려 '전투를 치르다'라는 의미의 collocation을 만드는 동사는 fight이다.

8 나는 광고 회사의 광고 문안 작성자 자리의 면접이 있다.
해설 an interview와 함께 쓰여 '면접을 하다'의 의미의 collocation을 이루는 동사는 have이다.

9 나는 치즈를 좀 사려고 했는데 완전히 잊어버렸다.
해설 '깜빡하다, 잊어버리다'의 의미의 collocation은 slip one's mind이다. 같은 의미의 표현으로 slip one's memory도 함께 알아두자.

10 제니퍼는 보통 공원을 가로질러 가는 지름길로 학교에 간다.
해설 take a shortcut은 '지름길로 가다'의 의미의 collocation이다.

Checkup   p.145

1 ⓐ   2 ⓑ   3 ⓐ   4 ⓐ   5 ⓐ
6 ⓑ   7 ⓐ   8 ⓐ   9 ⓑ   10 ⓑ

1 그녀는 의상 디자이너로서의 좋은 평판을 얻을 수 있는 기회를 날렸다.
해설 '기회를 날리다'라는 의미의 collocation은 blow a chance이다.

2 내 차가 요즘 속을 썩이고 있어. 계속 고장이 나거든!
해설 '(~에게) 골치거리가 되다'라는 의미의 collocation은 give (one) a headache이다.

3 사만다는 중국어 수업이 너무 어려워서 그 수업을 취소하고 낮은 레벨의 수업을 듣기로 결정했다.
해설 수업[수강]을 '취소하다'의 의미의 collocation은 drop the class이다.

4 매일 1달러 혹은 2달러라도 절약을 하는 것이 결국에는 차이를 만들어낼 것이다.
해설 a difference와 어울려 '차이를 만들다'라는 collocation을 만드는 동사는 make이다.

5 최고 경영자는 우리의 고객 서비스 정책에 관한 중요한 공지를 발표했다.
해설 make an announcement는 '발표하다'라는 의미의 collocation이다.

6 이 학교에 다니는 동안 여러분은 몇 가지 규칙을 따라야 합니다.
해설 rules와 함께 사용되어 '규칙을 따르다'라는 의미의 collocation을 만드는 동사는 follow이다. follow 이외에도 observe, obey 등의 동사들도 쓸 수 있다.

7 내가 고통을 느끼기도 전에 치과 의사가 내 사랑니를 뽑았다.
해설 '이를 뽑다'의 collocation은 pull a tooth이다.

8 나는 그렇게 중요한 결정을 그저 운에 맡기고 싶지 않다.
해설 the dice와 함께 쓰여 '주사위를 던지다' 혹은 '운에 맡기고 해보다'라는 collocation을 만드는 동사는 roll이다.

9 우리는 당신의 심장에 무슨 문제가 있는지 알아내기 위해 몇 가지 검사를 해야합니다.
해설 '검사를 하다'라는 의미의 collocation은 run a test이다.

10 새로운 의료 정책이 효력을 나타내기까지는 시간이 좀 걸릴 것이다.
해설 '효력을 나타내다'는 의미의 collocation은 take effect이다.

Practice TEST   p.146

1 (b)   2 (c)   3 (d)   4 (c)   5 (c)   6 (b)
7 (c)   8 (b)   9 (b)   10 (d)   11 (a)   12 (c)

1 (b)
해석 A: 넌 퇴근 후에 보통 무엇을 하니?
      B: 난 저녁마다 꽃꽂이 수업을 들어.
어휘 flower arranging 꽃꽂이 / address 연설하다 / apply 적용하다; 신청하다 / assume 가정하다
해설 '수업에 들어가다[출석하다]'의 의미의 collocation은 attend a class이다.

2 (c)
해석 A: 제 아들을 찾고 있어요. 안내 방송을 좀 해주시겠어요?
      B: 물론이죠, 이름이 무엇이고 어떤 옷을 입고 있나요?
어휘 announcement 공고; 발표
해설 an announcement와 어울려 '발표하다' collocation을 만드는 동사는 make이다.

3 (d)
해석 A: 새로운 주지사로서 가장 시급한 일은 무엇인가?
      B: 도시와 농촌 사람들 간의 소득 격차를 줄이는 것이 우리의 최고 우선 순위 중 하나라고 생각합니다.
어휘 urgent 긴급한 / governor 주지사 / urban 도시의 / rural 농촌의 / priority 우선 순위 / melt 녹다, 녹이다 / shut 닫다
해설 '격차를 해소하다'의 collocation은 close the gap이다.

4 (c)
해석 A: 왜 의료 정책에 대한 당신의 의견을 회의에서 나타내지 않으셨나요?

B: 부장님들 앞에서 제가 그것에 대해 말하는 것이 적절한 것인지 확신할 수가 없었거든요.
어휘 healthcare policy 의료[보건] 정책 / exit 나가다; 출구 / exercise (권리·역량 등을) 발휘[행사]하다
해설 어떤 사안에 대하여 '의견을 말하다'는 의미의 collocation은 express (an) opinion이다.

5 (c)
해설 A: 난 다이어트를 해야겠어. 요즘 살이 쪘거든.
　　 B: 내가 보기엔 넌 딱 좋아 보여.
어휘 go on a diet 다이어트를 하다[하기 시작하다] / generate 일으키다, 발생시키다
해설 weight와 어울려 '몸무게가 늘다'라는 collocation을 만드는 동사는 gain이다. 반대 의미인 lose weight(체중을 감량하다)도 함께 알아두자.

6 (b)
해설 A: 왜 회사에서 아직 신제품을 출시하지 않는 거죠?
　　 B: 경영진이 아직 최종 소비자 가격을 정하지 않았어요.
어휘 management 경영(진) / consumer price 소비자가
해설 the price와 어울려 '가격을 정하다'라는 collocation을 만드는 동사는 set이다. 이 외에도 set a date(날짜를 정하다), set standards(기준을 정하다) 등도 함께 알아둔다.

7 (c)
해설 사회자가 수상자를 발표할 때 관중들은 숨을 죽이고 있었다.
어휘 audience 청중, 관중 / host 주인; *사회자 / announce 알리다, 발표하다 / prize winner 수상자
해설 목적어로 breath를 취하여 '숨을 죽이다'라는 의미의 collocation을 만드는 동사는 hold이다.

8 (b)
해설 청력을 완전히 잃은 후에도 베토벤은 오케스트라를 지휘했다고 한다.
어휘 completely 완전히 / raise 올리다; 양육하다 / compose 작곡하다
해설 '악단을 지휘하다'라는 의미의 collocation은 conduct (an) orchestra이다.

9 (b)
해설 한 달 전에 미리 예약하시는 고객님들에게는 10% 할인이 제공될 것입니다.
어휘 reservation 예약 / in advance 미리
해설 '예약하다'라는 의미의 collocation은 make a reservation이다.

10 (d)
해설 법을 위반하는 경찰관은 다른 범죄자들보다 더 엄중히 처벌되어야 한다.
어휘 punish 처벌하다 / severely 심하게, 엄격하게 / criminal 범죄자 / observe 관찰하다; 준수하다
해설 '법을 위반하다'라는 의미의 collocation은 break a law이다.

11 (a)
해설 당신은 직장에서 힘든 상황을 다루는 법을 이 책에서 배울 수 있다.
해설 the situation과 어울려 '상황을 다루다[처리하다]'라는 의미의 collocation을 만드는 동사는 handle이다.

12 (c)
해설 매일 30분씩 일주일에 세 번 운동하는 것은 6개월 만에 여러분의 건강에 큰 변화를 가져다 줄 것입니다.
어휘 shape 형성하다; 모양, 모습 / deliver 배달하다
해설 a difference와 어울려 '변화를 만들다'라는 collocation을 만들어야 하므로 알맞은 동사는 make이다.

unit 02 형용사+명사 / 기타 Collocation

Checkup　　　　　　　　　　　p.149

| 1 ⓐ | 2 ⓐ | 3 ⓐ | 4 ⓑ | 5 ⓐ |
| 6 ⓐ | 7 ⓐ | 8 ⓑ | 9 ⓑ | 10 ⓑ |

1 운전할 때는 사각지대에 항상 유의하세요.
해설 눈에 잘 보이지 않는 '사각지대'를 의미하는 collocation은 blind spot이다.

2 협상이란 양자 간의 공통되는 기반을 찾는 과정이다.
해설 common과 함께 쓰여 '공통 기반, 공통점'의 의미의 collocation을 만드는 명사는 ground이다. 이 외에 '상식'이라는 의미의 common knowledge도 자주 쓰이니 알아두자.

3 수잔은 시사에 대해 잘 알고 있어서 그녀와 이야기를 나누는 것은 즐겁다.
해설 '시사'는 현재 일어나는 사건들로 current events라고 표현한다. events 대신 issues, affairs를 쓸 수 있으므로 함께 알아두자.

4 선진국들은 제 3세계 국가들을 도와야 한다.
해설 '선진국'이라는 의미의 collocation은 developed country이다. '개발도상국'은 developing country이므로 함께 알아

두도록 한다.

5 그 가수는 음악에 관한 어떠한 정규 교육도 받지 않았다.
해설 formal은 '정규의'의 의미로 education과 함께 쓰여 '정규 교육'이라는 collocation을 만든다.

6 그 면접자에 관한 전반적인 인상은 상당히 긍정적이었습니다.
해설 impression과 함께 '전반적인 인상'이라는 collocation을 만드는 형용사는 general이다. 이 외에도 general과 어울려 많이 쓰이는 collocation으로 general hospital(종합병원), general consensus(여론) 등이 있으므로 함께 알아두도록 한다. generous는 '너그러운'의 의미이다.

7 일련의 열띤 토론 끝에 노사는 합의에 이르렀다.
해설 debate와 어울려 '열띤 토론'이라는 collocation을 만드는 형용사는 heated이다. debate 외에 discussion(토론), argument(논의) 등과도 자주 사용되므로 함께 알아두도록 한다.

8 고양이는 쥐의 천적이다.
해설 enemy와 어울려 '천적'이라는 collocation을 만드는 형용사는 natural이다. neutral은 '중립적인'이라는 의미로 neutral position(중립적인 입장), neutral attitude(중립적인 태도), neutral opinion(중립적인 의견) 등의 collocation으로 사용된다.

9 유기농 식품에 대한 선호도가 증가하고 있다.
해설 organic은 '화학 약품을 첨가하지 않은'의 의미로 food와 함께 쓰여 '유기농 식품'이라는 의미의 collocation을 만든다. wild는 '야생의'라는 의미의 형용사이다.

10 아버지는 자신의 삶을 사회 정의에 바치셨다.
해설 justice와 함께 쓰여 '사회 정의'라는 의미의 collocation을 만드는 형용사는 social이다.

Checkup p.150

| 1 ⓐ | 2 ⓑ | 3 ⓐ | 4 ⓐ | 5 ⓐ |
| 6 ⓑ | 7 ⓑ | 8 ⓐ | 9 ⓐ | 10 ⓑ |

1 원래는 학술 논문으로 쓰여졌음에도 불구하고 그의 책은 아주 잘 읽힌다.
해설 '학술 논문'이라는 의미의 collocation은 academic paper이다. scholastic은 '학교의, 학자의'의 의미로 이와 관련하여 '학업 성취도'는 scholastic achievement라고 한다.

2 어떤 사전 통보 없이 그의 집을 방문하는 것은 좀 무례하다.
해설 advance와 어울려 '사전 통지'라는 collocation을 만드는 명사는 notice이다. 같은 의미인 prior notice도 함께 알아둔다.

3 나의 과학 연구가 난관에 부딪혔다.
해설 end와 어울려 '막다른 길, 궁지'라는 의미의 collocation을 만드는 형용사는 dead이다.

4 객실에서 시내 통화를 무료로 사용하실 수 있습니다.
해설 call과 어울려 '시내 통화'라는 의미의 collocation을 만드는 형용사는 local이다. 이와 관련하여 '장거리 통화'인 long distance call도 함께 알아두자.

5 금성은 지구에서 가깝기 때문에 육안으로 볼 수 있습니다.
해설 eye와 함께 쓰여 '육안'이라는 의미의 collocation을 만드는 형용사는 naked이다. with the naked eye(육안으로)의 형태로 자주 쓰이므로 알아두자. narrow는 '좁은'이라는 의미이다.

6 오늘 생물 시간에 우리는 포유류의 내장 기관에 대해 배웠다.
해설 organ과 어울려 '내장 기관'이라는 collocation을 만드는 형용사는 internal이다.

7 다가오는 선거에 대해 공지를 들으셨나요?
해설 common과 public 둘 다 '일반적인'이라는 의미가 있지만 announcement와 어울려 '공지 사항'이라는 collocation을 만드는 형용사는 public이다.

8 목이 아파서 나는 어제 결근했다.
해설 sore과 함께 쓰여 '목이 아픔, 인후통'이라는 의미의 collocation을 만드는 명사는 throat(목구멍)이다. neck(목)은 형용사인 stiff(뻣뻣한)와 함께 쓰여 '뻣뻣한 목'이라는 의미의 collocation을 이룬다.

9 미드웨이 전투는 2차 세계 대전 중 태평양에서 큰 전환점이 되었다.
해설 turning point는 '전환점'이라는 collocation이다. 여기에서 point는 '(시간이 흐르는 과정에서의 어떤) 시점'이라는 의미이다. 관련된 collocation으로는 starting point(출발점)가 있다.

10 나는 시각 효과 때문에 영화 "아바타"를 재미있게 봤다.
해설 '시각 효과'라는 collocation은 visual effects이다. 이와 관련하여 '특수 효과'라는 의미의 collocation인 special effects도 함께 알아둔다.

Checkup p.151

| 1 ⓐ | 2 ⓐ | 3 ⓐ | 4 ⓑ | 5 ⓑ |
| 6 ⓐ | 7 ⓐ | 8 ⓐ | 9 ⓑ | 10 ⓐ |

1 나는 중간고사 보고서를 끝내기 위해 스트레스에 관한 사례 연구를 몇 개 더 읽어야 한다.
해설 한 사람이나, 단체, 사물에 대해 일정 기간동안 관찰하고 조사하는 것을 '사례 연구'라고 하는데, 이에 해당하는 collocation은 case study이다.

2 그 남자는 아동 학대 혐의로 구속되었다.
해설 kid와 child는 동의어이지만, abuse와 어울려 '아동 학대'라는 collocation을 만드는 명사는 child이다.

3 메이슨은 사탕과 간식을 사러 편의점에 갔다.
해설 명사 store와 어울려 '편의점'이라는 의미의 collocation을 만드는 단어는 convenience이다.

4 그 지진으로 인한 사망자 수는 1,000명에 달했다.
해설 toll은 '전쟁이나 재난 등으로 인한 희생자의 수'를 뜻하는 명사로 death와 어울려 '사망자 수'라는 collocation을 만든다. row는 '줄, 열'을 의미하는 명사이다.

5 저희 아버지의 사업이 불안정한 환율 때문에 어려움에 처해있습니다.
해설 rate와 어울려 '환율'이라는 collocation을 만드는 단어는 exchange이다.

6 이 공항의 지상 교통 수단에 관한 정보를 어디에서 얻을 수 있을까요?
해설 ground, earth 모두 '지상, 지면'이라는 의미를 가지고 있지만 transportation과 어울려 '지상 교통 수단'이라는 의미의 collocation을 만드는 명사는 ground이다.

7 노조는 다음 주에 파업에 들어갈 예정이다.
해설 union과 어울려 '노조'라는 collocation을 만드는 단어는 labor이다. '인건비'라는 의미의 labor cost도 함께 알아두자.

8 헬스클럽에 회비를 내야 할 납부 기한이 며칠 지났다.
해설 membership과 어울려 '회비'라는 collocation을 만드는 명사는 fee(s)이다. 특정 서비스를 이용하기 위해 내는 요금이나 수수료는 fee(s)를 쓴다. entrance[admission] fee(입장료), school[tuition] fees(수업료), insurance fee(보험료)도 함께 알아두자.

9 배를 탈 때마다, 나는 멀미를 한다.
해설 sickness는 아프거나 건강하지 않은 상태, 가벼운 질환을 나타낼 때 사용되며, motion과 어울려 '멀미'라는 의미의 collocation을 만든다. 이 외에도 morning sickness(입덧), occupational sickness(직업병) 등도 함께 알아둔다.

10 사유지를 가로질러 걸어가는 것은 위법이다.
해설 property와 함께 쓰여 '사유지, 사유 재산'이라는 의미의 collocation을 이루는 형용사는 private이다.

Practice TEST p.152

| 1 (a) | 2 (b) | 3 (c) | 4 (c) | 5 (d) | 6 (a) |
| 7 (b) | 8 (d) | 9 (b) | 10 (a) | 11 (d) | 12 (c) |

1 (a)
해석 A: 그 회사와의 협상은 어떻게 되어가고 있습니까?
B: 글쎄요, 아직까지는 공통 기반을 찾기가 약간 어렵지만 저희는 희망을 가지고 있습니다.
어휘 negotiation 협상 / optimistic 낙관적인 / common 공동[공통]의 / collective 집단의; 공통의 / collaborative 공동의 / cooperative 협력하는
해설 ground와 어울려 '공통 기반, 공통점'이라는 collocation을 만드는 형용사는 common이다.

2 (b)
해석 A: 제 생각에 고기를 먹는 것이 살을 찌게 하는 것 같아요.
B: 그게 일반적인 통념이죠. 주의해야 하는 건 설탕이지 단백질이 아닙니다.
어휘 gain weight 체중이 늘다 / protein 단백질 / convenient 편리한 / conventional 전통적인, 종래의 / controversial 논란이 되는 / contrary 반대의
해설 '(일반인들이 받아들이고 널리 알고 있는) 통념'이라는 의미의 collocation은 conventional wisdom이다.

3 (c)
해석 A: 오늘 환율이 어떻게 됩니까?
B: 원화에 대한 달러화의 환율을 말씀하시는 건가요, 고객님?
해설 '환율'이라는 의미의 collocation은 exchange rate이다.

4 (c)
해석 A: 이 장치는 무엇을 하나요?
B: 당신 차의 백미러에 그것을 설치하면 운전하는 동안에 사각지대를 줄여줍니다.
어휘 device 장치, 기구 / install 설치하다 / rearview mirror 백미러 / cut down on ~을 줄이다 / blind 눈먼; *잘 안 보이는 / district 지구, 지역

해설 '(잘 보이지 않는) 사각지대'라는 의미의 collocation은 blind spot이다. 사각지대란 사람의 눈으로 보이지 않는 구역, 자동차 운전시 보이지 않는 지역 등을 의미한다.

5 (d)
해석 A: 의사 선생님께서 우리 아빠가 관절염이라고 말했어.
B: 음, 긍정적으로 보면 적어도 불치병은 아니잖니.
어휘 arthritis 관절염 / bright side 밝은 면, 긍정적인 면 / term 기간; 용어 / terminate 끝내다, 종결시키다 / terminal 끝의; *불치의; 정기의
해설 terminal의 정확한 의미만 알면 풀 수 있는 문제이다. terminal illness(불치병)를 collocation으로 알아두자.

6 (a)
해석 A: 그녀의 공연은 정말 인상적이었어.
B: 그래, 그녀는 기립 박수를 받을만 했어.
어휘 impressive 인상적인 / deserve ~할 만하다 / ovation 큰 갈채[박수] / ongoing 진행중의
해설 명사 ovation과 어울려 '기립 박수'라는 collocation을 이루는 형용사는 standing이다.

7 (b)
해석 우리는 사람들의 감정을 상하게 하는 것을 피하려고 때때로 선의의 거짓말을 한다.
해설 '선의의 거짓말'이라는 의미의 collocation은 white lie이다.

8 (d)
해석 저희 사무실을 방문하시기 전에 저에게 사전 공지를 주시면 좋겠습니다.
어휘 advance *사전의; 나아가게 하다 / notice 통지, 예고
해설 방문하기 전에 미리 알려 달라는 내용이므로 '사전 공지'라는 의미의 collocation인 advance notice가 적절한 표현이다.

9 (b)
해석 전 날씨가 사람들의 기분에 어떻게 영향을 미치는가에 대해 쓰여진 사례 연구를 찾는 중이에요.
해설 study와 함께 쓰여 '사례 연구'라는 의미의 collocation을 만드는 명사는 case이다. 사례 연구는 주로 법률, 의학, 교육 등의 연구에 사용되는 실증적인 심층 분석 연구 방법이다.

10 (a)
해석 스캐너의 발명은 의학에 있어 중대한 기술적인 돌파구이다.
어휘 major 주요한, 중대한 / breakthrough 돌파구 / breakdown 고장, 실패 / breakup 붕괴; 불화 / heartbreak 비통
해설 스캐너는 의학에 있어 큰 기술적 돌파구 역할을 했으므로 '기술적인 진전[전기]'라는 의미의 collocation인 technological breakthrough가 알맞다.

11 (d)
해석 아픈 목과 심한 두통 때문에 그녀는 강의를 취소했다.
어휘 throat 목구멍 / terrible 무서운; *끔찍한 / lecture 강의 / stiff 뻣뻣한 / enlarged 확대된 / sore 아픈
해설 '인후통, 목 아픔'을 의미하는 collocation은 sore throat이다.

12 (c)
해석 평균적으로 여성은 남성들보다 긴 수명을 가지고 있다.
어휘 on average 평균적으로 / span 한 뼘; 거리
해설 life와 어울려 '수명'이라는 의미의 collocation을 만드는 명사는 span이다.

unit 03 이디엄 (Idioms)

Checkup   p.155

1 ⓐ   2 ⓐ   3 ⓐ   4 ⓑ   5 ⓑ

1 빌리는 입이 가벼워서 다른 사람들에 대해 이야기하는 것을 좋아한다.
해설 '입이 가볍다, 큰소리치다'라는 뜻의 이디엄은 have a big mouth이다. 이 외에 a dirty mouth는 '욕을 잘 하는 사람'이라는 의미로 함께 알아두자. tongue은 '혀, 말, 언어'의 뜻을 지닌다.

2 여러분 출발할 준비가 되었나요?
해설 hit the road는 '출발하다, 떠나다'는 의미의 이디엄이다. '열심히 공부하다'라는 의미의 이디엄인 hit the books도 함께 알아두자.

3 내가 그의 집을 방문했을 때 그 방에 있던 피카소의 그림이 내 눈길을 끌었다.
해설 '~의 눈길을 끌다'는 뜻의 이디엄은 catch one's eye이다.

4 빵 가게에서 나는 달콤한 냄새가 그의 군침을 돌게 했다.
해설 make one's mouth water는 '군침이 돌게 하다'라는 의미로 눈 앞에 맛있는 음식이 보이면 본능적으로 침이 고이는 현상에서 비롯된 이디엄이다.

5 모든 사실을 알기 전에 너무 쉽게 성급한 결론을 내리지는 마.
해설 '성급하게 결론을 내리다'라는 의미의 이디엄은 jump to conclusions이다. 이외에도 reach[come to] a conclusion (결론에 이르다)도 자주 쓰이므로 함께 알아두자.

Checkup   p.156

1 ⓐ   2 ⓐ   3 ⓑ   4 ⓑ   5 ⓑ

1 축하드려요! 당신과 미아가 다음 달에 결혼한다고 들었어요.
해설 tie the knot은 '결혼하다'라는 의미로 결혼식 중 신부와 신랑의 손목을 끈으로 묶는 의식에서 유래한 이디엄이다. bind도 '묶다'라는 뜻의 동사이지만 '결혼하다'라는 이디엄에는 tie만 쓸 수 있다.

2 제이슨은 시험을 통과해서 요즘 하늘을 나는 것 같은 기분이다.
해설 walk on air는 '기뻐서 어쩔 줄 모르다'라는 의미로 하늘을 나는 것과 같은 기쁨을 표현하는 이디엄이다. 비슷한 표현인 be on cloud nine(무척 행복하다)도 함께 알아두자.

3 그 향수는 시장에 나오자마자 날개 돋친 듯이 팔렸다.
해설 '날개 돋친 듯이 팔리다'는 의미의 이디엄은 sell like hot cakes이다. hot cake는 대부분의 가정에서 소비되는 음식으로 판매가 많이 되는 품목이다. 따라서 hot cakes처럼 팔린다는 표현이 '매우 잘 팔린다'는 의미로 굳어졌다.

4 그들은 물어가며 마침내 그 빵 가게를 찾아냈다.
해설 '구두로, 말로'라는 뜻의 이디엄은 by word of mouth이다.

5 나는 지난 며칠 간 몸이 좀 좋지 않다.
해설 under the weather는 '몸이 편치 않아'라는 의미의 이디엄이다. forecast는 '예보'라는 뜻으로 weather forecast(일기예보)의 표현으로 자주 쓰인다.

Checkup   p.157

1 ⓐ   2 ⓑ   3 ⓑ   4 ⓐ   5 ⓑ

1 뜻밖에 김치가 그 회사의 효자 상품이 되었다.
해설 cash cow(주 수익원, 효자상품)는 cow(젖소)가 우유를 만들어 내는 것을 cash(돈)와 연결하면 쉽게 암기할 수 있다.

2 간섭 좀 그만할래? 내가 운전에 집중할 수가 없잖아.
해설 backseat driver는 글자 그대로 승용차 뒷 좌석에 앉아서 운전자에게 이래라 저래라 간섭하는 사람을 가리키는 말이다. 여기서 파생되어 '참견을 잘하는 사람'이라는 의미를 갖는다.

3 인구 노령화 문제는 이 나라에서 어려운 문제이다.
해설 hot potato는 직역하면 '뜨거운 감자'라는 의미로, '(아무도 처리하고 싶지 않은) 곤란한 문제, 어려운 문제'를 일컬을 때 쓰는 이디엄이다. 참고로 couch potato는 '앉아서 하루 종일 TV만 보면서 시간을 때우는 사람'을 일컫는 말이므로 함께 알아두자.

4 데이빗은 가족법의 기본적인 내용을 잘 알고 있다.
해설 nuts and bolts는 기계의 조립에 있어서 없어서는 안되는 부품에서 파생된 이디엄으로 어떤 일의 '기본, 요점'을 일컫는다.

5 오늘은 내가 몸이 좋지 않아서 그것을 다음으로 미루어야 할 것 같아.
해설 rain check은 '(지금은 안되지만 다음에 요구할) 후일의 약속, 초대의 연기'라는 의미의 이디엄이다.

Practice TEST   p.158

1 (b)   2 (b)   3 (a)   4 (b)   5 (c)   6 (a)
7 (d)   8 (c)   9 (a)   10 (a)   11 (d)   12 (c)

1 (b)
해석 A: 유명 가수인 핀 존슨이 결혼할 거라는 얘기 들었어?
B: 응, 그 발표로 많은 여자애들이 상심했잖아.
어휘 get married 결혼하다 / announcement 발표
해설 break one's heart는 '~의 마음을 아프게하다'는 의미의 이디엄이다. broken heart(실의; 실연)도 함께 알아두자.

2 (b)
해석 A: 제 딸의 생일을 위해 무엇을 추천해주시겠어요?
B: 이 MP3 플레이어는 어떠세요? 요즘 매우 인기 있고 잘 팔린답니다.
어휘 recommend 추천하다 / lately 요즈음, 최근에
해설 sell like hot cakes는 '날개 돋친 듯이 팔리다'라는 의미의 이디엄이다. 같은 의미의 go like hot cakes도 함께 알아두자.

3 (a)
해석 A: 당신의 약점은 무엇이라고 생각합니까?
B: 저는 때때로 충분히 고려하지 않고 성급하게 결론을 내리는 경향이 있는 것 같습니다.
어휘 weakness 약점 / consideration 고려, 숙고 / crawl 기어가다
해설 '성급하게 결론을 내리다'라는 의미의 이디엄은 jump to conclusions이다.

4 (b)
해석 A: 무슨 일이야, 티나? 너 몸이 안 좋아 보여.
B: 응, 감기에 걸린 것 같아.
어휘 come down with (병이) 들다[걸리다]
해설 under the weather는 '몸이 편치 않아'라는 의미의 이디엄

이다. feel[be] under the weather의 형태로 '몸이 안 좋다'라는 뜻을 나타내므로 함께 알아두자.

5 (c)
해석 A: "트와일라잇"에서 벨라 역을 연기했던 여배우 이름이 뭐지?
B: 아, 바로 생각이 안나네. 잠깐만 기다려봐.
해설 '즉석에서, 깊이 생각하지 않고'라는 의미의 이디엄은 off the top of one's head이다. can't remember ~ off the top of one's head(당장 기억이 나지 않다)의 형태로 많이 쓰인다. 비슷한 표현으로 on the tip of one's tongue(혀끝에서 맴도는)도 함께 기억해두자.

6 (a)
해석 A: 높은 청년 실업률에 대한 해결책이 무엇이라고 생각하시나요?
B: 그 문제에 대해서 어떤 묘안도 없는 것 같군요.
어휘 solution (문제 등의) 해결책 / unemployment rate 실업[실직]률 / sword 칼, 검 / stick 막대기
해설 silver bullet은 '묘책, 특효약'의 의미의 이디엄이다. silver bullet은 원래 민간 신화 속에서 늑대 인간이나 마녀, 괴물들을 죽일 때 효과가 있었던 은으로 만든 총알로 이야기 속의 표현이 하나의 이디엄으로 굳어져 쓰이는 경우이다.

7 (d)
해석 수는 그의 콘서트 초대를 다음으로 미뤄야만 했다.
해설 rain check은 '(지금은 사양하지만 나중에 요구할) 다음의 약속[초대], 초대의 연기'라는 의미의 이디엄이다. 이 외에도 '(실외 경기가 비로 중지될 때 관람객에게 주는) 다음 경기의 유효권' 혹은 '(상품의 재고가 없는 경우) 다음에 우선적으로 물품이나 서비스를 제공한다는 보증권'을 뜻하는 표현이므로 함께 알아둔다.

8 (c)
해석 느닷없이, 에단은 아프리카에서 자원봉사를 하기로 결정했다고 말했다.
해설 out of the blue는 '뜻밖에, 느닷없이'라는 의미의 이디엄이다. 같은 의미의 표현인 (all) of a sudden(갑자기)도 함께 알아두자.

9 (a)
해석 오늘의 야외 활동은 하루 종일 비가 너무 많이 오고 있어서 취소되었습니다.
해설 '비가 억수같이 퍼붓다'라는 의미의 이디엄은 rain cats and dogs이다. rain cats and dogs는 개와 고양이가 싸울 때 시끄러운 소리를 내며 격렬하게 싸우는 것을 시끄럽고 세차게 오는 비에 비유해서 쓰이는 이디엄이다.

10 (a)
해석 내가 여행사에 갔을 때 하와이에 관한 이 안내 책자가 내 눈길을 끌었다.
어휘 brochure (업무 안내 등의) 팸플릿, 소책자 / travel agency 여행사
해설 catch one's eye는 '~의 눈길을 끌다, 관심을 끌다'는 의미의 이디엄이다. 이와 관련하여 have one's eye on은 '~을 점찍어두다'라는 표현으로 함께 알아두자.

11 (d)
해석 지난 주 일요일 목사님의 설교가 내 눈을 뜨게 해 주었다.
어휘 minister 장관; *성직자 / sermon 설교
해설 놀라운 일을 보거나 경험하게 되면 눈이 휘둥그레지는 것에서 유래한 표현인 eye-opener는 '두 눈을 뜨게 해 주는 사건, 깨닫게 만드는 계기'라는 의미의 이디엄이다.

12 (c)
해석 이 책은 부동산 투자에 대한 기본을 설명해 준다.
어휘 real estate 부동산 / watt (전력의 단위) 와트 / driver (공구의 일종) 드라이버 / shell 껍데기; 포탄
해설 nuts and bolts는 기계를 조립하는 중요한 부품에서 비롯된 표현으로 어떤 주제의 '기본, 요점'을 의미하는 이디엄이다.

unit 04 일상 대화 표현

Checkup   p.161

1 ⓑ   2 ⓐ   3 ⓑ   4 ⓐ   5 ⓐ

1 하루 종일 하이킹을 하고 나니, 배가 몹시 고프네!
해설 I could eat a horse.는 직역하면 '말 한 마리도 먹을 수 있다'는 의미로 '배가 몹시 고프다'라는 의미의 구어체 표현이다.

2 새로운 그 TV 광고에 대한 당신의 의견을 말씀해주세요. 제가 귀 기울여 잘 듣고 있으니까요.
해설 '열심히 귀를 기울이다'라는 의미의 구어체 표현은 be all ears이다.

3 비비안은 오늘 할 일이 너무 많으니까 좀 봐주세요.
해설 '~에게 기회를 주다, ~를 봐 주다'라는 의미의 구어체 표현은 give ~ a break이다. breath는 '입김, 숨'의 뜻을 지닌다.

4 수지와 마샤는 같은 처지에 있다. 둘 다 최근에 직장을 그만

두었다.
해설 한 배에 탄 사람들은 같은 운명이므로 in the same boat는 '처지가 같은, 같은 상황에 있는'의 의미로 알아두자.

5 바이올린 연주에 관해서라면 브라이언은 어느 누구에게도 뒤지지 않는다.
해설 second to none은 직역하면 '어느 누구에게도 두 번째가 되지 않는'의 의미로 '어느 것[누구]에도 뒤지지 않는, 최고인'이라는 의미의 구어체 표현이다.

Checkup p.162

1 ⓐ 2 ⓐ 3 ⓑ 4 ⓑ 5 ⓑ

1 그가 술을 많이 마심에도 불구하고 어떻게 그렇게 건강할 수 있는지 모르겠어.
해설 한국어로는 술고래라고 표현하기 때문에 whale이라고 생각하기 쉽지만, 영어로 '술을 많이 마시다, 폭음하다'라는 의미는 drink like a fish로 표현한다. 이는 물고기가 물을 마시듯 술을 마셔댄다는 뜻에서 유래한 구어체 표현이다.

2 바느질에 있어서 신디는 서투르다.
해설 be all thumbs는 '서투르다'라는 의미의 구어체 표현이다.

3 그 문제에 대해 돌려서 말하지 말아요. 그냥 제게 요점만 말씀해주세요.
해설 '가장 중요한 사항, 핵심'이라는 의미의 표현은 bottom line이다.

4 저는 당신의 새로운 일이 잘되기를 바랄게요. 행운을 빌어요!
해설 cross one's fingers는 '행운을 빌다'라는 의미의 구어체 표현이다. 같은 의미로 keep one's fingers crossed도 자주 쓰이므로 함께 알아두자.

5 무슨 수를 써서라도 그 범죄의 증인을 찾으세요.
해설 whatever it takes는 '어떻게 해서든'이라는 의미의 구어체 표현이다. do whatever it takes의 형태로 '필요한 것은 무엇이든 하다, 무슨 수를 써서라도 하다'라는 의미로 자주 쓰이므로 함께 알아두자.

Checkup p.163

1 ⓐ 2 ⓑ 3 ⓑ 4 ⓐ 5 ⓑ

1 에밀리가 거실이 얼마나 엉망인지를 보면 몹시 화를 낼거야.
해설 hit the ceiling은 '몹시 성나다, 분통을 터뜨리다'라는 의미의 구어체 표현이다. 같은 의미의 표현으로 go through the ceiling도 알아두자.

2 사람들은 신경 쓰지 않는 듯 했지만, 언론은 그 사건을 큰 일로 만들었다.
해설 '큰일, 대단한 일'이라는 의미의 표현은 big deal이다. big deal은 make a big deal (out) of의 표현으로 쓰여 '~을 과장하여 생각하다'라는 의미를 가진다.

3 폴과 레나는 결혼하기까지 많은 우여곡절을 겪었다.
해설 ups and downs는 '오르내림, 흥망성쇠'라는 의미의 구어체 표현이다.

4 버스를 타려면 아직 한 시간이나 남았으니까 천천히 하세요.
해설 '천천히 하다'라는 의미의 구어체 표현은 take one's time이다.

5 제레미가 그 대회의 우승자가 될 것인지는 여전히 미지수다.
해설 toss-up은 '미지수, 반반의 가능성'을 의미하는 구어체 표현이다. 동사 toss는 '동전 등을 던지다'의 의미를 가지고 있는데 동전을 던지는 것은 반반의 가능성을 가지며 결과가 나오기 전까지는 모른다는 것을 연상하며 외워두자. thumbs up은 '찬성하다, 만족을 나타내다'라는 의미의 표현이다.

Practice TEST p.164

1 (d) 2 (b) 3 (c) 4 (d) 5 (c) 6 (b)
7 (d) 8 (d) 9 (b) 10 (a) 11 (c) 12 (b)

1 (d)
해석 A: 그만 돌려서 말해. 요점이 뭐니?
B: 음, 내가 말하고 싶은 건 네가 완전히 틀렸다는 거야.
어휘 beat around the bush 돌려서 말하다 / completely 완전히
해설 bottom line은 '가장 중요한 사항, 핵심'이라는 의미의 구어체 표현이다.

2 (b)
해석 A: 내 여자친구의 친구들이 우리 데이트에 동행했었는데 정말 불편했어.
B: 그래. 무슨 말인지 알겠다.
어휘 awkward 어색한, 불편한 / accompany 동행하다 / sight 시각; 시야; 조망
해설 선택지의 어휘 모두 '그 장면을 내가 상상할 수 있다'라는 의미를 표현하기에 정답인 것처럼 보이지만 이 경우는 '누구의 설명을 듣고 상황을 사진(picture) 찍듯이 알 수 있다'라고 연

상하면 기억하기가 쉽다. get the picture를 '(상황을) 이해하다'로 알아두자.

3 (c)
- 해석 A: 제임스가 알코올 중독자라는 걸 알았을 때 난 정말 놀랐어요.
  B: 글쎄요, 완벽한 사람은 없는 법이죠.
- 어휘 alcoholic *알코올 중독 환자; 알코올 중독의 / guilty 유죄의
- 해설 상황에 어울리는 응답은 '완벽한 사람은 없다'는 말이다. nobody is perfect를 덩어리로 암기해두자.

4 (d)
- 해석 A: 실례합니다만, 제가 주문한 음식이 다 되었나요? 30분 전에 주문했거든요.
  B: 늦어져서 죄송합니다. 사과의 의미로 저희가 후식을 무료로 드리겠습니다.
- 어휘 delay *지연; 미루다
- 해설 on the house는 '무료로, 서비스로'라는 의미의 구어체 표현이다. 유사한 의미인 free of charge도 함께 알아두자.

5 (c)
- 해석 A: 왜 우리가 절약해야 하는 거죠?
  B: 당신 어머님의 생신날 돈을 너무 많이 써서 지출을 좀 줄여야 하거든요.
- 어휘 reduce 줄이다 / expense 지출, 비용 / pack 묶다 / unfasten 풀다, 끄르다 / bind 묶다
- 해설 tighten one's belt는 '절약하다'라는 의미의 구어체 표현이다.

6 (b)
- 해석 A: 네가 그 직장에 취직할 수 있을 것 같니?
  B: 잘 모르겠어. 그저 행운을 빌고 있을 뿐이야.
- 어휘 elbow 팔꿈치
- 해설 이 표현은 실제로 미국 영화나 드라마에서 많이 보여지는 행동이기도 하다. 행운을 빈다고 할 때 손가락 두 개를 겹쳐서 상대방에게 보여주는 것으로 cross one's fingers는 '행운을 빌다'라는 의미이다. 같은 표현으로 keep one's fingers crossed도 함께 알아두자.

7 (d)
- 해석 A: 넌 이제 새로운 휴대 전화 사용에 익숙해졌니?
  B: 사실은 아니야. 난 기계에 있어서는 서투른 편이거든.
- 어휘 get used to ~에 익숙해지다 / when it comes to ~에 관한 한 / fist 주먹
- 해설 다섯 손가락 중에서 엄지 손가락은 가장 크고 뭉툭하다. 따라서 다섯 손가락이 모두 엄지 손가락이면 섬세하게 일을 하기가 어려워진다는 의미에서 be all thumbs(서투르다)라는 표현이 파생되었다. 참고로 have a green thumb은 '원예의 재능이 있다'의 의미이므로 함께 기억해두자.

8 (d)
- 해석 A: 난 어떻게 해서든 새로 나온 MP3 플레이어를 살 거야.
  B: 그렇다면 넌 돈을 모아야겠구나.
- 해설 whatever it takes는 '수단 방법을 가리지 않고, 어떻게든'이라는 의미의 구어체 표현이다.

9 (b)
- 해석 A: 잭슨 씨의 사임에 관한 소문을 들었어요?
  B: 말씀해보세요. 무슨 일인데요?
- 어휘 resignation 사직, 사임
- 해설 '열심히 귀를 기울이다'라는 의미의 구어체 표현은 be all ears이다.

10 (a)
- 해석 A: 내가 점심을 걸렀다고 말했었니? 난 배가 너무 고파.
  B: 점심을 안 먹었다고? 나가서 뭐라도 먹자.
- 해설 I could eat a horse.는 직역상 '너무 배가 고파서 말이라도 잡아먹을 수 있겠다'라는 의미로 '배가 몹시 고프다'라는 의미의 구어체 표현이다.

11 (c)
- 해석 A: 이것 좀 봐! 이 의자 정말 훌륭하지, 그렇지 않니?
  B: 그러게 말이야! 정말 독특하다.
- 해설 상대방의 말에 전적으로 동의를 나타낼 때 You can say that again.(맞아., 바로 그거야.)이라는 표현을 사용한다.

12 (b)
- 해석 A: 이곳을 좀 구경해도 될까요?
  B: 오, 그럼요. 천천히 보세요.
- 해설 회화에서 자주 사용되는 표현인 take one's time은 '천천히 하다, 늑장을 부리다'라는 의미이다. make time은 '서두르다, 빨리 가다'라는 의미로 함께 알아두자.

unit 05 2어동사 (Two-word verbs)

Checkup p.167

1 ⓐ   2 ⓐ   3 ⓐ   4 ⓑ   5 ⓑ

1 우리는 산업 분야에서 사용하는 석유의 양을 줄여야 한다.
- 해설 석유 사용의 양을 '줄여야 한다'는 의미가 자연스러우므로 '줄이다, 삭감하다'의 의미의 2어동사인 cut back (on)이 적절한 표현이다.

2 내 생각에 우리는 이번 역이 아니라 다음 역에서 내려야 할 것 같아.
해설 문맥상 다음 역에서 '내리다'라는 의미가 자연스러우므로 get off가 되어야 한다. get on은 '(차·기차·비행기 등을) 타다'라는 의미의 2어동사이다.

3 나는 예전에 너무나 쉽게 포기하곤 했지만 이제는 항상 끝까지 최선을 다한다.
해설 예전에는 쉽게 '포기하곤 했었다'는 의미가 자연스러우므로 give up이 적절한 2어동사이다.

4 내 애완견, 팀을 보살펴 주셔서 감사드려요.
해설 애완견을 '보살펴 준 것'에 대한 감사이므로 look after가 적절한 2어동사이다.

5 뉴스에 따르면 어젯밤 두 명의 수감자가 감옥에서 도망쳤다고 한다.
해설 문맥상 감옥으로부터 '도망쳤다'가 자연스러우므로 away와 함께 2어동사를 만드는 동사 run이 정답이다. throw away는 '버리다'라는 의미의 2어동사이다.

Checkup p.168

1 ⓐ   2 ⓑ   3 ⓑ   4 ⓐ   5 ⓐ

1 상사가 우리 팀에게 매출을 증가시킬 수 있는 새로운 아이디어를 생각해내라고 요구했다.
해설 새로운 아이디어는 '생각해내는' 것이므로 come up with가 적절한 표현이다. come down with는 '(병이) 들다[걸리다]'의 뜻을 지닌다.

2 험멜 선생님, 보고서를 언제 제출해야 하나요?
해설 보고서를 '제출하다'라는 의미가 되어야 하므로 in과 어울려 2어동사를 만드는 동사 hand가 와야 한다. get in은 '들어가다, 차에 타다'의 뜻을 지닌다.

3 제 에세이를 검토해 보시고 그것에 관해 조언을 좀 주시겠어요?
해설 에세이를 '검토하다'라는 의미가 문맥상 적절하므로 look over가 알맞다.

4 길버트는 앤을 '당근'이라고 부르며 그녀의 빨간 머리를 놀렸다.
해설 빨간 머리를 '놀리다'라는 의미의 2어동사는 make fun of이다.

5 대부분의 아프리카 국가들은 1년 내내 물이 부족하다.
해설 물이 '부족하다'라는 의미가 자연스러우므로 short (of)와 어울려 2어동사를 만드는 run이 와야 한다.

Checkup p.169

1 ⓐ   2 ⓐ   3 ⓐ   4 ⓑ   5 ⓐ

1 놀라운 특수효과가 그 영화의 성공을 설명해준다.
해설 영화의 성공을 '설명하다'라는 의미를 만드는 2어동사는 account for이다.

2 사람들은 곧 전쟁이 일어날까 두려워하고 있다.
해설 전쟁 등이 '발발하다'라는 의미의 2어동사는 break out이다. 그 외에 '(질병이) 발병하다, 탈출하다' 등의 의미도 있으므로 함께 알아두자. break down은 '부서지다, 고장나다'의 뜻을 지닌다.

3 방 청소를 하다가 우연히 내 반지를 발견했다.
해설 반지를 '(우연히) 발견하다'라는 의미가 자연스러우므로 come across가 적절한 2어동사이다. come by는 '들르다, 방문하다'의 뜻이다.

4 나는 그 약속을 어김으로써 우리 가족들을 실망시키고 싶지 않다.
해설 약속을 어겨서 가족을 '실망시키다, 낙담시키다'라는 내용이 자연스러우므로 2어동사 let down이 알맞은 표현이다.

5 그는 우승 트로피를 자랑하기 위해서 그것을 탁자 위에 올려두었다.
해설 문맥상 '과시하기' 위해서 우승 트로피를 올려놓았다는 내용이 자연스러우므로 show off가 적절한 2어동사이다. show up은 '나타나다'의 뜻이다.

Practice TEST p.170

1 (b)   2 (d)   3 (a)   4 (b)   5 (a)   6 (d)
7 (c)   8 (a)   9 (a)   10 (c) 11 (b) 12 (d)

1 (b)
해석 A: 그 코미디언이 유명한 이유가 무엇인가요?
B: 그는 대통령을 비롯한 정치인들을 희화화하는 것을 정말 잘하거든요.
어휘 be good at ~에 능하다 / politician 정치인
해설 그 코미디언이 정치인들을 곧잘 '희화화'한다는 내용이 자연스러우므로 make fun of(~를 놀리다)가 문맥상 적절한 표현이다. make a scene은 '소란을 피우다'라는 의미로 함께 알아두자.

2 (d)
해석 A: 우리 동네에서 아이 한 명이 실종됐다는 얘기 들으셨어요?
B: 네, 그리고 경찰이 유괴의 가능성을 배제하지 않고 있다고 하더군요.
어휘 missing 없어진, 행방불명인 / kidnapping 유괴하기 / row out (노를) 저어서 지치게 하다 / run out 바닥나다 / roll out 출시하다; 시작하다
해설 실종된 아이에 대하여 유괴의 가능성을 '배제하지' 않는다는 의미가 자연스러우므로 알맞은 2어동사는 rule out이다.

3 (a)
해석 A: 오늘 밤 정말 좋은 시간을 보냈어요.
B: 저도요. 곧 다시 만나 뵙기를 바랍니다.
해설 부사 together와 어울려 '모이다, 단결하다'의 의미의 2어동사를 만드는 동사는 get이다. take together(하나로 합쳐서 생각하다)와 put together(합하다, 조립하다)도 자주 사용되는 표현이므로 알아두자.

4 (b)
해석 A: 준비 됐나요? 콘서트에 늦지 않으려면 서둘러야 해요.
B: 5분만 시간을 줘요. 아직 화장을 좀 더 해야 해요.
어휘 make-up *화장; 구성 / take on (책임 등) 떠맡다
해설 put on은 '(의복을) 입다'라는 의미 외에 '(반지 등을) 끼다, (모자·신발·안경 따위를) 착용하다, (화장을) 하다' 등 신체에 걸치거나 덧붙이는 것을 통틀어 표현하는 2어동사이다. 유사한 의미의 동사인 wear(입다, 착용하다)는 착용하고 있는 상태를 나타내고, put on은 입는 동작을 표현한다는 점도 기억하자.

5 (a)
해석 A: 내 과학 숙제를 좀 도와주겠니?
B: 물론이지, 나만 믿어.
어휘 live on 주식으로 삼다
해설 도움을 부탁하는 말에 나만 믿으라고 답하는 문맥이 자연스러우므로 '믿다, 의지하다'라는 의미의 count on이 알맞은 2어동사이다.

6 (d)
해석 A: 몸이 좋지 않아. 감기에 걸린 것 같아.
B: 잘 먹지 않으면 감기를 이겨내지 못할거야.
어휘 catch a cold 감기에 걸리다 / get off (차에서) 내리다 / get in (안으로) 들어가다; 차에 타다
해설 감기를 '극복하기' 위해서는 제대로 먹어야 한다는 문맥이 자연스러우므로 '극복하다'의 의미인 2어동사 get over가 알맞다.

7 (c)
해석 글로리아는 부모님이 그녀가 친구들과 해변에 놀러갈 수 없다고 말하자 도망치고 싶었다.
해설 주어진 상황에서 '달아나다'라는 의미가 문맥에 적절하므로 run away가 알맞은 표현이다.

8 (a)
해석 축구 경기가 끝난 뒤, 관중들 사이에서 싸움이 일어났다.
어휘 make out 성취하다; 이해하다 / take out 꺼내다; 데리고 나가다 / set out 출발하다, 시작하다
해설 싸움이 '일어나다'라는 의미가 자연스러우므로 break out이 적절한 2어동사이다. 이 외에도 '(전쟁) 발발하다, (질병이) 발병하다'의 의미도 있으므로 함께 알아두자.

9 (a)
해석 브랜디가 실수로 촛불을 끄자 방이 갑자기 어두워졌다.
어휘 by mistake 실수로 / suddenly 갑자기 / put up 게시하다 / put off (옷 등을) 벗다; 제거하다; (기한 등을) 연기하다
해설 실수로 촛불을 '껐다'라는 의미가 자연스러우므로 put out이 알맞은 표현이다.

10 (c)
해석 해커가 우리 회사의 온라인 시스템에 침입해서 모든 고객 정보를 삭제했다.
어휘 hacker 해커 / delete 삭제하다, 지우다 / run into (우연히) 만나다
해설 해커가 회사의 시스템에 침입하여 문제를 일으켰다는 문맥이므로 '침입했다'라는 의미의 2어동사인 broke into가 적절하다.

11 (b)
해석 수요가 줄어서 회사는 제품의 생산을 줄였다.
어휘 decrease *감소; 줄이다 / due to ~때문에 / demand 요구하다; *수요
해설 문맥상 생산을 '줄이다'라는 의미가 자연스럽다. back (on)과 어울려 '줄이다, 삭감하다'라는 의미를 만드는 동사는 cut이다.

12 (d)
해석 그 형사는 모든 증거들을 신중히 검토했지만 어떤 단서도 찾아낼 수 없었다.
어휘 detective 탐정, 형사 / evidence 증거 / clue 실마리; *단서 / stand by 지지하다; 대기하다 / look away 눈길[얼굴]을 돌리다 / stand for 대표하다, 상징하다
해설 증거를 '검토하다'라는 의미의 2어동사가 와야 하므로 looked over가 정답이다. look over는 이외에 '눈감아 주다, 훑어보다'의 의미로도 자주 사용되므로 함께 알아두자.

unit 06 동사(Verbs)

Checkup p.173

1 ⓑ   2 ⓐ   3 ⓐ   4 ⓐ   5 ⓑ

1 이 제품은 10대들의 관심을 끌기 위해 만들어졌다.
해설 문맥상 10대들의 '관심을 끌다, 마음에 들게 하다'라는 의미가 되어야 하므로 appeal이 적절하다.

2 서론은 건너 뛰고 본론으로 넘어가죠.
해설 문맥상 '건너뛰다, 생략하다'는 의미가 되어야 하므로 알맞은 동사는 skip이다.

3 이 포스터의 목적은 사람들이 투표를 하도록 장려하는 것이다.
해설 문맥상 투표하도록 '장려하다' 혹은 '촉진하다'의 의미가 자연스러우므로 encourage가 알맞다. encourage ~ to-v(~가 …하도록 장려하다)의 표현으로 알아두자. enlarge는 '(사진 등을) 확대하다'의 의미이다.

4 그 공장의 생산성은 지난 분기에 20% 증가했다.
해설 생산성이 '증가했다'는 의미가 자연스러우므로 increased가 알맞다.

5 너는 올해 헬스클럽 회원권을 갱신할 예정이니?
해설 회원권을 '갱신하다'라는 내용이 되어야 하므로 renew가 정답이다. 동사 renew는 membership(회원의 자격), contract(계약), subscription(구독) 등 정해진 기간과 관련된 어휘들과 함께 자주 사용되므로 익혀두도록 한다. refine은 '정제하다'의 의미이다.

Checkup p.174

1 ⓐ   2 ⓑ   3 ⓐ   4 ⓐ   5 ⓑ

1 우리는 올해 매출 목표를 달성하기 위해서 구체적인 계획이 필요하다.
해설 목표를 '이루다'의 의미가 되도록 achieve가 들어가야 자연스럽다. 동사 achieve는 주로 achieve a goal[success, victory]의 형태로 쓰이므로 함께 알아두자. attract는 '끌다, 유인하다'의 뜻이다.

2 투자를 하기 전에는 귀하의 재정 고문과 상담하세요.
해설 문맥상 '~와 상담하다'는 의미가 되어야 하므로 알맞은 동사는 consult이다. conclude는 '끝내다, 결론짓다'의 의미를 지닌다.

3 그 회사는 사업 거래의 세부사항을 대중들에게 공개하기로 결정했다.
해설 비밀이나 감춰진 것들을 '드러내다, 폭로하다'의 의미로 동사 disclose를 사용한다.

4 그의 지위는 그로 하여금 많은 기밀 문서들에 접근할 수 있게 해 주었다.
해설 문맥상 그의 지위가 그가 기밀 문서에 접근하는 것을 가능하게 했다는 것이 자연스러우므로 '가능하게 했다'라는 뜻의 enabled가 알맞다. enable ~ to-v(~가 …을 할 수 있게 하다, 가능하게 하다) 구문으로 주로 사용되므로 알아두자.

5 나는 이 장비를 작동하는 방법을 거의 잊어버렸다.
해설 this equipment와 문맥상 어울리는 동사는 '(기계 등을) 조작하다'는 의미인 operate이다. obligate는 '의무를 지우다'의 의미를 지닌다.

Checkup p.175

1 ⓐ   2 ⓐ   3 ⓑ   4 ⓐ   5 ⓑ

1 이 대회의 우승자에게는 하와이 여행이 주어집니다.
해설 대회의 우승자에게 하와이 여행이 '수여된다'는 것이 문맥상 자연스러우므로 정답은 awarded이다. arrest는 '체포하다'의 의미이다.

2 직원들의 권리와 의무는 계약서에 분명하게 정의되어 있다.
해설 권리와 의무가 계약서에 '정의되어 있다'는 문맥이 자연스러우므로 defined가 알맞다. demand는 '요구하다'의 뜻을 지닌다.

3 몹시 바쁠 때는 건강한 생활 습관을 유지하기가 쉽지 않다.
해설 문맥상 건강한 생활 습관을 '유지하다'의 의미가 자연스러우므로 maintain이 와야 한다. mend는 '수선하다, 고치다'의 뜻을 지닌다.

4 어떤 문제든 발생하면 가능한 빨리 저희에게 알려주세요.
해설 문제가 '발생하다'는 의미가 되어야 하므로 알맞은 동사는 occur이다. obtain은 '얻다, 획득하다'의 뜻이다.

5 지난 삼 년의 제 생활을 단지 몇 문장으로 요약하기는 어렵습니다.
해설 몇 문장으로 '요약하다'는 의미가 되어야 자연스러우므로 동사

summarize가 와야 한다.

Practice TEST p.176

1 (a) 2 (b) 3 (c) 4 (a) 5 (c) 6 (d)
7 (a) 8 (d) 9 (b) 10 (c) 11 (c) 12 (b)

1 (a)
해석 A: 콘서트는 어땠어?
B: 글쎄, 나는 락 음악에 그다지 끌리지 않아.
어휘 apply 적용되다; 신청하다, 지원하다 / associate 연상하다; ~와 교제하다
해설 문맥상 락 음악에 '끌리지' 않는다는 의미가 되어야 하므로 동사 appeal이 알맞다.

2 (b)
해석 A: 저는 제 모든 재산을 위원회에 공개해야 한다고 생각하지 않습니다.
B: 사실 주(州)법은 공직에 지원하는 모든 후보들에게 그렇게 할 것을 요구하고 있습니다.
어휘 property 《pl.》재산, 자산 / committee 위원회 / candidate 지원자 / public office 관공서, 관청 / disappear 사라지다 / dislike 싫어하다
해설 모든 재산을 '공개하다'는 의미가 되어야 자연스러우므로 적절한 동사는 disclose이다. disclose properties는 '재산을 공개하다'라는 의미의 collocation이므로 알아두도록 한다.

3 (c)
해석 A: 이 새 복사기는 정말 복사가 잘 되네요.
B: 맞아요. 원본하고 복사본을 구별하기가 정말 어려워요.
어휘 make a copy 복사하다 / original 원본 / discourage 낙담하다 / disagree 일치하지 않다
해설 원본과 복사본을 '구별할 수' 없다는 의미가 되어야 자연스러우므로 동사는 distinguish를 써야 한다. distinguish ~ from …는 '~와 …를 구별하다'라는 의미의 표현이므로 알아두도록 한다.

4 (a)
해석 A: 귀사는 어떤 캠페인을 시작하셨나요?
B: 저희는 운전자들에게 안전벨트의 착용을 장려하는 캠페인을 시작했습니다.
어휘 launch 착수하다, 시작하다 / engage 약속하다; 보증하다; 약혼하다 / establish (회사 등을) 설립하다
해설 문맥상 운전자들로 하여금 안전벨트를 매도록 '장려하다'의 의미가 되어야 하므로 빈칸에 알맞은 동사는 encourage이다. '~에게 …을 장려하다'의 의미의 encourage ~ to-v를 함

께 알아두자.

5 (c)
해석 A: 졸업 후에는 무엇을 할 예정이세요?
B: 장애우들을 위해 자원 봉사자로 일하기로 결심했어요.
어휘 disabled 장애가 있는 / surf 파도타기를 하다
해설 자원 봉사자로서 '봉사하다, 의무를 다하다'라는 의미가 되도록 동사 serve가 들어가야 자연스럽다.

6 (d)
해석 A: 마케팅팀의 보고서에 대해 어떻게 생각하십니까?
B: 최근의 시장 경향을 잘 요약했다고 생각합니다.
어휘 latest 최근의 / trend 동향, 추세 / separate 분리하다
해설 최근의 시장 경향을 잘 '요약했다'라는 의미가 자연스러우므로 동사 summarized가 알맞다.

7 (a)
해석 마감일 전까지 예산 보고서를 완성하기에는 시간이 충분하지 않다.
어휘 complain 불평[항의]하다 / combine 결합하다 / contract 계약하다; 수축시키다
해설 기한 내에 보고서를 '끝내다, 완성하다'라는 의미가 되어야 하므로 빈칸에 알맞은 동사는 complete이다.

8 (d)
해석 모든 원고는 출판되기 전에 철저하게 검토되어야 한다.
어휘 manuscript 원고 / thoroughly 완전히 / publish 발표하다; *출판하다 / remain ~인 채로 남다 / recreate 다시 만들다 / revive 되살리다
해설 원고는 출판되기 전에 철저히 '검토되어야' 하므로 문맥에 어울리는 동사는 reviewed이다. 이 외에 review는 '(책 · 영화 등을) 비평하다'의 의미로도 자주 사용된다.

9 (b)
해석 그의 강의는 대강당에 모인 학생들의 정신을 고취시켰다.
어휘 lecture 강의 / spirit 정신, 마음 / gather 모이다, 집결하다 / main hall 대강당 / boil 끓다 / bundle (짐을) 꾸리다
해설 문맥상 강의가 학생들의 정신을 '고취시켰다'는 의미가 자연스러우므로 동사 boosted가 알맞다. '시세를 올리다'의 의미로 boost prices도 함께 알아두도록 한다.

10 (c)
해석 이 수업은 직장에서 스트레스를 최소화하는 방법을 알려준다.
어휘 workplace 직장 / stimulate 자극하다
해설 문맥상 stress와 어울리는 동사는 '최소화하다'는 의미의 minimize이다. '스트레스를 줄이다[완화하다]'라는 의미로 reduce[relieve] stress도 자주 쓰이므로 함께 알아두자.

11 ⓒ
해석 제이콥은 다음 달에 국립 극장에서 공연할 예정이기 때문에 매일 첼로 연습을 한다.
어휘 propose 제안[제의]하다 / proceed 진행하다 / provide 제공하다
해설 '공연을 하다'는 의미를 표현할 때는 동사 perform을 쓴다. perform은 이 외에 peform a task[job, duty]에서와 같이 '수행하다'의 의미로도 자주 쓰이므로 함께 알아두도록 한다.

12 ⓑ
해석 곧 있을 테러리스트의 공격에 대한 소문은 아직 확인되지 않았다.
어휘 have yet to-v 아직 ~하지 않다 / contact 연락하다 / consist ~로 되어 있다
해설 소문이 '확인되지' 않았다는 의미가 되어야 하므로 빈칸에 알맞은 동사는 confirmed이다.

unit 07 명사(Nouns)

Checkup p.179

1 ⓐ 2 ⓑ 3 ⓑ 4 ⓐ 5 ⓑ

1 나는 그 문제에 대해 내 법률 고문과 상의하고 싶다.
해설 어떤 문제에 대해 상의할 사람으로 자연스러운 것은 advisor이다. legal advisor(법률 고문) 외에 '재정 고문'이라는 의미의 financial advisor도 함께 알아두자. accountant는 '회계사'이다.

2 우리 새 집이 아직도 공사 중이어서 이번 달은 세를 들어 살 거야.
해설 세를 들 것이라고 했으므로 새 집이 '공사' 중인 것이 자연스럽다. 따라서 construction이 정답이다. '공사중'의 의미로 under construction이 자주 쓰이므로 암기해 두도록 한다. convenience는 '편의, 편리'라는 뜻으로 관련하여 convenience store(편의점)도 알아두자.

3 그 연구는 막걸리가 경기 침체기에 인기가 있다는 것을 보여준다.
해설 막걸리가 경기 '침체기'에 인기가 있다는 문맥이 자연스러우므로 downturn(하강; 침체)이 알맞다. economic downturn (경기 침체[하강])을 하나의 표현으로 알아두자. turnup은 '바지 등의 접어 올린 단'을 의미한다.

4 이 수업은 실습에 중점을 둔다.
해설 '~에 중점을 두다'라는 뜻의 표현인 put[place, lay] an emphasis on을 알아두자.

5 이번 프로그램의 주된 목적은 도움이 필요한 아이들을 위한 기금을 모으는 것입니다.
해설 기금 마련은 행사의 주된 '목적'이므로 objective가 알맞다. the main objective[purpose](주된 목적, 취지)는 자주 사용되는 collocation이므로 알아두자. opportunity는 '기회'라는 뜻으로 chance와 같은 의미이다.

Checkup p.180

1 ⓑ 2 ⓐ 3 ⓑ 4 ⓑ 5 ⓐ

1 직원들이 우리 회사의 가장 큰 자산이다.
해설 직원들이 회사의 '자산'이라는 것이 자연스러우므로 assets가 정답이다. assessment는 '평가'의 뜻이다.

2 이번 결정은 국가 안보에 심각한 결과를 가져올 수 있다.
해설 이 결정이 국가 안보에 가져올 수 있는 것으로 심각한 '결과'가 자연스러우므로 consequences가 정답이다. '결과를 가져오다'의 의미인 have consequences를 알아두자. frequency는 '빈도, 잦음, 주파수'라는 의미로 문맥에 어울리지 않는다.

3 이 회사에서의 내 목표는 고등 교육 전문가가 되는 것이다.
해설 '(어떤 분야의) 전문가'를 표현할 때 an expert on[in, at] ~로 쓴다. export는 '수출'의 뜻을 지닌다.

4 이 전통 춤은 우리 문화 유산의 일부이다.
해설 전통 춤과 어울리는 명사는 heritage이다. '문화 유산'이라는 의미인 cultural heritage의 형태로 자주 쓰이니 알아두도록 한다. honesty는 '정직, 성실, 공정'의 뜻을 지닌다.

5 퇴직은 아무것도 하지 않는 것을 의미하는 게 아니라 당신이 좋아하는 것들을 하는 것을 의미한다.
해설 아무것도 하지 않는 것, 좋아하는 것을 하는 것과 연관되는 명사는 '퇴직'이라는 의미의 retirement이다. recruitment는 '채용'의 의미를 지닌다.

Checkup p.181

1 ⓐ 2 ⓐ 3 ⓑ 4 ⓑ 5 ⓐ

1 CEO(최고 경영자)는 회의에서 회사의 부채에 대한 그의 우려를 나타냈다.
해설 회사의 부채에 대해 CEO가 나타낸 것으로 '우려'가 자연스러우므로 concerns가 와야 한다. confidence는 '자신감'을 뜻한다.

2 후보자들은 선거 전까지 세 번의 TV 토론을 하게 될 것이다.
해설 선거의 후보자가 TV에서 하는 것은 '토론'이므로 debates가 정답이다. demand는 '요구, 수요'를 뜻한다.

3 우리 팀의 역할은 제품이 공장을 떠나기 전에 결함을 발견해내는 것이다.
해설 제품에서 발견해내는 것으로 적절한 것은 defects(결함)이다.

4 아버지의 죽음 이후, 나의 신앙심은 훨씬 더 강해졌다.
해설 '종교적인'이라는 의미의 형용사인 religious와 어울리는 명사는 faith이다. religious faith를 '신앙심'이라는 의미의 표현으로 알아두도록 한다.

5 주말 저녁 식사를 위해서는 예약을 하시는 것이 적극 권장됩니다.
해설 주말 저녁 식사를 '예약'한다는 것이 자연스러우므로 reservation이 정답이다. make a reservation이라는 collocation 형태로 자주 쓰이므로 알아두도록 한다. response는 '대답, 회신'의 뜻이다.

Practice TEST   p.182

1 (c)   2 (b)   3 (c)   4 (a)   5 (d)   6 (b)
7 (b)   8 (c)   9 (a)   10 (a)   11 (d)   12 (b)

1 (c)
해석 A: 언제 새 집으로 이사가실 건가요?
B: 다음 달은 되어야 할 것 같아요. 그 집이 아직 공사 중이거든요.
어휘 competition 경쟁; 시합 / collection 수집(품) / combination 조합, 결합
해설 집이 '공사' 중이어서 다음 달 전까지는 이사를 가지 못한다는 내용이 자연스러우므로 construction이 정답이다. '공사중'이라는 의미의 collocation인 under construction을 알아두자.

2 (b)
해석 A: 호텔에 있는 동안 친절히 대해주셔서 정말 감사합니다.
B: 저희 또한 기뻤습니다, 손님. 조만간 다시 모실 수 있게 되기를 바라겠습니다.
어휘 serve *(손님을) 시중 들다, 돕다; 근무[일]하다 / hostility 적대감; 반항 / hostage 인질
해설 손님이 호텔에서 받았을 것으로는 '환대'가 자연스러우므로 hospitality가 정답이다. Thank you for your hospitality.는 '환대해 주셔서 감사합니다.'라는 표현으로 알아두자.

3 (c)
해석 A: 이 지원자에 대해 어떻게 생각하세요?
B: 제 생각으로는 그의 국제 금융 분야의 지식이 회사의 자산이 될 것 같습니다.
어휘 candidate 후보자; *지원자 / international finance 국제 금융 / access 접근; 접근 권한, 이용할 권리 / attention 주의; 관심 / assignment 할당; 과제
해설 지원자의 국제 금융에 대한 지식이 회사에 있어서 '자산'이 될 것이므로 asset가 적절하다. an asset to the company(회사의 자산)를 하나의 표현으로 알아두자.

4 (a)
해석 A: 이 물리학 실험에 대한 당신의 의견을 듣고 싶습니다.
B: 죄송하지만 저는 물리학 분야의 전문가가 아닙니다. 하지만 당신을 전문가에게 소개해 드릴 수는 있어요.
어휘 physics 물리학 / experiment 실험 / witness 증인 / assistant 조수, 보조자 / explorer 탐험가
해설 물리학 실험에 대한 의견을 물었으므로 '전문가'가 아니라서 답변을 줄 수 없다는 내용이 자연스럽다. 따라서 expert가 정답이다.

5 (d)
해석 A: 저는 체중감량을 해야만 할 것 같아요. 좋은 프로그램을 추천해주시겠어요?
B: 제 생각에는 당신이 체중에 대해 너무 우려하는 것 같군요. 당신은 겨우 50kg이잖아요.
어휘 go on a diet 체중감량을 시작하다 / composition 구성; 구성물 / connection 연결; 관계 / concept 개념; 구상
해설 50kg 밖에 나가지 않는데도 불구하고 체중감량을 해야겠다고 하는 것은 체중에 대한 지나친 '우려'이므로 concerns가 알맞다.

6 (b)
해석 A: 몇 개의 악기를 연주할 수 있으세요?
B: 피아노와 바이올린을 연주해요. 예전에는 첼로도 했었지만 지금은 안해요.
어휘 talent 재능 / device 장치, 설비
해설 piano, violin, cello 등이 언급되는 것으로 보아 빈칸에는 '악기'라는 뜻의 instruments가 와야 한다. 이 외에도 instrument에는 '기계; 도구'라는 의미도 있으므로 함께 알아두자.

7 ⓑ
해석 그 상황에 대한 유일한 해결책은 의장이 사임하도록 설득하는 것이다.
어휘 persuade ~ to-v ~가 …하도록 설득하다 / chairman 의장 / step down 사임하다 / slope 비탈; 경사지다 / shelter 대피(처); 주거지
해설 의장이 사임하도록 설득하는 것이 유일한 '해결책'이라는 내용이 자연스러우므로 정답은 solution이다. '~에 대한 (유일한) 해결책'이라는 의미의 표현인 the (only) solution to로 알아두도록 한다.

8 ⓒ
해석 성수기에는 호텔 예약을 미리 하셔야 합니다.
어휘 in advance 미리 / peak season 성수기 / reference 참조; 조회
해설 성수기에는 호텔 '예약'을 미리 해야 한다는 문맥이 자연스러우므로 빈칸에는 명사 reservation이 와야 한다. make a reservation(예약을 하다)의 형태로 자주 쓰이므로 이 표현을 알아두자.

9 ⓐ
해석 올리비아는 데이빗과 헤어지려는 자신의 결정이 가져올 어떤 결과에 대해서도 걱정하는 것처럼 보이지 않는다.
어휘 break up with ~와 헤어지다 / continuation 지속, 연속; 속편 / compromise 타협, 절충안
해설 어떤 결정에 따른 '결과'에 대해 걱정하는 것처럼 보이지 않는다는 문맥이므로 정답은 consequences이다.

10 ⓐ
해석 그 미술관은 고대부터 19세기까지의 많은 걸작품들을 소장하고 있다.
어휘 merit 장점; 공적
해설 미술관에 소장되어 있는 것들은 '걸작, 명작'이 자연스러우므로 정답은 masterpieces이다.

11 ⓓ
해석 지난 30년 동안 미국 내에서는 총기 규제 문제에 관한 많은 논쟁이 있었다.
어휘 gun control 총기 규제 / dictation 받아쓰기; 명령 / desire 욕구, 갈망 / decline 감소
해설 총기 규제라는 쟁점에 대한 '논쟁'이 많이 있었다는 문맥이 자연스러우므로 debate가 정답이다.

12 ⓑ
해석 그 매장은 운동복에서 가구에 이르기까지 여러 가지 다양한 제품을 취급한다.
어휘 carry (가게에서 물건을) 취급하다 / furniture 가구 / vehicle 차량
해설 운동복에서 가구까지 '다양한' 품목을 구비하고 있다는 내용이 자연스러우므로 variety가 정답이다. '여러 가지'라는 의미의 a (wide) variety of의 형태로 자주 출제되므로 익혀두도록 한다.

unit 08 형용사와 부사 (Adjectives and Adverbs)

Checkup p.185

1 ⓐ   2 ⓐ   3 ⓐ   4 ⓑ   5 ⓑ

1 불경기로 인해 내 연봉이 약간 줄었다.
해설 income과 어울려 연봉이라는 뜻을 만드는 형용사는 '1년의'를 의미하는 annual이다. manual은 '손으로 하는, 육체 노동의'라는 의미이다. 관련하여 manual labor(육체 노동)이라는 collocation도 함께 익혀두자.

2 그 공항은 국내선만을 제공한다.
해설 domestic flights(국내선)와 international flights(국제선)는 일반적으로 많이 쓰이는 collocation이므로 알아두자. cosmetic은 '성형의'라는 의미로 cosmetic surgery(성형수술)와 같은 표현으로 알아두자. 또한, cosmetics는 '화장품'이라는 의미이다.

3 그의 유능한 운영으로 그 팀은 마침내 해결책을 찾았다.
해설 문맥상 '유능한' 운영이 적절하므로 형용사 capable이 알맞다. capital은 '자본의, 주요한'의 의미이다.

4 그녀는 기초적인 수준의 수학조차 이해하지 못하는 것 같다.
해설 elementary level(초급), intermediate level(중급), advanced level(고급) 등을 하나의 표현으로 익혀두자. elementary school은 '초등학교'라는 의미로 함께 알아두도록 한다. complete는 '완전한'이라는 뜻을 지닌다.

5 찰스는 자신의 딸이 독립적이고 대담하고 활동적이기를 바란다.
해설 문맥상 '독립적이고' 대담하고 활동적인 딸을 바란다는 것이 자연스러우므로 independent(독립한, 독립심이 강한)가 적절하다. dependent는 independent의 반대말로 '의지[의존]하는'의 뜻이다.

Checkup   p.186

1 ⓐ   2 ⓐ   3 ⓑ   4 ⓐ   5 ⓑ

1 온라인 쇼핑은 시장에 가는 것보다 더 편리하다.
해설 온라인 쇼핑이 시장보다 더 '편리하다'는 의미가 되어야 하므로 convenient가 오는 것이 자연스럽다. conventional은 '전통적인, 틀에 박힌'의 의미이며 conventional wisdom (사회적 통념)도 함께 알아두도록 한다.

2 샐리는 3개월 과정인 스페인어 집중 강좌를 수강할 예정이다.
해설 3개월 과정의 '집중' 강좌라는 의미가 자연스러우므로 intensive가 오는 것이 자연스럽다. available은 '이용할 수 있는'의 의미를 지닌다.

3 연구진은 적당량의 커피를 마시는 것이 스트레스를 푸는 데 좋다고 말한다.
해설 '적당한' 양의 커피를 마신다는 의미가 되어야 하므로 moderate가 오는 것이 자연스럽다. considerate는 '이해심이 있는'의 뜻이다.

4 그녀는 그녀에게 몹시 무례했던 그 고객에게 매우 참을성 있게 대했다.
해설 무례한 고객에게도 매우 참을성이 있었다는 의미가 되어야 하므로 '참을성이 있는'을 뜻하는 patient가 오는 것이 자연스럽다. be patient with(~에게 참을성이 있다, ~을 참다)로 알아두자. patriotic은 '애국의'의 뜻을 지닌다.

5 어떤 어휘의 정확한 정의를 알고 싶다면 사전을 찾아봐야 한다.
해설 어휘의 '정확한' 정의라는 의미가 자연스러우므로 precise가 와야 한다. previous는 '앞의, 이전의'라는 뜻이다.

Checkup   p.187

1 ⓐ   2 ⓐ   3 ⓑ   4 ⓐ   5 ⓑ

1 나는 친구의 결혼식에 입고 갈 적당한 옷이 한 벌도 없다.
해설 입고 갈만한 '적당한' 옷이 없다는 의미가 되어야 하므로 appropriate가 오는 것이 자연스럽다. apparent는 '뚜렷이 보이는, 명백한'의 뜻을 지닌다.

2 높은 실업률은 당분간 계속될 것 같다.
해설 '~할 것 같다'라는 가능성의 표현은 be likely to-v이다. likewise는 '마찬가지로, 또한'의 의미이다.

3 제레미는 그 비극적인 사고를 잊기 위해서 여행을 가기로 결정했다.
해설 '비극적인' 사고를 잊기 위해서 여행을 떠나기로 했다는 문맥이 자연스러우므로 tragic이 와야 한다. trustful은 '(사람을) 믿는'의 뜻을 지닌다.

4 브라이언은 거의 5년 동안 첼로를 연주해 오고 있다.
해설 5년이란 기간을 수식할 수 있는 것은 '거의'를 의미하는 부사 nearly이다. hardly는 부정의 뜻을 포함하는 부사로 '거의 ~않은'의 의미이다.

5 폭우로 댐의 물이 많이 불어났다.
해설 댐의 물이 '많이' 불어났다는 의미가 되어야 하므로 significantly가 와야 한다. randomly는 '임의로, 무작위로'의 뜻을 지닌다.

Practice TEST   p.188

1 (a)   2 (b)   3 (d)   4 (c)   5 (d)   6 (d)
7 (d)   8 (c)   9 (c)   10 (b)   11 (c)   12 (b)

1 (a)
해석 A: 귀사의 연간 매출은 얼마입니까?
     B: 대략 3백만 달러입니다.
어휘 quarterly 분기의; 4분의 1의 / timely 때에 알맞은
해설 질문의 답변에 a year가 있으므로 '연간의, 1년의' 매출을 물었다는 것을 알 수 있다. 따라서 정답은 annual이다. monthly sales(월간 매출), quarterly sales(분기 매출)도 함께 알아두자.

2 (b)
해석 A: 바티칸 씨티는 이탈리아의 일부인가요?
     B: 아뇨, 사실은 하나의 독립 국가입니다.
어휘 state 국가 / additional 부가적인
해설 바티칸 씨티는 이탈리아의 일부가 아닌 '독립된' 국가라는 의미가 되어야 하므로 형용사 independent가 정답이다. 반대의 의미인 형용사 dependent(의존[의지]하는)도 함께 알아두자.

3 (d)
해석 A: 필요하신 것을 빨리 말씀해주시겠어요? 제가 지금 좀 바빠서요.
     B: 급한 건 아니에요. 원하시면 좀 더 편리한 시간에 다시 오겠습니다.
어휘 urgent 긴급한 / compact 조밀한; 아담한 / constant 끊임없는
해설 time과 어울리는 형용사는 convenient(편리한)이다. 의미상

comfortable(편안한)도 정답이 될 것 같지만 comfortable은 주로 장소나 몸 상태를 설명할 때 쓰는 어휘이다.

4 (c)
해석 A: 저희 할아버지는 매일 와인을 한 잔씩 드세요.
B: 사실 적당량의 술을 마시는 건 건강에 좋을 수도 있죠.
어휘 mobile 이동할 수 있는 / material 물질의, 물질적인 / mature 성숙한
해설 amounts와 어울려 '적당한' 양의 술을 마신다는 의미가 되어야 하므로 형용사 moderate가 와야 한다. moderate[adequate] amount(적당량)와 considerable[large] amount(상당량)는 자주 쓰이는 collocation이므로 함께 알아두자.

5 (d)
해석 A: 회사 파티에 뭘 입고 가야 하죠?
B: 제 생각에는 정장이 적당할 것 같아요.
어휘 adjustable 조절할 수 있는 / alarming 놀라운 / achievable 달성 가능한
해설 회사 파티에 정장이 '적당하다'는 의미가 되어야 하므로 '적당한, 적절한'이라는 의미의 형용사 appropriate가 정답이다.

6 (d)
해석 A: 연구를 통해서 무엇을 알아내셨습니까?
B: 저희는 지난 10년간 도시 지역의 인구가 꾸준히 감소했다는 것을 알게 되었습니다.
어휘 notice 주목하다; *알아채다 / decline 감소 / urban area 도시 지역 / specific 구체적인 / supportive 지탱하는; 지원하는
해설 decline은 '감소'를 의미하므로 이와 어울려 '꾸준한' 감소라는 의미를 만드는 형용사 steady가 정답이다. steady[steep] increase[decline](꾸준한[급격한] 증가[감소])는 자주 사용되는 수치 서술 표현이므로 알아두자.

7 (d)
해석 저스틴은 이 공장에 있는 모든 중장비를 다룰 수 있다.
어휘 heavy equipment 중장비 / plant 식물, *공장 / collective 집단의; 공동의 / cooperative 협력하는, 협조하는
해설 중장비를 '다룰 수 있다'는 의미가 되어야 하므로 '~을 할 수 있는'을 의미하는 형용사 capable이 오는 것이 자연스럽다. be capable of(~을 할 수 있다)를 알아두자.

8 (c)
해석 거의 석 달이 지나고 나서야, 마침내 나는 지역 방송국에서 임시직 자리를 구했다.
어휘 broadcasting station 방송국 / tricky (하기[다루기]) 힘든 / terrible 끔찍한
해설 job과 어울리는 형용사는 temporary(일시적인, 임시의)이다. temporary job(임시직)과 함께 permanent job(정규직)도 알아두자.

9 (c)
해석 올해 저희 회사의 신입 여직원수가 상당히 증가했어요.
어휘 smoothly 매끄럽게 / secretly 비밀리에
해설 '증가하다'는 의미의 동사 increase와 어울리는 부사를 골라야 하므로 '상당히'를 뜻하는 significantly가 정답이다.

10 (b)
해석 관객들은 그 영화의 줄거리가 그다지 현실적이지 않다고 언급했다.
어휘 audience 관객 / comment 비평[논평]하다 / domestic 가정의; 국내의 / excessive 지나친 / passive 수동적인
해설 영화의 줄거리가 '현실적'이지 않다는 의미가 자연스러우므로 형용사 realistic이 정답이다.

11 (c)
해석 2009년의 비행기 추락은 비극적인 참사였다.
어휘 crash *추락; 충돌 / tough 거친, 힘든 / typical 전형적인
해설 문맥상 '비극적인' 비행기 추락 사고라는 의미가 자연스러우므로 tragic이 적절하다.

12 (b)
해석 취업 면접에 대한 걱정으로 어젯밤에 거의 잠을 못 잤다.
어휘 concern 걱정 / mentally 정신적으로 / merely 단지, 다만
해설 걱정으로 잠을 '거의 못 잤다'는 문맥이 자연스러우므로, 부정의 의미를 포함하는 부사 hardly가 알맞다. not, never 이 외에 부정의 의미를 포함하는 부사에는 rarely, scarcely, seldom 등이 있다.

unit 09 복수 의미 어휘 (Multiple meaning words)

Checkup   p.191

1 ⓑ   2 ⓐ   3 ⓑ   4 ⓐ   5 ⓐ

1 시간을 절약하기 위해서 지하철을 타시는 편이 좋아요.
해설 save는 '구하다'라는 의미와 '절약하다'의 의미가 있다. 이 문장에서는 시간을 '절약하다'의 의미로 사용되었다.

2 이 온라인 쇼핑몰은 모든 상품에 무료 배송을 제공하다.
해설 free는 '자유로운'의 의미 외에도 '무료의'의 의미를 지닌다. 여기서는 delivery와 함께 쓰여 '무료' 배송의 의미로 쓰였다.

3 그 영화에는 소수 민족들을 불쾌하게 할 만한 내용이 담겨져 있다.

해설 '(책·영화 등의) 내용'을 의미하는 단어는 content이다. 또한 content는 형용사로 사용되어 '만족한'이라는 의미를 가진다.

4 형사는 마침내 그 사건을 해결할 수 있는 결정적인 단서를 찾았다.

해설 clue와 함께 쓰여 '결정적인' 단서라는 의미를 만드는 critical이 정답이다. critical은 이외에 '비판적인, 위독한, 긴급한'의 의미로도 쓰인다. detective는 '형사, 탐정'의 뜻이다.

5 누가 퇴임하는 최고 경영자를 이을지 모두가 궁금해하고 있다.

해설 최고 경영자의 자리를 '계승[상속]하다'는 문맥이 자연스러우므로 succeed가 와야 한다. succeed는 이외에 '성공하다'라는 의미를 가진다. subject는 '주제, 과목, 주어' 등의 의미를 가진 다의어이다.

Checkup p.192

1 ⓑ   2 ⓐ   3 ⓐ   4 ⓐ   5 ⓑ

1 손이 약속을 어긴 것은 이번이 처음은 아니에요.

해설 약속을 '어기다'라는 의미가 되어야 하므로 broken이 와야 한다. break는 명사로 사용되어 '휴식'이라는 의미도 가진다. blink는 '눈을 깜박이다'라는 뜻의 동사이다.

2 저희 아버지는 의료기기를 만드는 회사에 다니십니다.

해설 의료기기를 만드는 '회사'에서 일한다는 의미가 되어야 하므로 company가 정답이다. 이 외에 company는 '동료, 친구'의 의미로도 쓰인다. compare는 '비교하다, 비유하다'의 뜻을 지닌다.

3 그가 마을에서 가장 부자가 된 것은 우연이 아니다.

해설 by와 함께 쓰여 '우연히'라는 의미를 만드는 명사는 chance이다. chance는 '기회, 가능성'의 의미로도 자주 사용된다. opportunity는 '기회'라는 의미의 명사이다.

4 그의 체온은 현재 섭씨 38도가 넘는다.

해설 온도, 각도 등을 나타낼 때의 '도'를 의미하는 단어는 degree이다. degree는 '학위'라는 의미로도 사용된다.

5 장군은 그 남자에게 방에서 나가라고 명령했다.

해설 방에서 나가라고 '명령했다'라는 문맥이 자연스러우므로 ordered가 알맞다. '~에게 …할 것을 명령하다'의 뜻으로 order ~ to-v 구문을 알아두자. wonder는 '~을 궁금해하다'라는 뜻을 지닌다.

Checkup p.193

1 ⓑ   2 ⓐ   3 ⓑ   4 ⓐ   5 ⓐ

1 그는 하층 계급의 가정 출신임에도 불구하고 정부의 고위 관리가 되었다.

해설 class는 '학급, 수업'이라는 의미 외에 '부류, 계층'이라는 의미로도 쓰인다. 이 문장에서는 하류 '계층'이라는 의미로 사용되었다. crash는 '추락, 충돌'의 의미를 지닌다.

2 한 사람의 성격은 그 사람의 미래에 크게 영향을 미친다.

해설 character는 '(사람의) 성격'이라는 의미와 '등장 인물'이라는 의미가 있다. 여기서는 '성격'의 의미로 쓰였다. charity는 '자비, 자선'의 뜻을 지닌다.

3 사람들은 혈액형과 그 사람의 성격을 관련지어 생각한다.

해설 혈액형을 성격과 '관련지어 생각하다'라는 의미이므로 associate가 적절하다. associate는 이 외에 명사로 쓰여 '동료, 제휴자'라는 의미로도 사용된다. assist는 '돕다'라는 뜻의 동사이다.

4 에이브러햄 링컨은 미국 역사에서 위대한 인물이다.

해설 미국 역사상 훌륭한 '인물'이라는 의미가 자연스러우므로 figure가 와야 한다. figure는 '숫자, 수치' 또는 '형태, 영상'이라는 의미로도 사용된다.

5 썬더 씨는 많은 재산을 자신의 고향의 한 고아원에 남겼다.

해설 fortune은 '재산, 부'라는 의미로 leave a fortune to ~ (~에게 큰 재산을 남기다)의 표현으로 자주 사용된다. fortune은 이 외에도 '운'이라는 의미로도 사용된다.

Practice TEST p.194

1 (c)   2 (d)   3 (b)   4 (d)   5 (c)   6 (c)
7 (b)   8 (d)   9 (b)   10 (b)   11 (b)   12 (d)

1 (c)

해석 A: 인터넷을 사용해도 될까요?
B: 마음껏 쓰세요.

어휘 liberal 자유주의의; 관대한

해설 '자유롭게 ~해도 좋다'라는 의미는 feel free to-v라고 표현한다. free는 '자유로운'이라는 의미 외에도 '무료의'라는 의미도 가진다.

2 (d)

해석 A: 무엇에 관한 회의였나요?

B: 직장에서 돈을 아낄 수 있는 아이디어를 찾아내기 위한 회의였어요.
어휘 come up with ~을 생각해내다 / sail 항해하다 / sacrifice 희생하다
해설 비용을 '절약하다'는 의미가 자연스러우므로 동사 save가 적절하다.

3 (b)
해석 A: 사진 속의 이 사람은 누구니?
B: 아, 브라이언은 친한 친구이자 사업 동료야.
어휘 access 접근 / advantage 이점, 장점 / advance 전진; 진보
해설 사업 '동료'라는 의미가 자연스러우므로 associate가 와야 한다. 이 때 associate는 partner, colleague, co-worker 등과 동의어로 쓰인다. 또한 associate는 '관련지어 생각하다'라는 의미의 동사로도 사용된다.

4 (d)
해석 A: 다음 주에 기자회견이 있을 거라고 들었습니다.
B: 그 정치인이 자신의 대통령 출마 결정에 대해 공식적인 발표를 할 예정입니다.
어휘 press conference 기자회견 / politician 정치인 / make an announcement 발표하다 / run for president 대통령에 출마하다 / actual 실제상의 / offensive 불쾌한; 공격적인
해설 official announcement(공식 발표)를 collocation으로 알아두자. 또한 official visit(공식 방문), official language (공식 언어) 등도 함께 알아두자. official은 형용사로 '공식적인'의 의미로 사용되지만 명사로 사용되어 '공무원'이라는 뜻도 가진다.

5 (c)
해석 A: 다음 안건은 새로운 사무 장비에 대한 예산에 관한 것입니다.
B: 먼저 10분간 휴식을 취하는 게 어떨까요?
어휘 agenda 의제 / budget 예산 / office equipment 사무 장비
해설 10분간 '휴식'이라는 의미가 자연스러우므로 break가 와야 한다. have[take] a break(휴식을 취하다)의 표현으로 알아두자. break는 이 외에도 '(법률·규칙·약속 등을) 위반하다'라는 의미의 동사로도 자주 쓰인다.

6 (c)
해석 A: 왜 당신은 새로운 비즈니스 복합단지를 건설하려는 시의 계획에 반대하는 건가요?
B: 시내에 비어 있는 건물들이 이미 많이 있거든요.
어휘 complex 복합단지 / obtain 얻다 / observe 관찰하다 / operate 움직이다, 작용하다
해설 B의 대답으로 보아 시의 계획에 왜 '반대하는지'를 묻는 것이 자연스러우므로 object가 와야 한다. object는 이 외에도 '물건, 물체' 또는 '목적, 목표'라는 명사로도 쓰인다.

7 (b)
해석 판사는 그에게 음주운전에 대해 100달러의 벌금을 낼 것을 명령했다.
어휘 judge 판사 / order 명령하다 / drunk driving 음주운전 / fare 교통운임 / toll 통행료; 사망자 수 / tution 수업료
해설 음주운전에 대해 '벌금'을 내라고 하는 것이 문맥상 자연스러우므로 fine이 적절하다. fine은 형용사로 쓰여 '훌륭한, 우수한'의 의미로도 사용된다.

8 (d)
해석 그는 뉴욕대에서 사회학 석사 학위를 받았다.
어휘 master's degree 석사 학위 / sociology 사회학 / award 상; 수여하다 / state 상태; 국가; 말하다
해설 석사 '학위'라는 내용이 자연스러우므로 degree가 와야 한다. degree는 이 외에도 '(온도·각도 등의) 도'라는 의미로도 사용된다.

9 (b)
해석 곧 있을 이사직의 면접은 내가 기다려왔던 기회이다.
어휘 upcoming 다가오는 / director 지도자; 이사 / character 성격; 등장인물 / passage 통행, 통로 / favor 호의, 친절; 부탁
해설 이사직 면접이 오랫동안 기다려온 '기회'라는 의미가 자연스러우므로 chance가 와야 한다. chance는 이 외에도 '가능성, 우연'이라는 의미로도 사용된다.

10 (b)
해석 나의 부모님은 시골에서의 현재의 생활에 만족하신다.
어휘 present 현재의 / countryside 시골 / creative 창의적인 / certain 확실한
해설 시골에서의 현재 생활에 '만족하는'이라는 내용이 자연스러우므로 content가 적절하다. content는 이 외에 명사로 쓰여 '내용'이라는 의미로도 사용된다.

11 (b)
해석 작년의 자동차 판매 수치가 정확한지 잘 모르겠어요.
어휘 accurate 정확한 / fiction 소설 / facility 시설
해설 sales와 함께 쓰여 '판매 수치'의 의미로 쓰이는 명사는 figure이다. figure는 이 외에도 '인물, 저명인사' 또는 '형태, 영상'이라는 의미로도 사용된다.

12 (d)
해석 도박으로 모두 잃기 전에 나는 주식 투자로 재산을 모았었다.
어휘 stock investment 주식 투자 / gambling 도박 / opportunity 기회
해설 동사 make와 함께 쓰여 '재산을 모으다'라는 의미를 만드는 명사는 fortune이다. fortune은 이 외에도 '운'이라는 의미로도 사용된다.

unit 10 혼동 어휘 (Confusable words)

Checkup p.197

1 ⓐ 2 ⓑ 3 ⓑ 4 ⓐ 5 ⓑ

1 내가 이탈리아의 문화에 적응하는 데 오랜 시간이 걸렸다.
해설 이탈리아의 문화에 '적응하다'는 내용이 문맥상 자연스러우므로 adapt가 와야 한다. adopt는 '채택하다, 입양하다'를 의미한다.

2 초과 무게에 대해서는 추가 요금을 지불해야 합니다.
해설 '초과'하는 무게라는 내용이 자연스러우므로 excess가 오는 것이 적절하다. access는 '접근, 접근 권한'의 뜻을 지닌다.

3 많은 고객들이 우리가 주차장을 확장할 것을 요구하고 있습니다.
해설 주차장은 '확장하는' 것이므로 expand가 오는 것이 자연스럽다. expand는 영역이나 넓이를 크게 하는 것을, extend는 길이나 기간 등을 길게 연장하는 것을 의미한다.

4 저희 어머니는 3명의 숙련된 간호사들의 간호를 받고 계세요.
해설 간호사들이 환자를 '관찰'하는 것이 문맥상 자연스러우므로 observation이 와야 한다. observance는 '(법·규칙 등의) 준수'를 뜻한다.

5 그 프로젝트의 실패로 회사의 위상이 크게 추락했다.
해설 회사의 '위상, 지위'가 추락했다는 내용이 자연스러우므로 status가 정답이다. statue는 '조각상'의 뜻이다.

Checkup p.198

1 ⓑ 2 ⓐ 3 ⓑ 4 ⓐ 5 ⓑ

1 그 매장은 가격 할인 외에 사은품도 나눠준다.
해설 할인 '외에도'라는 의미가 문맥상 자연스러우므로 addition이 와야 한다. '~ 외에도, ~ 뿐만 아니라'의 의미인 in addition to의 형태로 자주 쓰이므로 알아두자. addiction은 '중독, 몰두'를 뜻한다.

2 나는 기말 보고서에 필요한 책 몇 권을 학교 도서관에서 빌렸다.
해설 주어인 I가 책을 '빌린' 것이므로 borrowed가 오는 것이 적절하다. lend는 '빌려주다'의 의미이다.

3 서울에서의 생활비가 파리에서 보다 더 많이 드는 것 같다.
해설 서울 생활에 드는 '비용'이라는 의미가 자연스러우므로 cost가 와야 한다. charge는 상품이나 서비스 등을 이용한 대가로 청구되는 '금액, 요금'을 의미한다.

4 그 공장에서 나온 산업 폐기물이 강을 오염시켰다.
해설 '산업' 폐기물이라는 의미이므로 industrial이 와야 한다. industrial waste(산업 폐기물[쓰레기])의 형태로 외워두도록 한다. industrious는 '근면한'을 뜻한다.

5 네가 그 기계의 기본적인 원리를 알고 있다면, 쉽게 그것을 고칠 수 있을 거야.
해설 그 기계의 '원리'를 아는 것이 그것을 고치는 데 도움이 된다는 내용이 자연스러우므로 principle이 오는 것이 자연스럽다. principal은 '주요한, 우두머리, 교장'을 뜻한다.

Checkup p.199

1 ⓐ 2 ⓑ 3 ⓐ 4 ⓐ 5 ⓐ

1 나는 어떤 상황에서도 그를 신뢰할 수 있을 거라고 생각한다.
해설 특정한 사건이나 행동으로 인해 초래되는 주변 상황은 circumstance이며 보통 복수 형태로 쓰인다. 따라서 어떤 '상황'에서도 그를 신뢰할 수 있다는 문맥에는 circumstances가 알맞다. in any circumstances(어떤 상황에서도)를 덩어리로 알아두자. environment는 우리 주변의 물리적인 환경을 통틀어 말한다.

2 맘모스는 멸종된 동물 중 하나이다.
해설 '멸종된' 동물이라는 의미가 자연스러우므로 extinct가 와야 한다. distinct는 '다른, 뚜렷한'의 의미이다

3 그는 바이올린 연주에 타고난 재능을 가지고 있다.
해설 '타고난' 재능이라는 내용이 문맥상 적절하므로 natural이 와야 한다. '천부적 재능'이라는 의미로 natural ability를 알아두자. neutral은 '중립의, 공평한, 중성의'를 뜻한다.

4 컨베이어 벨트가 고장나서 생산이 멈췄다.
해설 기계의 결함으로 '생산' 자체가 멈췄다는 의미이므로 production을 써야 한다. 동사 produce(생산하다)에서 파생된 또 다른 명사인 productivity는 '생산성'이라는 의미를 가진다.

5 새로운 모델의 소나타는 그것의 디자인뿐만 아니라 높은 품질로도 인기가 있다.
해설 제품의 특성으로 디자인과 함께 언급할 수 있는 것은 quality (질)이다. quantity는 '양, 수량'을 뜻한다.

Practice TEST
p.200

| 1 (b) | 2 (b) | 3 (d) | 4 (d) | 5 (a) | 6 (c) |
| 7 (b) | 8 (a) | 9 (d) | 10 (a) | 11 (c) | 12 (d) |

1 (b)
해석 A: 유명 여배우인 안젤리나 졸리가 3명의 아이들을 입양했다는 거 알고 있어요?
B: 네, 알죠. 그 중 두 명이 남자아이이고, 나머지 한 명이 여자아이잖아요.
어휘 adapt 적응시키다 / admit 수용하다, 인정하다 / adhere 들러붙다
해설 아이들을 '입양했다'는 내용이 문맥상 자연스러우므로 adopted가 와야 한다. 또한 adopt는 '(제안·정책 등을)채택하다'의 의미로도 사용된다.

2 (b)
해석 A: 이 토마토 스프는 맛이 좋군요!
B: 감사합니다. 저희 메뉴에 새롭게 추가된 것입니다.
어휘 addiction 중독; 몰두 / edition (초판·재판의) 판 / editorial 사설; 편집의
해설 새로운 메뉴는 기존의 메뉴에 '추가'된 것이므로 addition이 오는 것이 적절하다.

3 (d)
해석 A: A&C 사는 무엇을 하는 회사입니까?
B: 주 전체에 식료품을 대량으로 유통합니다.
어휘 distribute 분배하다; *유통시키다, 공급하다 / grocery 식료품 / measure 재다; 측정; 계량의 단위 / quality 품질, 질 / amount 총액; 양
해설 식료품을 '대량으로' 공급하는 회사라는 내용이 문맥상 자연스러우므로 '양'을 의미하는 quantities가 와야 한다. '많은 양의'라는 의미인 in quantity(=in large quantities)의 형태로 알아두자. 참고로 quantity는 측정할 수 있는 물건의 양을, amount는 셀 수 없는 명사의 양을 나타내는 어휘이다.

4 (d)
해석 A: 유럽에서는 많은 나라들이 같은 화폐인 유로화를 사용하지.
B: 하지만 유럽의 각 국가들은 여전히 별개의 문화를 유지하고 있어.
어휘 currency 통화, 화폐 / euro 유로화(화폐) / maintain 지속하다, 유지하다 / extinct (불 등이) 꺼진; 사라진; 멸종된 / strict 엄격한
해설 유럽의 여러 나라들이 같은 화폐를 사용하고 있지만 '다른, 별개의' 문화를 유지하고 있다는 내용이 문맥상 자연스러우므로 distinct가 정답이다.

5 (a)
해석 A: 이 분쟁에서 당신은 어느 쪽이신가요, 경영진 쪽인가요, 아니면 노조 쪽인가요?
B: 어느 쪽도 아닙니다. 저는 중립적인 태도를 취하겠어요.
어휘 dispute *논쟁; 논쟁하다 / labor union 노동 조합 / attitude 태도 / mutual 서로의 / mature (과일 등이) 익은; 성숙한
해설 분쟁에서 노사 중 어느 쪽도 아닌 '중립적인' 태도를 취하겠다는 것이 문맥상 적절하므로 neutral이 정답이다.

6 (c)
해석 A: 회사의 새로운 정책에 대한 공지를 보셨나요?
B: 네, 경영진은 그 정책이 직원들의 생산성을 향상시키기를 바라고 있어요.
어휘 reproduction 재생; 복사물
해설 회사의 새로운 정책을 통해 향상시킬 수 있는 것은 직원들의 '생산성'이다. 따라서 동사 produce의 파생어인 명사 productivity (생산성)가 정답이다.

7 (b)
해석 회사는 증가하는 수요를 충족시키기 위해서 사업을 확장해야 한다.
어휘 meet a demand 수요를 충족시키다 / extract 뽑다, 추출하다
해설 늘어난 수요를 충족시키기 위해서는 사업을 '확장해야' 하므로 expand가 알맞다. extend는 '(시간·길이 등을) 연장하다, (손 등을) 뻗어서 내밀다'는 의미로 사용된다. 넓이의 확장의 경우 expand를 사용하고, 길이의 연장의 경우 extend를 사용한다는 점을 기억하자.

8 (a)
해석 이 호텔에는 객실 요금 외에 추가적인 봉사료는 없습니다.
어휘 rate 비율; *요금 / beyond (보통 부정문·의문문에서) …이외는, …밖에서 / fare (기차·버스·배 등의) 운임 / expense 지출, 비용 / cost 비용, 값
해설 서비스 이용에 관한 금액은 '요금'으로 청구되는 것이므로 charges가 오는 것이 자연스럽다. '봉사료'라는 의미의 service charge의 형태로 알아두자. charge와 관련하여 admission charge(입장료), electricity charge(전기 요금) 등의 표현도 함께 알아두자.

9 (d)

해석 당신의 결론을 뒷받침하기 위해 관찰이 더 필요합니다.
어휘 further 더 먼; *그 이상의 / support 받치다; *지지하다 / conclusion 결말; *결론 / objection 반대 / obligation 의무
해설 결론을 뒷받침하기 위해서 추가적인 '관찰'이 필요하다는 문맥이 자연스러우므로 observation이 적절하다. observance는 '(법·규칙 등의) 준수'의 의미로 observance of the law (법의 준수), observance of the holiday(공휴일의 준수) 등으로 자주 쓰이므로 함께 알아두자.

10 (a)

해석 나는 오늘 지갑을 가지고 오는 것을 잊어버려서 친구로부터 돈을 좀 빌렸다.
해설 친구로부터 돈을 '빌린' 것이므로 borrowed가 정답이다. lend는 '빌려주다'의 의미이고 lease는 '빌리다'의 의미를 지니지만 장기간으로 집이나 차 등을 임대하는 경우에 사용하므로 오답이다.

11 (c)

해석 교장 선생님은 나에게 매일 오후에 수업 하나를 더 가르쳐 달라고 요청했다.
어휘 principle 원리, 원칙 / preference 더 좋아함, 선호 / proposal 신청; 청혼
해설 수업을 더 맡아달라고 요청할 수 있는 것은 '교장'이므로 정답은 principal이다. 그 외에 principal은 '주요한'이라는 형용사로도 사용된다.

12 (d)

해석 소수의 직원들만이 기밀 문서에 대한 접근 권한을 가지고 있다.
어휘 confidential 기밀의 / excess 초과 / approach 접근; 다가가다
해설 기밀 문서와 어울리는 명사는 '접근 권한'의 의미인 access이다. access는 이 외에도 '접근, 입수, 이용' 등의 의미로도 자주 사용되므로 함께 알아두자.

Section 2 실전 Mini TEST

Mini TEST 1   p. 204

1 (b)	2 (d)	3 (d)	4 (a)	5 (a)
6 (b)	7 (c)	8 (d)	9 (b)	10 (c)
11 (c)	12 (c)	13 (a)	14 (c)	15 (b)
16 (b)	17 (a)	18 (c)		

1 (b)

해석 A: 매쉬 포테이토를 좀 더 먹어도 될까요?
B: 그럼요, 마음껏 드세요.
어휘 mashed potato 으깬 감자, 매쉬 포테이토 / help oneself (to) (~을) 마음대로 먹다
해설 feel free to-v는 '마음대로 ~해도 좋다'는 의미의 표현이다. 일상 회화에서 자주 사용되는 표현이므로 덩어리로 알아두도록 하자. 비슷한 의미로 don't hesitate to-v (주저하지 않고 ~하다)가 있다.

2 (d)

해석 A: 저희 아이들에게 줄 유기농 식품을 찾고 있어요.
B: 이 동네 농산물 직판장에 가면 다양한 종류의 신선한 식품들을 구매할 수 있어요.
어휘 local 지역의 / farmer's market 농산물 직판장 / a wide range of 넓은 범위의 / grocery 《보통 pl.》 식품 잡화류 / junk 고물의 / instant 즉각의
해설 농산물 시장에서 신선한 식품을 살 수 있다는 B의 답변으로 미루어 보아 아이들을 위한 '유기농 식품'을 찾는 문맥이 자연스럽다. 따라서 organic food가 가장 적절한 collocation이다.

3 (d)

해석 A: 피터가 수업 시간에 계속 못되게 행동하고 있어.
B: 음, 그 아이는 자신의 행동에 대해 어떤 (상응하는) 결과가 있을 거라는 것을 곧 알게 될 거야.
어휘 continue 계속하다 / behave 행동하다 / badly *나쁘게; 서투르게 / construction 공사
해설 잘못된 행동에 대해 어떤 '결과'가 있을 것이라는 문맥이 자연스러우므로 consequence가 와야 한다.

4 ⓐ
해석 A: 언제 결혼할 예정이니?
　　 B: 세레나와 난 6월1일로 결혼 날짜를 잡았어.
어휘 knot 매듭 / bake (빵·과자 등을) 굽다
해설 tie the knot는 '결혼하다'의 의미의 이디엄이다. 같은 의미로 get married도 함께 알아두자.

5 ⓐ
해석 A: 체육관에서 운동을 얼마나 하세요?
　　 B: 최근에 20분에서 45분으로 운동 시간을 늘렸어요.
어휘 gym 체육관 / involve 포함하다 / minimize 최소화하다 / renew 새롭게 하다, (계약 등을) 갱신하다
해설 B의 답변 중에 from 20 to 45 minutes라는 시간의 힌트가 주어져 있으므로 '늘렸다, 증가시켰다'라는 의미인 increased가 알맞다.

6 ⓑ
해석 A: 이 위쪽에서는 숨 쉬기가 힘드네요.
　　 B: 당신이 평소 익숙한 높이보다 우리가 좀 더 높은 고도에 있기 때문이에요.
어휘 breathe 숨쉬다 / attitude 태도 / atmosphere 분위기 / attempt 시도; 시도하다
해설 평소보다 높은 '고도'에 있어서 숨쉬기가 힘들다는 내용이 문맥상 자연스러우므로 altitude가 적절한 명사이다.

7 ⓒ
해석 A: 요즘 별일 없니?
　　 B: 졸업할 때까지만 할 수 있는 임시직을 찾았어요.
어휘 graduation 졸업 / annual 1년의, 해마다의 / relevant 관련된, 적절한
해설 졸업 때까지만 할 수 있는 일이므로 빈칸에는 temporary(임시의)가 적절하다. 이 외에 part-time(시간제의)도 가능한 표현이다. 반대로 정규직은 full-time[permanent] job이라고 한다.

8 ⓒ
해석 A: 그들은 이사직 자리에 누구를 채용하기로 결정했나요?
　　 B: 글쎄요, 그들은 그 문제에 대해서 합의를 보지 못했어요.
해설 전치사 on과 함께 쓰여 '~에 대해 동의하다, 합의를 보다'라는 의미를 만드는 동사는 agree이다.

9 ⓑ
해석 A: 오토바이 쇼는 어땠니?
　　 B: 굉장했어! 그가 불을 통과할 때 난 숨을 죽였지!
어휘 motorcycle 오토바이 / handle 다루다; 처리하다
해설 문맥상 '숨을 참다, 숨을 죽이다'라는 의미가 자연스러우므로 hold one's breath가 적절한 이디엄이다.

10 ⓒ
해석 우리의 상품을 홍보하기 위해서, 우리는 지역 신문에 광고를 실을 예정이다.
어휘 promote (판매를) 촉진하다 / advertisement 광고 / local 지방[현지]의 / deliver 배달하다
해설 place an advertisement는 '광고를 싣다, 게재하다'라는 의미의 collocation이다. 신문 지면에 '광고를 둔다'고 생각하면 쉽게 기억할 수 있다. place 대신 put을 쓸 수도 있음을 알아두자.

11 ⓒ
해석 교수님의 일정 때문에 화요일 수업이 취소되었다.
어휘 collection 수집; 소장품 / conflict 갈등 / concern 우려, 걱정
해설 교수님의 일정 때문에 취소되는 것은 '수업'이라는 의미의 명사 class가 알맞다. class는 '학급, 수업'이라는 의미 외에도 '부류, 계급'이라는 의미로도 자주 쓰인다.

12 ⓒ
해석 지난 번에는 우리 팀이 5대 10으로 졌지만, 이번에는 포기해서는 안 된다.
해설 지난 번 경기에는 졌지만 이번엔 '포기하지' 말아야 한다는 내용이므로 2어동사인 give up이 적절한 표현이다. pick up(집어올리다; 마중 나가다), get up(일어나다; 타다), make up(수선하다; 보완하다) 등의 표현도 함께 알아두자.

13 ⓐ
해석 나는 아직도 이 수학 문제의 해결 방법을 찾아내지 못했어!
어휘 come up with (해답·방법 등을) 생각해내다 / reaction 반작용; 반응 / selection 선발, 선택 / response 대답, 반응
해설 수학 문제에 대한 '해결 방법, 해결책'이라는 의미의 명사는 solution이다. 선택지 중 reaction to (~에 대한 반응), response to(~에 대한 응답[답변]) 등의 표현도 알아두자.

14 ⓒ
해석 신제품이 구형 모델보다 세 배나 비싸기는 하지만 그 품질은 훌륭하다.
어휘 brand-new 아주 새로운, 신품의 / quantity 양 / amount 총액; 양
해설 문맥상 신제품의 가격이 비싸기는 하지만 '품질'이 훌륭하다는 내용이 자연스러우므로 명사 quality가 적절하다. quantity와 amount는 '양'을 의미하는 명사로 excellent와 어울리지 않으므로 오답이다.

15 ⓑ
해석 설문지가 무작위로 추출된 초등학생들에게 보내졌다.
어휘 questionnaire 설문지 / heated 뜨거워진; 격한 / random 임의의; 무작위의
해설 '무작위로' 선별된 학생들에게 보내졌다는 문맥이 자연스러

우므로 '무작위 선발'이라는 의미의 collocation인 random selection이 알맞다.

16 (b)
- 해석 여러분은 이제 모두 성인이므로 모든 것을 여러분 스스로 처리할 수 있어야 합니다.
- 어휘 take care of 돌보다; *처리하다 / grown-up 어른, 성인 / precise 정확한 / independent 독립한; 독립심이 강한 / cautious 조심성 있는, 신중한
- 해설 스스로 일을 '처리할 수 있어야 한다'는 문맥이므로 '~의 [할] 능력이 되는'의 의미인 형용사 capable이 적절하다. be capable of(~을 할 수 있다)의 형태로 자주 쓰이므로 알아둔다.

17 (a)
- 해석 밥이 그 모임에서 너무나 유치하게 행동해서 나는 그에게 나이에 맞게 행동하라고 해야만 했다.
- 어휘 behave 행동하다 / childish 어린이 같은, 유치한
- 해설 act one's age는 '나이에 맞게 행동하다'라는 의미의 이디엄이다.

18 (c)
- 해석 나는 어제 할 일이 너무 많아서 점심까지 걸렀다.
- 어휘 complete 완성하다
- 해설 문맥상 할 일이 너무 많아서 식사를 '걸렀다'라는 의미가 자연스러우므로 skipped가 적절한 동사이다. 이 외에 skip은 '뛰다, 생략하다'라는 의미로도 자주 쓰이므로 함께 알아두자.

Mini TEST 2   p. 207

1 (d)	2 (b)	3 (d)	4 (a)	5 (b)
6 (b)	7 (a)	8 (c)	9 (d)	10 (b)
11 (c)	12 (b)	13 (d)	14 (a)	15 (c)
16 (b)	17 (c)	18 (a)		

1 (d)
- 해석 A: 가라테라는 무술에 대해 알고 계세요?
  B: 네, 그건 일본의 무술인데 태권도와 여러 면에서 비슷해요.
- 어휘 karate 가라테(무술의 일종) / martial art 무술 / delighted 기뻐하는 / pleased 좋아하는 / satisfied 만족한
- 해설 형용사 familiar는 '잘 알려진, 친숙한'의 의미 외에 '~에 대해 잘 아는'의 의미로 자주 사용된다. 가라테에 대해 '알고 있냐'는 질문이므로 familiar가 와야 한다. be familiar with (~에 정통하다; ~을 훤히 알다) 형태로 알아두자.

2 (b)
- 해석 A: 상을 차려줄래? 저녁 준비가 거의 다 되었단다.
  B: 스테이크 냄새 때문에 군침이 돌아요.
- 해설 스테이크 냄새로 '군침이 돌다'라는 내용이 자연스러우므로, make one's mouth water가 알맞은 이디엄이다.

3 (d)
- 해석 A: 시에서 그린 선생님을 기리기 위해 청동상을 만들기로 결정했대.
  B: 응, 나도 들었어. 그분은 정말 대단한 의사 선생님이셨지.
- 어휘 bronze 청동색의 / in honor of ~에 경의를 표하여, ~를 기념하는 / status 지위, 신분; 상태 / strength 힘; 장점
- 해설 어떤 사람을 기념하여 만들 수 있는 것은 '상, 조각상'이므로 명사 statue가 와야 한다.

4 (a)
- 해석 A: 제가 이곳에서 지내는 동안 보여주신 당신의 환대에 감사드립니다.
  B: 천만에요. 당신의 다음 방문을 기대하겠습니다.
- 어휘 look forward to ~을 기대하다 / hostess 여주인 / hostage 인질
- 해설 머무는 동안의 '환대'에 감사한다는 내용이 자연스러우므로 hospitality가 적절한 명사이다.

5 (b)
- 해석 A: 당신의 상사가 왜 당신의 집으로 전화를 한 건가요?
  B: 저에게 내일 있을 특별 회의에 대해서 알려주기 위해서였어요.
- 해설 선택지로 제시된 동사들 모두 '말하다, 알려주다'의 의미가 있지만 전치사 of와 함께 쓰여 '알리다, 통지하다'의 의미를 갖는 동사는 inform이다.

6 (b)
- 해석 A: 내가 왜 시험에서 이 문제를 놓쳤는지 이해가 안돼.
  B: 네가 이해할 수 있도록 그 문제를 다시 검토해보자.
- 어휘 miss *놓치다; 빠뜨리다; 그리워하다 / perform (음악을) 연주하다; 상연하다; (업무를) 수행하다 / disclose 드러내다, 폭로하다
- 해설 시험에서 틀린 문제를 다시 '검토하다'라는 내용이 문맥상 자연스러우므로 동사 review가 적절하다. 이 외에 review는 '(영화 · 연극 · 책 등을) 비평하다'라는 의미로도 사용된다.

7 (a)
- 해석 A: 앤드류 블랙의 신작을 벌써 읽어보셨나요?
  B: 네, 정말 좋았어요. 걸작이라고 생각해요!
- 어휘 heritage 유산 / priority 우선 순위 / disaster 재난
- 해설 책이 정말 좋았다고 극찬을 하고 있으므로 '걸작'이라는 의미인 masterpiece가 가장 적절한 명사이다.

8 (c)
해석 A: 밖에서 만나자. 내가 저녁을 사줄게.
　　　B: 미안하지만 함께 하지 못할 것 같아. 난 누구를 기다리는 중이거든.
어휘 combination 결합 / corporation 기업, (주식)회사 / firm 단단한, 굳은; 회사
해설 company는 '회사' 외에 '동료, 방문객'의 의미를 지니는 명사로 이 문장에서는 누군가(방문객)를 기다리고 있다는 의미로 쓰였다.

9 (d)
해석 A: 정원에서 나무 다듬는 걸 좀 도와주시겠어요?
　　　B: 죄송하지만, 도와드리지 못할 것 같네요. 제가 원예에 있어서는 서투르거든요.
어휘 trim (깎아) 다듬다 / when it comes to ~에 대해서(라면) / gardening 원예 / thumb 엄지손가락
해설 be all thumbs는 '~에 서투르다, 미숙하다'라는 의미의 표현이다. 손가락들이 모두 뭉뚝한 엄지라서 잘 하지 못한다는 의미에서 비롯된 일상 대화 표현이므로 기억해두도록 한다.

10 (b)
해석 내 강아지가 카펫을 계속 씹어댈 때면 참기가 힘들어!
어휘 chew 씹다 / nervous 신경질의, 안절부절 못하는
해설 강아지가 카펫을 물어 뜯는 것을 참기가 힘들다는 의미가 자연스러우므로 '인내심[참을성] 있는'이란 뜻의 patient가 적절한 형용사이다. be patient with(~에 대해 참을성을 가지다)의 형태로 자주 사용되므로 기억해 둔다. 이 외에 patient는 명사로 '환자'라는 의미도 가지고 있다.

11 (c)
해석 제가 당신이라면 이 정보를 제시카와 공유하지 않을 거예요. 그녀는 입이 좀 가볍거든요.
어휘 share 분배하다; *함께 나누다, 공유하다
해설 '입이 가볍다'라는 의미의 이디엄은 have a big mouth이다. 이와 관련하여 have a bad mouth(나쁜 말을 하다, 험담하다), watch one's mouth(입[말]조심을 하다) 등의 표현도 함께 익혀두자.

12 (b)
해석 당신의 식사는 감자 튀김이나 샐러드 중 좋아하시는 것을 고르실 수 있는 선택권을 포함합니다.
어휘 meal 식사 / replace 제자리에 놓다; 대신하다 / complete 완료하다 / appeal 마음에 들다; 호소하다
해설 감자 튀김이나 샐러드 중에서 좋아하는 것을 고를 수 있는 선택권을 '포함한다'는 문맥이 자연스러우므로 includes가 알맞다. 가격이나 식사에 포함되는 내역을 언급할 때 동사 include를 사용한다는 점을 참고로 알아두자.

13 (d)
해석 만약 당신이 그 프로젝트가 정확하게 제시간에 처리되기를 바란다면, 저는 사라를 추천할게요. 그녀는 매우 믿을만해요.
어휘 correctly 바르게, 정확하게 / on time 시간에 맞게 / formal 형식적인; 공식적인 / elementary 기본적인, 기초적인 / stupid 어리석은
해설 맡은 일을 제시간에 정확하게 끝내는 사람을 나타내는 형용사는 '믿을 수 있는, 의지가 되는'이라는 의미의 reliable이다.

14 (a)
해석 새로운 마케팅 부장의 채용을 위한 면접을 누가 담당할지 모르겠습니다.
어휘 involve 포함하다
해설 the interviews와 함께 쓰여 '면접을 진행하다'라는 의미의 collocation을 만드는 동사는 conduct이다. 이 외에 conduct an experiment(실험을 하다), conduct a study(연구를 하다)의 형태로도 자주 사용되므로 알아두자.

15 (c)
해석 상사는 이번 주 금요일인 마감 기한을 맞추는 것에 대한 중요성을 강조했다.
어휘 meet (필요·의무·요구 등을) 만족시키다 / deadline 마감 시간, 최종 기한 / summarize 요약하다 / complain 불평하다
해설 마감 기한의 중요성을 '강조했다'라는 내용이 문맥상 적절하므로 stressed가 정답이다. stress는 stress the importance of(~의 중요성을 강조하다)의 형태로 자주 사용된다.

16 (b)
해석 나는 다른 어떤 악기들보다도 클라리넷을 연주하는 것을 좋아한다.
어휘 clarinet 클라리넷(악기의 일종) / obstacle 장애(물) / expert 전문가
해설 어떤 무엇보다도 클라리넷 연주를 좋아한다고 했으므로 클라리넷과 관련 있는 명사는 instrument(악기)이다. instrument는 이 외에도 '기계, 도구'의 의미도 가진다.

17 (c)
해석 락 콘서트가 끝나고, 나는 소리를 너무 많이 질러서 목이 너무 아프다.
어휘 throat 목구멍 / screaming 외침 / tasty 맛 좋은 / sour 신, 시큼한 / stiff 뻣뻣한, 굳은
해설 throat와 어울려 '목 아픔, 인후통'이라는 의미의 collocation을 만드는 형용사는 sore이다.

18 (a)
해석 아버지가 내게 겨우 5일 전에 용돈을 주셨음에도 불구하고, 돈이 벌써 다 떨어졌다.

어휘 pocket money 용돈 / make fun of ~를 놀리다, 비웃다 / look up to 쳐다보다; 존경하다 / take care of 돌보다

해설 5일 전에 용돈을 받았음에도 벌써 돈이 '다 떨어졌다'라는 의미가 문맥상 자연스러우므로 2의동사 ran short (of)가 적절하다. 같은 의미의 표현인 run out (of)도 함께 알아둔다.

Mini TEST 3 p. 210

1 (c)	2 (a)	3 (d)	4 (b)	5 (a)
6 (c)	7 (a)	8 (d)	9 (c)	10 (a)
11 (c)	12 (b)	13 (b)	14 (b)	15 (a)
16 (d)	17 (b)	18 (a)		

1 (c)
해석 A: 암스테르담에서 일어난 비행기 추락 사고에 대해 들으셨어요?
B: 네, 사망자 수가 100명 이상으로 늘었다고 들었어요.
어휘 crash (비행기 등의) 추락 / digit 숫자
해설 toll은 동사로 '종을 울리다, 종을 울려 사람의 죽음을 알리다'라는 의미를 가진다. 여기서 파생되어 death toll은 '사망자 수'라는 의미의 collocation으로 사용된다. 이 외에 toll은 '사용세, 요금'이라는 의미의 명사로도 사용되는데 이와 연관되어 toll gate((고속도로 등의) 통행료 징수소), toll-free number(수신자 부담 전화 번호) 등의 표현도 알아두자.

2 (a)
해석 A: 이번은 누구 차례야?
B: 네 순서야. 시작하고 주사위를 굴려.
어휘 turn 순번, 차례 / go ahead 앞으로 나아가다; *진행하다 / dice 주사위 / split 쪼개다, 나누다
해설 '주사위를 던지다, 운에 맡기다'라는 의미의 collocation은 roll the dice이다. throw the dice(주사위를 던지다) 표현도 기억하자.

3 (d)
해석 A: 2인실의 요금은 얼마인가요?
B: 세금과 봉사료를 포함해서 하룻밤에 150달러입니다.
어휘 rate 비율; *요금 / fee (전문직에 대한) 보수, 사례금 / cost (제작 등에 필요한) 비용; 가격 / fare 교통 운임
해설 선택지의 어휘들이 모두 돈과 관련된 명사이다. 이 중 호텔의 서비스에 대한 '청구 금액, 요금'의 의미로는 charges가 적절하다. charge는 서비스를 사용한 데 대해 지불하는 수수료나 사용료 또는 주차 요금이나 전기 요금, 가스 요금 등을 나타낼 때 사용한다.

4 (b)
해석 A: 린다의 피아노 연주 실력은 어때?
B: 피아노 연주라면 그녀를 따를 사람이 없을 정도야.
해설 '어느 것[누구]에도 뒤지지 않는, 최고의'라는 의미의 일상 대화 표현은 second to none이다.

5 (a)
해석 A: 나무 심기의 기본을 설명해 주는 책을 찾고 있어요.
B: 3번 원예 코너에 가 보세요. 바로 쪽이에요.
어휘 plant (식물을) 심다; (씨를) 뿌리다 / section 부분, 구획 / gardening 원예 / nail 못 / hammer 망치
해설 nuts and bolts는 기계를 조립하는 중요한 부품에서 비롯된 표현으로 어떤 주제의 '기본, 요점'을 의미하는 이디엄이다.

6 (c)
해석 A: 제 사업 동료인 사라를 전에 만나보신 적 있으세요?
B: 글쎄요, 그런 것 같지 않네요.
어휘 contract 계약 / figure 숫자; 형태 / cash 현금, 돈
해설 문맥상 사업 '동료'라는 의미가 적절하므로 associate가 정답이다. 이 외에 associate는 '연상하다, 관련지어 생각하다'라는 의미로도 쓰인다.

7 (a)
해석 A: 저에게 그 기사를 한 단락으로 요약해 주실 수 있나요?
B: 물론이죠. 제 일이 끝나는 대로 바로 해드릴게요.
어휘 article 기사 / paragraph 단락 / remind 상기시키다 / achieve 이루다, 성취하다 / boost (사기 등을) 돋우다; ~의 경기를 부양하다
해설 문맥상 기사를 한 단락으로 '요약하다'라는 의미가 자연스러우므로 동사 summarize가 적절하다.

8 (d)
해석 A: 어제 두 후보자 간의 TV토론을 봤어요.
B: 저도 봤어요. 제 생각에 그들이 적절한 시기에 토론을 한 것 같네요.
어휘 debate 토론 / candidate 후보자 / steady 안정된; 한결 같은 / valuable 가치 있는 / available 이용할 수 있는
해설 '적절한 시기에'라는 표현인 at an appropriate time을 알고 있으면 쉽게 풀 수 있는 문제이다.

9 (c)
해석 A: 그 정치 스캔들에 관한 신문 기사를 읽으셨어요?
B: 네, 하지만 기자가 그의 정보의 출처를 밝히지 않았기 때문에 저는 그걸 믿지 않아요.
어휘 political 정치적인 / scandal 추문, 사건 / reveal 드러내다; *밝히다 / region 지방, 지역 / aspect 측면; 양상
해설 내용상 정보의 '출처'라는 의미가 자연스러우므로 명사 source가 적절하다. 정보나 자료의 출처, 뉴스의 정보원 등을

source로 표현한다는 것을 기억하자.

10 (a)
해석 이 교차로에서는 자동차 사고가 자주 일어나기 때문에 운전자들은 이곳을 이용하는 것을 좋아하지 않는다.
어휘 crossroad 교차로 / frequently 자주, 빈번히 / clash 땡땡 소리 나다; 부딪히다 / maintain 유지하다; 주장하다
해설 자동차 사고가 자주 '일어난다'는 문맥이 자연스러우므로 occur가 적절한 동사이다. '(사건·전쟁·질병 등이) 발생하다'라고 표현하거나 '(어떤) 생각이 떠오르다'라고 표현할 때 occur를 사용함을 알아두자.

11 (c)
해석 실종된 지 이제 1주일 이상이 되었지만 나는 여전히 우리 개가 곧 집으로 돌아올 것이라는 믿음을 가지고 있다.
어휘 missing 행방불명인 / religion 종교 / concern 우려, 걱정
해설 없어진 애완견이 돌아올 것이라는 '믿음'을 가지고 있다는 내용이 자연스러우므로 빈칸에 들어갈 명사는 faith이다.

12 (b)
해석 과도한 업무량 때문에 서몬 씨는 오늘 사직서를 제출했다.
어휘 intense 강렬한; *심한 / workload 작업량 / resignation 사직 / show off 과시하다 / turn up 나타나다 / rule out 배제하다
해설 과도한 업무 때문에 사직서를 '제출했다'라는 의미가 자연스러우므로 알맞은 2어동사는 handed in이다. 같은 의미의 표현으로 2어동사 turn in과 동사 submit이 있다.

13 (b)
해석 나는 쉽게 멀미를 하기 때문에 롤러코스터 타는 것을 좋아하지 않는다.
어휘 roller coaster 롤러코스터 / motion 운동, 움직임
해설 sickness(병)와 함께 쓰여 '멀미'라는 의미의 collocation을 만드는 명사는 motion이다. 이와 관련하여 morning sickness(입덧)도 함께 알아두자.

14 (b)
해석 그 회사는 3년 째 적자 상태이지만 직원들은 여전히 희망을 가지고 있다.
해설 직원들이 여전히 희망을 가지고 있다는 내용으로 보아, 회사가 현재 '적자인' 상태라는 문맥이 자연스럽다. 따라서 적절한 이디엄은 in the red이다. 반대의 의미를 갖는 이디엄인 in the black(흑자인)도 함께 알아두자.

15 (a)
해석 헌트 씨는 자신의 차고에서 시작한 의류 사업으로 큰 돈을 벌었다.
어휘 garage 차고 / pride 자존심, 자만

해설 의류 사업으로 '돈, 부'를 쌓았다는 내용이 자연스러우므로 fortune이 정답이다. '부자가 되다'라는 의미인 make a fortune의 형태로 자주 사용되므로 함께 알아두자. fortune은 이 외에 '운, 행운'이라는 의미로도 자주 사용된다.

16 (d)
해석 불균형적인 식단과 잦은 외식으로 인해 나는 엄청나게 살이 쪘다.
어휘 unbalanced 평형을 잃은 / frequently 자주, 종종 / eat out 외식을 하다 / add 더하다 / gain 얻다; *(무게 등을)늘리다; 획득하다
해설 weight와 함께 쓰여 '몸무게가 늘다'라는 의미의 collocation을 만드는 동사는 gain이다. 같은 의미로 put on weight도 사용한다. 반대의 collocation은 lose weight이다.

17 (b)
해석 핵심 선수의 부상으로 우리 야구팀은 결승전에서 이길 것 같지 않다.
어휘 championship 《보통 pl.》 선수권대회, 결승전 / key 기본적인; *중요한 / injury 상해, 손상 / capable 유능한; (~ 할) 능력이 있는 / efficient 능률적인; 유능한
해설 핵심 선수의 부상으로 인해 결승전에서 이길 것 같지가 않다는 내용이므로 '~할 것 같은'의 의미인 likely가 와야 한다. be likely to[that]의 형태로 기억하자.

18 (a)
해석 레아는 이번 학기에 성적이 좋았기 때문에 장학금으로 1,000달러를 받았다.
어휘 scholarship 장학금 / do well 잘하다, 성공하다 / consult (전문가에게) 의견을 묻다, 상담[상의]하다 / define 정의하다
해설 장학금을 '받았다'는 의미가 자연스러우므로 '주다, 수여하다'라는 의미의 동사 award의 수동형이 와야 한다.

TEPS BY STEP

영어내공지수(NE지수)란?

영어내공지수는 교재, 강좌 등 능률의 교육 서비스를 마스터할 때마다 나의 영어내공이 어느 수준까지 상승할지를 알려주며, 나의 영어내공에 맞는 교재 및 강좌를 선택할 수 있도록 도와줍니다. 초·중·고 학생들을 위한 영어내공은 NE1.0~NE3.4까지이며 CH1~5까지는 챌린지 코스로서 매우 높은 난이도를 의미합니다.

- NE1.0~1.4 중학 이전 초등 수준의 영어내공
- NE2.0~2.4 중학 수준에 준하는 영어내공
- NE3.0~3.4 고등 영어 및 수능 영어까지 마스터 가능한 영어내공
- CH1~5 수능 영어 이상의 콘텐츠를 이해, 학습할 수 있는 영어내공

NE3.0	3.1	3.2	3.3	3.4	CH1	2	3	4	5
		1316팬클럽 예비 고교영어							
		빠바 구문독해 리딩튜터 도약		리딩튜터 마무리 빠바 단락독해					
리딩튜터 입문 리딩튜터 입문플러스		리딩튜터 시사·연예·스포츠							
	빠바 기초세우기 리딩튜터 기본플러스 리딩튜터 기본	리딩튜터 재미있는 이야기 리딩튜터 영미문화 이야기			능률고급영문독해 71				
			TEPS BY STEP G/R Level 1 TEPS BY STEP L/V Level 1 RADIX TOEFL BLUE LABEL READING 2 RADIX TOEFL BLUE LABEL LISTENING 2 Reading Expert 4 Listening Expert 1		RADIX TOEFL BLACK LABEL READING 1 RADIX TOEFL BLACK LABEL LISTENING 1 ADVANCED Reading Expert 2 Listening Expert 3 고난도 능률 voca				
Grammar Expert 2 Reading Expert 1	Reading Expert 3 리스닝비욘드 Level 1/2/3 외고 Specialist Level 1/2/3								
RADIX TOEFL BLUE LABEL READING 1 RADIX TOEFL BLUE LABEL LISTENING 1 Reading Expert 2 Grammar Expert 3 TEPS BY STEP G/R Basic TEPS BY STEP L/V Basic			Reading Expert 5 Listening Expert 2		ADVANCED Reading Expert1 능률고급영문독해 71 TEPS BY STEP G/R Level 2 TEPS BY STEP L/V Level 2				
					RADIX TOEFL BLACK LABEL LISTENING 2 RADIX TOEFL BLACK LABEL READING 2 TEPS BY STEP G/R Level 3 TEPS BY STEP L/V Level 3				
	능률voca 어원편 다나오는 영단어								
		능률voca 숙어편 능률voca 테마편 능률voca 수능편		능률voca 실전어휘편		고난도 능률voca			
수능에이드 듣기 말하기 기본편 수능에이드 독해 기본편 능률기본영어 상승 구문편 상승 직독직해편		수능만만 Basic 듣기	상승 유형편 수능만만 BASIC 영어독해 모의고사		Ma修 영어독해 모의고사 10회 Ma修 영어듣기 모의고사 20회 수능에이드 독해 심화편				
한다고 독해편 한다고 문법편		수능만만 수능영어 유형별 1000제 수능만만 수능기출 영어듣기 수능만만 수능기출 영어독해 수능에이드 듣기 말하기 실전편 수능에이드 독해 실전편 상승 실전편 수능 99℃ 어휘어법 200제 수능 99℃ 종합편		수능만만 어휘어법 모의고사 345제 수능만만 영어독해 모의고사 20회 수능만만 영어듣기 모의고사 40회 수능만만 영어듣기 모의고사 20+3회 고수 외국어영역 실전 모의고사					
	리스닝튜터 입문		리스닝튜터 실전						
		리스닝튜터 원리		리스닝튜터 모의고사					
GRAMMAR 2.0 master편_book 2 GRAMMAR 2.0 master편_book 1			Grammar zone 워크북 종합편 Grammar zone 종합편						
	Grammar zone 기본편 1 Grammar zone 워크북 기본편 1 문제로 마스터하는 고등영문법	Grammar zone 기본편 2 Grammar zone 워크북 기본편 2							
내신평정 교과서 영단어 고등영어 (이찬승) 고등영어 평가문제집 (이찬승) 고등영어 자습서 (이찬승) 고등영어 평가문제집 (장영희) 고등영어 자습서 (장영희)				맞수 구문독해 심화편 맞수 수능유형 심화편 맞수 수능문법 심화편 맞수 수능듣기 심화편					
			맞수 장문독해 맞수 구문독해 실전편 맞수 수능유형 실전편	맞수 수능문법 실전편 맞수 수능듣기 실전편	맞수 심화독해				
	맞수 구문독해 기본편 맞수 수능유형 기본편 맞수 수능문법 기본편 맞수 수능듣기 기본편		고등영어Ⅰ 자습서 고등독해작문 자습서 고등실용영어회화 자습서		고등영어Ⅱ 자습서 고등심화독해작문 자습서 고등심화영어회화 자습서				

능률교육

"세계를 마음대로 듣다!"

ABC CNN BBC

리스닝 엑스퍼트

원서 리스닝 교재로 앞서가라!

"60여개의 특목고, 고교 등이 선택한 Expert 시리즈"

특목고, 수능은 물론 달라진 토플에서 더욱 중요해진 영어 듣기 능력 –
국내 최초의 원서 리스닝 교재 '리스닝 엑스퍼트'로 변화의 흐름에서 앞서가자!

 미국은 기본, 영국, 호주 발음까지 잡는다!
영어권 국가들의 다양한 액센트를 체험한다!
미국식 영어 뿐만 아니라, 영국, 호주 액센트와 발음까지 잡아야 진정한 '엑스퍼트'!

 **강의, 뉴스에서 광고, 다큐멘터리까지!
듣기가 흥미진진!**
다양한 형식의 듣기 자료로 실력의 깊이가 달라진다! 듣기가 즐거워진다!
평범하고 지루한 대화문만 들어서는 남보다 앞서갈 수 없는 걸~

 토플, 특목고시험, 대학 수업에 필요한 지식까지!
역사, 언어, 심리, 예술, 과학, 시사 등 주제별(Theme-based) 듣기 내용 구성
단순 듣기 기술이 아니라, 지식까지 '엑스퍼트' 수준으로~

 iBT 토플도 자신 만만!
특목고, 아이비리그 등으로 향하는 필수 관문 토플까지 리스닝 엑스퍼트와 함께라면 자신만만!
4 unit마다(Level 3의 경우 2 unit마다) 나오는 토플섹션에서 iBT 토플의 빈출 주제와 문제유형을 그대로 익힌다!

www.teensup.com

Mini Test
1회 DICTATION

Part 1

1. W: _____?
   M:

   (a) I need _____.
   (b) I _____ in math.
   (c) _____.
   (d) I made _____.

2. M: They say _____ in five minutes.
   W:

   (a) I _____ seats.
   (b) He is _____.
   (c) _____.
   (d) _____ then.

3. W: Is that really you _____?
   M:

   (a) I _____ a lot.
   (b) Yeah, it was taken _____.
   (c) Yes, I _____.
   (d) Actually, _____.

4. M: Excuse me, I'd like to _____.
   W:

   (a) Of course. May I see _____?
   (b) _____ by Shakespeare.
   (c) They are _____.
   (d) I _____ with you more.

Mini Test 1st Dictation

Part 2

5   W: Can you _____ home?
M: Sure, _____.
W: Thanks a lot.
M:

(a) _____.
(b) _____.
(c) It's _____.
(d) _____?

6   M: Is _____ with you?
W: Actually, no. I'm _____.
M: _____?
W:

(a) I _____.
(b) My sister is _____.
(c) I think I _____.
(d) I _____ at work.

7   W: Excuse me, where is _____?
M: Well, it's _____.
W: _____ does it take _____?
M:

(a) _____ is this way.
(b) Sorry, _____ myself, too.
(c) _____ on foot.
(d) You can _____.

Mini Test 1st Dictation

8 M: Greenwood Management. _____?
   W: _____ Mr. Greenwood?
   M: I'm afraid he's just _____. Would you like _____?
   W: ▓▓▓▓▓▓▓▓▓▓▓▓▓▓▓▓▓▓

   (a) Sure, _____.
   (b) No, thanks. _____.
   (c) You've dialed _____.
   (d) Please _____.

Part 3

9 W: Excuse me. _____ find a book?
   M: Of course. What's _____?
   W: Well, I don't know the title, but its author is Susan Lynch.
   M: In that case, I _____ on the online database first. _____, please.
   W: Okay. Thank you _____.
   M: _____.

   ⓠ Where is the conversation probably taking place?
   (a) _____
   (b) _____
   (c) _____
   (d) _____

10 M: My first wedding anniversary _____.
   W: Do you _____?
   M: Not yet. I'm thinking about _____ for my wife.
   W: Well, _____. How romantic!
   M: I hope _____.
   W: Trust me. _____.

Mini Test 1st Dictation

Q What are the speakers mainly discussing?
(a) _____ a special occasion
(b) _____ a surprise party
(c) _____ for his wife's birthday
(d) _____ on a trip

11 W: Hey Jeff! _____? You _____.
    M: I am. I _____ with my sister last night.
    W: What did you _____?
    M: She _____ the house.
    W: _____.
    M: I'm the one who always _____!

Q What is the man complaining about?
(a) _____
(b) His _____
(c) His _____
(d) His _____

12 M: I'm _____ our summer holiday.
    W: Me, too. I _____ at the beach.
    M: Yeah, _____ all day long.
    W: Oh, I _____, too.
    M: Actually I'm excited about _____.
    W: Just thinking about it _____!

Q Which is correct according to the conversation?
(a) The woman _____ the beach.
(b) The man's _____.
(c) The man and the woman _____ together.
(d) The man and the woman _____ now.

Mini Test 1st Dictation

Part 4

13 I'd like to thank you all for coming to our _____.
    As you know, one of the characteristics of Maton middle school is well organized extracurricular activities. We offer _____ opportunities for students _____. To increase the level of their satisfaction, we've decided _____.
    It's _____ to the right extracurricular activities based on their interests and talents.

    Q What is the speaker mainly talking about?
    (a) _____ of Maton middle school
    (b) Starting a _____
    (c) _____ for extracurricular activities
    (d) The appointment of _____

14 As you know, lung cancer _____, and there are _____ _____ causing this illness. Among them, _____ is smoking. In fact, smoking is _____ lung cancer. Particularly heavy smokers are often _____.
    People usually _____ on smoking, but it doesn't _____. Thus people who want to avoid lung cancer should _____ _____ as soon as possible.

    Q Which is correct according to the talk?
    (a) Lung cancer _____ if found early.
    (b) _____ prevent all kinds of diseases.
    (c) _____ of lung cancer is smoking.
    (d) _____ is harmful.

Mini Test 1st Dictation

15. As women have made every effort to _____ for a long time, their status _____ significantly. Yet women still face _____ discrimination, even in countries where women's rights are _____. Most women _____ to take part in any kind of social or political activity, but there are still _____ their participation. Therefore, we should _____ and let our voices be heard!

    Q What is the main purpose of the talk?
    (a) To criticize _____
    (b) To inform of _____
    (c) To _____ about gender equality
    (d) To _____

16. Wow, thank you. I never expected to _____. This truly _____. Well, first of all, I would like _____ my partner, Steve Johnson, _____. Without his assistance, I would _____ this project so successfully. Mr. Johnson, thank you again _____ and I enjoyed working with you. I'd like to _____.

    Q What can be inferred from the talk?
    (a) The man _____ to his wife.
    (b) Steve Johnson is _____.
    (c) The man _____ the project.
    (d) The man will _____.

Mini Test
2회 DICTATION

Part 1

1. W: I wish I could _____.
   M: ▓▓▓▓▓▓▓▓▓▓▓▓▓▓▓▓

   (a) Thanks. I'm _____.
   (b) I'm _____ that.
   (c) I had _____.
   (d) You can _____.

2. M: When is _____?
   W: ▓▓▓▓▓▓▓▓▓▓▓▓▓▓▓▓

   (a) He's _____ this Friday.
   (b) I'm really _____.
   (c) _____ May 1st.
   (d) Let's _____ first.

3. W: I'm sorry _____ the other day.
   M: ▓▓▓▓▓▓▓▓▓▓▓▓▓▓▓▓

   (a) That's what I'm _____.
   (b) That's okay, but _____ that again.
   (c) Thanks, you are _____!
   (d) _____.

4. M: What are the _____ of Tim's cellphone number?
   W: ▓▓▓▓▓▓▓▓▓▓▓▓▓▓▓▓

   (a) I have _____.
   (b) It's _____ my mind.
   (c) He's not _____.
   (d) They're _____.

Mini Test 2 Dictation

Part 2

5 W: It's _____, isn't it?
   M: It sure is. I think _____.
   W: Yes. So _____ tomorrow?
   M: ▓▓▓▓▓▓▓▓▓▓▓▓▓▓▓▓

   (a) She likes _____.
   (b) That's a good idea. _____.
   (c) _____ go home and rest?
   (d) Good. I like to _____.

6 M: I'd like _____ for this Friday.
   W: I'm afraid he's _____ this week.
   M: Um, then _____ next Monday?
   W: ▓▓▓▓▓▓▓▓▓▓▓▓▓▓▓▓

   (a) We're _____.
   (b) _____ in doctors.
   (c) _____.
   (d) _____ the schedule next week.

7 W: _____ your hair done?
   M: _____.
   W: _____?
   M: ▓▓▓▓▓▓▓▓▓▓▓▓▓▓▓▓

   (a) Just _____ it too short, please.
   (b) That's very _____.
   (c) It looks _____.
   (d) I'm _____.

Mini Test 2st Dictation

8   M: What do you think is our society's _____ these days?
    W: I would say _____.
    M: I agree. In fact, it's _____.
    W: ▓▓▓▓▓▓▓▓▓▓▓▓▓▓▓▓▓▓▓▓▓▓

    (a) I _____.
    (b) No, it's _____.
    (c) You can _____.
    (d) Sure, _____.

Part 3

9   W: I heard _____ recently. Is that true?
    M: Yeah, _____.
    W: How nice! Congratulations! So _____ now?
    M: I work _____ at Green Hospital.
    W: How is it _____?
    M: _____.

    ◎ What is the main topic of the conversation?

    (a) The man's _____
    (b) The man's _____
    (c) The man's _____
    (d) The man's _____

10 M: Hello, Kelly, _____ Matt.
    W: Hi, Matt! _____?
    M: I'm _____ our meeting tomorrow.
    W: Gee, I _____ about it.
    M: You _____, right?
    W: Absolutely! Thanks for _____.
    M: You're welcome. _____ then.
    W: _____, Bye!

Mini Test 2 Dictation

Q What can be inferred from the conversation?
(a) The man _____ .
(b) The man and the woman _____ .
(c) The man and the woman are talking _____ .
(d) The woman _____ .

11 W: Hey, Jack! _____ !
    M: Yeah, it's been a while! _____ with you?
    W: _____ . What about you?
    M: Well, I _____ these days.
    W: _____ ?
    M: I've been awfully _____ for months.

Q Which is correct according to the conversation?
(a) _____ with her work.
(b) The man _____ for months.
(c) The man and the woman _____ .
(d) The man and the woman _____ .

12 M: Sue, you _____ ! You're _____ .
    W: Well, I _____ tonight. I'm really excited.
    M: Wow, _____ ?
    W: The guy _____ last time.
    M: Oh, you mean the guy _____ ?
    W: Yes, right. He is _____ .

Q What will the woman probably do tonight?
(a) _____
(b) _____ for mother's birthday
(c) _____ with a colleague
(d) _____ to the man

Mini Test 2 Dictation

Part 4

13. Let me briefly give you _____. This course is designed to introduce students to _____ through films, TV shows and literature. In this course, we will _____ _____ of American culture. Since this is a required course for English majors, exams will _____.

    Q What is the purpose of the talk?
    (a) To announce students _____
    (b) _____ a new book
    (c) To guide students on _____
    (d) _____ a course

14. Greg Powell is one of _____ in the world. _____, The Sunflower in Moscow, has sold nearly _____ and has _____ more than 50 languages. He is _____ of the 2010 Wiz Award for Science Fiction. Please _____ for today, Greg Powell!

    Q What is the main topic of the talk?
    (a) A _____
    (b) A new _____
    (c) An _____
    (d) _____ of reading

Mini Test 2 Dictation

15 First of all, I'd like to start off by bringing up _____.
We already talked about it in our previous class. As you all know, _____
_____ people, society or a serious piece of news through humor. _____? Then I assume that everybody in this room _____ the idea of parody. I'm going to _____ now. Please _____
_____.

Q What is correct according to the lecture?
(a) The woman _____.
(b) The woman _____ the idea of parody.
(c) Parody _____.
(d) Parody _____ original texts.

16 _____ is hard, but selling it can be even harder. Although many writers _____, it is the most crucial element for commercial success. Also, publicity is an effective tool for _____
_____ and plays an important role in _____
_____. Without it, people have no way of knowing your work, and then your book becomes just _____ bookstore's shelves.

Q What can be inferred from the speech?
(a) Publishers are only _____.
(b) Book marketing costs _____.
(c) Publicity _____.
(d) Writers should not worry about _____.

Mini Test
3회 DICTATION

Part 1

1. W: _____ at school?
   M:

   (a) I _____ .
   (b) _____ .
   (c) She's very _____ .
   (d) I want to _____ my friends.

2. M: How did you get _____ ?
   W:

   (a) I've _____ .
   (b) I _____ Spanish.
   (c) I _____ in college.
   (d) I'm _____ .

3. W: Hey, Bill! _____ this weekend?
   M:

   (a) _____ I can do it.
   (b) I'm _____ my uncle.
   (c) _____ TV right now.
   (d) I'm just _____ .

4. M: _____ shown up yet?
   W:

   (a) I'm sure _____ .
   (b) I think _____ .
   (c) Your secret _____ me.
   (d) He's _____ .

Mini Test 3 Dictation

Part 2

5. W: You _____. Is everything okay?
   M: Well, I _____ for my biology exam.
   W: So, _____?
   M: ▓▓▓▓▓▓▓▓▓▓▓▓▓▓▓▓▓▓▓▓

   (a) It was amazing! You _____ it.
   (b) I don't mind. _____.
   (c) You _____.
   (d) It was tough, but _____.

6. M: Mom, _____ and play?
   W: _____ your homework.
   M: _____.
   W: ▓▓▓▓▓▓▓▓▓▓▓▓▓▓▓▓▓▓▓▓

   (a) _____ outside.
   (b) Okay, then _____.
   (c) You _____ to grown-ups.
   (d) _____ in five minutes.

7. W: Do you have this dress _____?
   M: Yes, we do. _____.
   W: Thank you. _____?
   M: ▓▓▓▓▓▓▓▓▓▓▓▓▓▓▓▓▓▓▓▓

   (a) _____ for 50 percent off.
   (b) Sure. The fitting room is _____.
   (c) Thanks. That's very _____.
   (d) I'm afraid they are _____.

Mini Test 3 Dictation

8. M: _____ the problem?
   W: I _____.
   M: Are there _____?
   W: ▓▓▓▓▓▓▓▓▓▓▓▓▓▓

   (a) Be careful not to _____.
   (b) _____ you to the hospital.
   (c) I'm _____.
   (d) I have _____, too.

Part 3

9. W: I'm thinking about _____.
   M: Why? _____?
   W: Well, my boss is _____.
   M: Sorry to hear that. Have you _____?
   W: _____. What should I do?
   M: Just _____ and things will _____.

   ⓠ What does the man suggest?

   (a) The woman should _____ as soon as possible.
   (b) The woman should _____.
   (c) The woman should _____.
   (d) The woman should _____.

10. M: Julie, _____? Did you cry?
    W: My dog died yesterday, so I _____ all night long.
    M: Oh, I'm so sorry. _____?
    W: He was _____. I miss him so much.
    M: _____. I've been there, too. _____.
    W: _____. Thanks.

    ⓠ What can be inferred from the conversation?

Mini Test 3 Dictation

(a) The woman is _____.
(b) The man _____.
(c) The man has suffered from _____.
(d) The woman _____.

11 W: Hey, Sam. _____?
    M: I'm working on _____.
    W: I see. _____?
    M: That's right. I _____.
    W: _____! It looks real. If you _____, just let me know.
    M: _____, I will.

    Q What are the speakers mainly talking about?
    (a) A science _____
    (b) A new _____
    (c) A school _____
    (d) A school _____

12 M: Lindsay, _____?
    W: Sure, Mr. Simpson. _____?
    M: Yes. I _____ why you were late this morning.
    W: I _____ this morning. I'll make sure _____ again.
    M: Fine. Don't forget our _____. It starts _____!
    W: Yes. I'll definitely _____.

    Q Which is correct according to the conversation?
    (a) The woman is _____.
    (b) The woman _____ this morning.
    (c) The woman _____.
    (d) The woman _____.

Mini Test 3 Dictation

Part 4

13 _____ Fun English Camp! My name is Jessica Sellek, the program director. _____, you will live in a world of English. All your classes and activities _____.
Don't be afraid of this English-only world. Your teachers will _____ here. They have prepared _____ for you. Every day you will watch a movie, play games and do sports activities _____.

Q Who would be the audience of the talk?

(a) _____
(b) _____
(c) _____
(d) _____

14 Nowadays, an increasing number of people _____ to relax their body and regain both _____. Research has shown that _____ in the blood produced by stress _____. Therefore, spending just a few minutes in meditation can _____.

Q What is the talk about?

(a) Meditation _____
(b) _____ of meditation
(c) _____ of meditation
(d) _____ of meditation

Mini Test 3 Dictation

15. One of the _____ about color blindness is that color blind people _____. This type of condition _____, but it is extremely rare. In other words, _____ are unable to see any colors except black and white. Therefore, color blindness is technically _____. In this regard, color vision deficiency would be the best term _____.

    Q What can be inferred from the talk?
    (a) Some color blind people can _____.
    (b) The term _____ is used by blind people.
    (c) People are _____ "color vision deficiency."
    (d) Color blindness _____.

16. Gender stereotyping means _____ men and women. Gender stereotypes are based on _____ _____ of gender roles. So where do we _____ gender stereotypes? As we are _____ _____ in our everyday lives, no one would deny its _____ _____ towards gender roles.

    Q Which is correct according to the talk?
    (a) _____ during childhood.
    (b) Gender stereotypes can _____.
    (c) The mass media _____.
    (d) Women's roles in the mass media are _____.

Mini Test
4회 DICTATION

Part 1

1. W: You should _____. It's not working.
   M: ▨▨▨▨▨▨▨▨▨▨

   (a) His room is _____.
   (b) We should _____.
   (c) I'm not a _____.
   (d) Not again! I'll take it to _____.

2. M: _____ a room with a view of the ocean.
   W: ▨▨▨▨▨▨▨▨▨▨

   (a) I'm afraid only _____ are available.
   (b) _____ for the trip?
   (c) You can also _____.
   (d) _____ to New York.

3. W: I'm nervous about _____.
   M: ▨▨▨▨▨▨▨▨▨▨

   (a) _____ your umbrella.
   (b) _____ to take pictures here.
   (c) _____! You'll _____.
   (d) I can't _____.

4. M: Bye, Lisa. _____.
   W: ▨▨▨▨▨▨▨▨▨▨

   (a) I'm so _____.
   (b) I just _____.
   (c) Me, too. _____.
   (d) You're _____.

Mini Test 4의 Dictation

Part 2

5. W: I found _____ downtown.
   M: Oh, really? We should _____.
   W: _____?
   M: ▓▓▓▓▓▓▓▓▓▓▓▓▓▓▓▓▓▓▓▓▓▓

   (a) Because _____.
   (b) Great! _____.
   (c) _____ to me.
   (d) Please _____.

6. M: Wow, _____ today!
   W: I'm _____. I've _____.
   M: It makes you _____.
   W: ▓▓▓▓▓▓▓▓▓▓▓▓▓▓▓▓▓▓

   (a) I hope _____.
   (b) Thanks for _____.
   (c) Actually _____ than you are.
   (d) I've never _____ before.

7. W: Oh, _____.
   M: You have _____! It's one of _____ these days.
   W: I'll _____, too. _____ all together?
   M: ▓▓▓▓▓▓▓▓▓▓▓▓▓▓▓▓▓▓

   (a) You _____.
   (b) I'm _____.
   (c) That'll _____.
   (d) _____ so much.

Mini Test 4 Dictation

8   M: Sarah, _____ your leg?
    W: I _____ while I was jogging this morning.
    M: That's too bad. Are you _____?
    W:

    (a) _____ ever again.
    (b) It's okay now. _____.
    (c) _____.
    (d) I'm so _____ in the hospital.

Part 3

9   W: _____ the movie?
    M: I _____! I liked the ending. _____?
    W: Yeah, me too. _____.
    M: _____. I'm glad you liked it. So _____ _____?
    W: Well, I'm _____. Why don't we _____?
    M: That _____! Let's find _____.

    ◎ What can be inferred about the speakers?
    (a) They will _____.
    (b) They _____ a movie.
    (c) They don't _____ together.
    (d) They both _____.

10 M: This is so stressful! There's _____ and not enough time!
    W: Hey, relax. _____ doesn't help anything.
    M: I know, but the situation _____ like this before.
    W: Why don't you go _____? It will help you _____.
    M: Maybe I should. _____.
    W: You're welcome. _____?

Mini Test 4의 Dictation

Q Why is the man so upset?
(a) Because the woman _____.
(b) Because he _____ the woman.
(c) Because he doesn't have _____ his work.
(d) Because he had _____.

11 W: Look at your room! _____!
    M: Mom, I promise _____.
    W: _____ cleaning it right now.
    M: But Mom, I'm in the middle of _____!
    W: _____ do I have to tell you? Do it now!
    M: All right. I'll do it right away.

    Q What will the man probably do after the conversation?
    (a) He will _____ his room.
    (b) He will _____ the baseball game.
    (c) He will _____ in his room.
    (d) He will _____.

12 M: Jane, _____?
    W: Well, _____ Jerry Stone.
    M: Jerry who? _____ him.
    W: I can't believe you don't know Jerry Stone. He's a legendary _____!
    M: I'd _____ his music. _____ a CD?
    W: No problem. I'll _____ tomorrow.

    Q What is the main topic of the conversation?
    (a) _____
    (b) _____
    (c) _____
    (d) _____

Mini Test 4 Dictation

Part 4

13 We are always told _____, but have you ever taken time to think about why it is so important? It's not just because _____ _____ in school. Reading actually gives us _____ _____ a better life. For example, we can _____ _____ through a variety of books. _____ gained from reading can help us make a better life.

Q What can be inferred from the talk?

(a) Reading skills _____ through training.
(b) Reading is _____ computer games.
(c) Reading can help us _____.
(d) Indirect experience is _____ direct experience.

14 Hi, Sarah. Surprise! It's me, Peter. The conference I planned to attend _____ _____, so I'm back _____. Thanks for _____ Willy while I was _____. I hope _____ any trouble for you. I'll _____ first thing tomorrow morning if it is fine with you. _____ when you get this message. See you tomorrow. Bye!

Q What is correct according to the voice message?

(a) Peter _____ on his trip.
(b) Peter _____ his business trip.
(c) Sarah _____ Peter's house tomorrow.
(d) Sarah is _____.

Mini Test 4 Dictation

15. Are you looking for a way to _____,
but you don't know how? Then here is the answer — Skin Butter, made of _____
_____. Skin Butter helps _____
_____ of your skin. Thanks to its natural ingredients — grape and raspberry
seed oil — Skin Butter _____ and tired skin.

Q What is the main purpose of the talk?
(a) To _____ organic food
(b) To _____ a skin product
(c) To _____ of dry skin
(d) To _____ natural ingredients

16. Plagiarism can be defined as _____ and
presenting it as your own _____ it is someone else's
thought or idea. Since it is _____, major universities
have established _____ plagiarism. And we are no
exception. Therefore you should know these rules very well. Please _____
_____ on plagiarism on our website.

Q Who is this announcement most likely aimed at?
(a) _____
(b) _____
(c) _____
(d) _____